Guidebook for Tourism Studies

# 観光学ガイドブック

新しい知的領野への旅立ち

大橋昭一
Shoichi Ohashi
橋本和也
Kazuya Hashimoto
遠藤英樹
Hideki Endo
神田孝治
Koji Kanda
編

ナカニシヤ出版

# はしがき

　現代社会において、観光（ツーリズム）が注目されている。観光とは、日常とは違う何かを求め、日常生活圏の外へ移動して消費を行う現象である。そのため、グローバル化が進展する資本主義社会のなかで、特定の場所を差異化し、消費の場所として発展させるために、観光は重要な現象と考えられているのである。日本においても、2003年に観光立国を宣言して外国人の訪日観光客増加を目指すようになり、2007年には観光立国推進基本法を制定し、2008年には観光庁も設立されている。また、多くの地方自治体も、観光まちづくりなどをキーワードに観光による地域活性化を志向している。こうしたことが、世界規模で、国、地方自治体といったさまざまなスケールにおいて、さらに都市部であろうと農村部であろうとあらゆる場所において起きているのである。まさに現代は観光の時代なのである。

　こうした社会的状況に対応して、日本の大学における観光関連学部学科の新設も続いており、国立大学でも観光学部が設置され、大学院の博士課程も設立されている。ただし、大学における観光への注目は、社会的要請によるものだけでなく、学術的な関心にも基づくものである。とくに、英語圏を中心とする人文・社会科学では、おおよそ1990年代に入ってから、資本主義社会を象徴する現象として観光が注目を集め、文化や空間に焦点をあてた視座からその考察が行われてきた。まさに、観光研究は人文・社会科学における新しい最先端の知的領域となっているのであり、日本においても学術的な観光学を確立しその研究内容を深めるべく、2012年2月には観光学術学会が設立され、厳格な査読制度に基づく学術誌『観光学評論』が発行されている。

　以上のような、大学における観光系の学部学科設置や学問としての議論の深化から、近年では観光に関する多くの教科書が出版され、また重要な学術的視座を提起するものも増えてきた。しかしながら、日本の大学における現在の観光教育がいまだに直接的な仕事との結びつきを重視する実学志向が強い傾向にあることや、学術的な検討も既存の特定の学問領域に限定された視座によるものがほとんどであるために、学問とし

ての「観光学」を、包括的かつ体系的に理解できる教科書はなかなか見出すことができない。このような状況では、観光について学ぼうとする学生は、自身の関心にもとづく学習の道筋を見出すことが困難であろう。

そこで編者は、主として大学の学部学生を想定し、彼／彼女たちの学びの羅針盤となる、観光学のガイドブックを編むことにした。本書は五つの部で構成されており、まず第Ⅰ部の「観光学への招待」では、観光学の概要と観光の歴史を学び、基本的な知識を得ることができるようになっている。第Ⅱ部の「観光学の諸領域」では、観光を研究するための学問領域を把握し、観光という複雑な現象について、いかなる視点から考察しうるのかが理解できるようになっている。そして、第Ⅲ部では観光を研究する際にとくに重要となるポイントについて、第Ⅳ部では観光現象の諸相について、第Ⅴ部では観光に関わるアイテムや資源について説明している。こうした構成により、観光現象を考えるうえでの多様な視点を理解できると同時に、観光学の基礎的知識を包括的に獲得することができるようになっている。また、「読書案内」コーナーを設け、読者がそこからさらなる学びにつなげることもできるようにしているので、是非活用されたい。なお、本書は最初から順番に読むことを想定しているが、個別に興味があるテーマがあれば目次を参考にそこから読んでもかまわない。適宜関連する他の章への案内も入れてあるので、そうした情報を参考にしながら本書の内容を自分なりに消化していただきたい。

このような本書は、観光学に関心を有する初学者に最適なものとなるばかりでなく、学部学生であれば卒業論文執筆時まで役に立つ、まさに観光について学ぶ学生の必携書になると考える。またそれは、観光に興味をもつ一般の方にとっても、有益な内容になっていると思われる。本書をガイドブックとして、観光学という新しい知的領野に旅立ち、そこで新たな発見をし、皆さんの人生がより豊かなものになることを切に希望している。

2014年4月
編者を代表して
神田孝治

# 目　　次

はしがき………………………………………………… i

## 第Ⅰ部　観光学への招待───────────── 1
1．観光とは何か………………………（大橋昭一） 2
2．観光学はどのようなものか………（大橋昭一） 8
3．近代的観光の発展…………………（大橋昭一） 14
4．ポストモダン社会と観光…………（大橋昭一） 20

## 第Ⅱ部　観光学の諸領域───────────── 27
1．人類学の視点………………………（橋本和也） 28
2．社会学の視点………………………（遠藤英樹） 34
3．地理学の視点………………………（神田孝治） 40
4．民俗学の視点………………………（川森博司） 46
5．歴史学の視点………………………（千住　一） 52
6．心理学の視点………………………（藤原武弘） 58
7．情報学の視点………………………（井出　明） 64
8．教育学の視点………………………（寺本　潔） 70
9．経営学の視点………………………（竹林浩志） 76
10．経済学の視点………………………（麻生憲一） 82
11．政治学の視点………………………（高　媛） 88
12．政策学の視点………………………（砂本文彦） 94

## 第Ⅲ部　観光学のポイント ——————— 101
1. 観光客のまなざし……………（神田孝治）102
2. 真正性……………………………（高岡文章）108
3. 伝統の創造………………………（遠藤英樹）114
4. ディズニーランド化……………（須藤　廣）120
5. メディア…………………………（山口　誠）126
6. 観光経験…………………………（橋本和也）132
7. パフォーマンス…………………（森　正人）138
8. ホスピタリティ…………………（堀野正人）144
9. 遊び………………………………（遠藤英樹）150
10. ジェンダー………………………（吉田道代）156
11. ポストコロニアリズム…………（藤巻正己）162
12. 観光まちづくり…………………（堀野正人）168

## 第Ⅳ部　観光の諸相 ——————— 175
1. エコツーリズム…………………（須永和博）176
2. グリーンツーリズム……………（寺岡伸悟）180
3. フィルムツーリズム……………（中谷哲弥）184
4. アニメツーリズム………………（岡本　健）188
5. アートツーリズム………………（濱田琢司）192
6. アーバンツーリズム……………（堀野正人）196
7. 宗教ツーリズム…………………（山中　弘）200
8. ヘリテージツーリズム…………（森　正人）204
9. エスニックツーリズム…………（鈴木涼太郎）208
10. スポーツツーリズム……………（山口泰雄）212
11. ダークツーリズム………………（井出　明）216
12. ボランティアツーリズム………（大橋昭一）220

# 目次

## 第Ⅴ部　観光のアイテム・資源 ――― 225

1. 鉄道……………………………（寺岡伸悟）226
2. 自動車…………………………（近森高明）230
3. みやげもの……………………（橋本和也）234
4. 写真……………………………（近森高明）238
5. ガイドブック…………………（山口　誠）242
6. 紀行文…………………………（橘　セツ）246
7. インターネット………………（岡本　健）250
8. 風景……………………………（大城直樹）254
9. 聖地……………………………（山中　弘）258
10. リゾート………………………（砂本文彦）262
11. 国立公園………………………（西田正憲）266
12. 世界遺産………………………（才津祐美子）270

参考文献……………………………………275
あとがき……………………………………295
人名索引……………………………………297
事項索引……………………………………300

＊本文中の（➡●・▲）は、「第●部第▲章参照」を意味する。

# 第Ⅰ部

# 観光学への招待

# 第1章
# 観光とは何か

大橋昭一

## 1. 観光の定義と概念

　日本語の観光という言葉は、中国の古典『易経』(「風知観六四」)にある「観國之光、利用賓于王」(国の光を観るは、もって王に賓たるによろし)を語源にしたものといわれる。この点からいえば、観光は「国の光を観ること」を意味する。こうしたこともあり、幕末・明治初期には観光は「国威を示す」という意味で用いられていた。このことは、たとえば、1855年オランダ政府より徳川幕府に寄贈された軍艦「スンビン号」に対し、幕府では「観光丸」と命名しているところによく示されている。

　しかし、現在では、観光という言葉は、このような意味で用いられてはいない。観光は、何よりも、風物、名所や旧跡などを訪ねる行為であり、気晴らしや保養などを目的としたものである。観光地への旅行にしても、ビジネス上のものや、縁者・友人の訪問を目的としたもの(帰省旅行といわれたりするもの)などは含まれない。日本語で観光という言葉がこのような意味で用いられたのはおおむね大正年間に入ってからである。たとえば、1930年当時の鉄道省に国際観光局が設置されているが、これが、今日的意味で観光を冠した最初の省庁であったといわれる。

　観光については、現在では「観光立国推進基本法」などの法律があるが、この法律などでは「観光とは何か」についての規定はされていない。したがって「観光とは何か」をどのように考えるかは、後述の統計的把握の場合を除き、規定する個々の人や機関に任されていると考えられる。

　一方、日本語の「観光」は、英語では tourism (以下本章ではツーリズムという)とされる場合が多いが、「ツーリズム」については、国際的動向を掌握するために、統計的に把握できるような定義が必要という主張が、すでに第一次世界大戦以後に唱えられ、当時の国際連盟のもとで規定の試みが始められている。この試みは、第二次世界大戦後の今日では、

第1章　観光とは何か

観光の世界的機関である「世界観光機関」(World Tourism Organization：現在の正式略称は UNWTO) に引き継がれている。

　以上からもわかるように、「観光とは何か」については、一方では、統計的に把握できる規定が必要であるとともに、他方では、それにとらわれず、観光のいわば本質を明らかにする規定が必要である。そこで本章では、前者の統計的把握可能性を前提にした規定を「定義」(definition) とよび、後者のそれを「概念」(concept) とよんで区別する。

　前者の定義として世界的に認められているものには、UNWTO のそれがある。UNWTO の統計用定義として用いられているものは、基本的には国際連盟時代の規定を引き継ぎ、1994 年に一部補足のうえ再規定されたものである（UNWTO 2013a、Robinson *et al.* 2013、大橋 2013a）。それによると「ツーリズムとは、余暇、ビジネス、その他類似の目的をもって、自宅など定住的場所を離れて旅行し、訪問国の滞在期間を含め旅行期間が1年未満のものをいう。ただし、訪問国で報酬の稼得を目的とするものは除く」となっていて、ビジネス目的のものはもとより、帰省旅行や個人的所用のためのものも、訪問先で報酬を得ることが目的でないものならば、ツーリズムとされるものとなっている。

　日本の観光統計も UNWTO の定義に従っている。すなわち、日本の国土交通省観光庁が定めている「観光入込客統計に関する共通基準」（現行は 2013 年 3 月改定のもの）によると、「観光とは、余暇、ビジネス、その他の目的のため、日常生活圏を離れ、継続して1年を超えない期間の旅行をし、または滞在する人々の諸活動」と定義されるとともに、「観光入込客とは、訪問地での滞在が報酬を得ることを目的としない者」と定義されている。

　以上のような統計上の定義については、英語圏でも、ツーリズムという言葉が一般に日常的に用いられている範囲を越え、広すぎ、違和感があるという声がある。しかし、観光地で報酬を得るものであるかどうかは、把握することが比較的容易であるが、それがない場合、余暇目的のものと、そうでないものとを区別することは実に困難であるし、他方、そうした旅行者を受けいれる交通業や宿泊業では、余暇目的の観光客であるかによって、顧客への対応を変えることはしない（する必要がない）ものであるから、顧客がどのような目的をもつものであるかによって区

*3*

別することは必要がないものとなる。すなわち、こうした観点のもとでは、上記の UNWTO や日本の「観光入込客統計に関する共通基準」における観光の定義は、統計上の定義としては了とされるのである。

しかしこれに対し他方では、これでは一般的日常的に観光（以下ではツーリズムも含む）といわれるものを究明し分析することは難しいことになるから、それぞれにふさわしい「観光とは何か」について改めて概念規定することが必要になる。次に、この点について論究する。

## 2．観光の本義と観光動機

観光の「定義」と区別されたものとしての観光の「概念」は、日本だけではなく、世界的にも多様、多彩である。観光研究上の多様さなどについては次章で述べることとし、ここでは、（概念としての）観光の本義ともいうべきものがどこにあるかを考えておきたい。

まず第一に、観光の本義は「人が動く」ところにある。このことは、商業などの物品売買の場合と、観光の場合とを比べると一目瞭然である。物品売買の場合には、通常、生産された所（工場など）から、販売されるところに物品が運ばれ、買い手である消費者は生産地まで買いに行くことがない。物品のほうで動き、人（消費者）は動くことがない。

これに対し観光では、観光対象である観光資源は、原則として、その所在地から動くことがない（動けない）ものであるから、それを観光したい人間（消費者：観光客）のほうで、観光地に行くこと、すなわち、動くことが必要である。つまり、観光では観光対象は動かないから、人間すなわち観光客が動かなくてはならない。

第二に、では、観光客は何ゆえ観光対象を観たり、体験しようとして動くのか。これは、換言すれば、人間の観光動機はどこにあるかを究明する問題であるが、それはまず、人々の心のなかに「観光に行きたい」とする意欲・欲求が生まれることから始まる。これは、観光動機のなかでも「プッシュ要因」といわれるものである。これと並行して観光地の働きかけやマスメディアの広報などにより強い誘引作用を受ける。これは観光動機のなかでも、観光地に引きつけられる要因であるので、「プル要因」といわれる。

この場合、本来の観光動機といっていい前者の「プッシュ要因」は、

第1章　観光とは何か

どうして生まれ、どのような内容のものであろうか。「プッシュ要因」の生まれる根源には2種のものがある。一つは、人間のもつヘドニズム的（hedonistic）な欲求である。これはギリシャ哲学のプラトンに始まるもので、人間には食欲などの本能的欲望があり、それを充たそうとして人間行動は起きるとするものである。いま一つは、同じギリシャ哲学のアリストテレスから始まるエウダイモニア主義的（eudaemonistic）な考え方である。これは、人間の幸福は理性的な行為により得られると考え、人間行動の根源はここにあるとするものである。

　しかし、通常の観光理論では、観光動機は、さらに具体的に考えて、まず次の二者に大別され、それが出発点とされることが多い。「何か新しいことを知りたい、観たい、経験・体験したいという欲求」と、「日常的生活から脱却あるいは逃避したいという欲求」とである。前者のほうが、人間形成上積極度が高く、観光地の宣伝・広報などではこの点に重点を置くものが多いが、現在の社会生活のあり方、つまり資本主義体制下における通常的人間の日常生活から考えると、実際には、後者の動機が高いウエートを占める場合が結構ある。そうした動機にあわせた観光地の広報などが大きな誘引力になることがある。

　以上で述べた通常の観光理論における二大観光動機は、これをまとめていえば、人々が観光に行こうとするのは、観光旅行において非日常的なものを観たり、体験しようとするためであるということができる。これは、実は、イギリスの著名な観光論者、J・アーリの説に立脚するものである（アーリ1995）。

　この考えによると、ナイアガラの滝のような有名な観光地にしても、地元の人にとっては日常的にあるものであるから、改めて観光として行くことがないが、地元以外の人にとっては日常的ではないもの、すなわち非日常的なものであるから、観光に行くことになる。この観点からすると観光は、同じものでも人により見る目、まなざし（gaze）が異なることによって起きるものと説明される。つまり、観光とは何らかのかたちや程度における非日常性の追求をいうものと規定される。

　このような「観光はまなざしの違いによる非日常性の追求」というアーリの説に対して、実は、その後批判がある。たとえばオーストラリアの新進、S・ウェアリングらは、観光とは、アーリのいうように単に

「まなざし」が異なるという一次元のものではなく、観光客と地元民とがともに行動したり体験をする多次元のものであると主張している (Wearing *et al.* 2010)。ウェアリングらによると、これまでの、たとえばアーリの考え方では、日常生活は仕事優先的なもので、非日常性の追求は、こうした仕事優先的日常生活からの逃避・脱却の追求を意味するものとなっていて、人間生活の根本について、仕事を優先して考えるところの、仕事と余暇との対立・抗争が前提になっている。しかし、本書第Ⅰ部第4章で述べているように、今日のようなポストモダンの社会では、仕事と余暇との対立関係を前提に、観光を含め物事を考えることはできない。そうした考え方は誤りであるというのである。

## 3. 観光業・観光地のとらえ方

　観光は、自宅など定住的場所を一時的に離れて、観光対象の場所へ行くことであるから、観光が可能であるためには、観光対象となるもの、すなわち観光資源があるほか、そこに行く交通手段（道路を含む）や、休憩や食事をする食堂などの施設、さらには宿泊施設などが必要な場合が多く、これらの事業をあわせて観光業という場合が多い。

　ところが、観光業の範囲や位置づけは、日本では明確ではない。たとえば、産業別（職業別）就業者数（人口）を集計する場合準拠すべきものに「日本標準産業分類」（総務省統計局作成、現行は2014年4月実施）があるが、このなかには「観光業」という業種名はない。

　これは、一つには、観光に従事する交通業や宿泊業でも、前記で一言したように、利用者全部が観光客であるとはかぎらず、業種全体としては、観光業とはいいがたいためである。いま一つは、観光業務に従事しているものには、交通業や宿泊業のように基本的にはサービス業部門に属すものもあれば、食堂やみやげもの店のように、基本的には、物品の販売を業とし、商業（小売業）部門に属すものもあるからである。つまり「観光業」という業種名では産業部門的統一性がないのである。

　ここで、物品売買である商業と、そうではないサービス業との相違について一言しておきたい。サービス業に属すものには、前記の交通業や宿泊業以外に、旅行業、娯楽業、教育、医療、宗教はじめ、弁護士や会計士の仕事なども含まれる。では、サービス業の特徴はどこにあるか。

人間の消費生活は、所得（端的には貨幣）を出して、生活に必要なものを得ることによって成り立っているが、税金の支払などを別にすると、生活維持のために貨幣の支出を行う場合は、大別すると、二者に分かれる。一つは、何らかの小売店に行って、有形物である物品（商品）を購入する場合である。いま一つは、サービス業の場合で、音楽会に行ったり、旅館に泊まったりする場合である。

両者の根本的な違いは次の点にある。小売店すなわち商業では、物品の売買により物品の所有権が買い手（顧客）に移り、買い手はその所有者として自由に使用、処分できる。しかし、サービス業、たとえば旅館での宿泊の場合などにはそうしたことはない。宿泊客は、その室を利用できるだけで、その室は利用者のものとはならない。宿泊料金はその室の利用料であるにすぎない。この点は、交通業にも妥当する。交通機関で支払う交通料金は、運んでもらう区間についての当該交通機関の利用料である。

サービス業の場合、支払料金の内容は二つの部分に分かれる。サービス行為をしてくれた人の働き（労働）に対する報酬的支払いと、サービス行為の際用いられた物品（用品・設備・施設など）の利用料とである。ただし、この両部分の割合は、サービス業のいかんにより異なる。旅館宿泊のような場合には、利用料部分が多いが、音楽会などの場合は、演奏行為の報酬的部分が多い。

観光地は、観光資源、交通設備や宿泊施設を中心に地理的集団をなしている場合が多い。そのなかには、物的資源や文化的資源もあれば、就業人員の能力すなわち人的資源もあり、さらに当該観光地みずからが保有するブランド力などもある。これらを集約的に運営することが肝要である。

**【読書案内】**

アーリ、ジョン（1995）『観光のまなざし――現代社会におけるレジャーと旅行』加太宏邦訳、法政大学出版局。
大橋昭一（2010）『観光の思想と理論』文眞堂。
大橋昭一・渡辺朗（2001）『サービスと観光の経営学』同文舘出版。

# 第2章
# 観光学はどのようなものか

大橋昭一

## 1. 観光学の確立の方向

　ここで観光学とは、さしあたり、観光事象についての理論的な分析・研究の体系をいうものと規定しておくが、こうした意味にしろ、本格的な観光学はまだ確立されていない、というのが世界全般的な見解である。たとえば、J・アラムベリは、観光（正確には英語でいう tourism）には、一般的に認められた理論的枠組み、すなわち共通のパラダイムがまだない、といっている（Aramberri 2010）。こうした見解は多くの論者にみられ、こうしたことからいっても、観光学は、現在、学問としての樹立を目指し、世界的に努力が行われている過程にあるものとみられる。

　それだけに、観光そして観光学に関する研究は、世界的にも実にさかんである。たとえば、イギリス・ウェールズ大学のA・プリチャードが述べているところによると、ツーリズムに関連した専門誌は、1970年代には十数誌だけであったが、今日では約150誌を数える。しかもその半数以上はここ十年ほどに創刊されたものである（Pritchard 2012）。本章では、観光学確立のための考え方や方法を考えるものとする。

　観光の本質的核心は、人（観光客）が動くことであるが、その移動は、単なる移動ではなく、多かれ少なかれ、生活を伴った移動であることを特色とする。生活を伴った移動とは、衣食住でいえば、多くの場合食と住を（ときには衣を含めて）自宅以外で行うという意味である。それゆえ、観光は、人間生活の全分野に関係し、しかも移動過程や現地での滞在過程において、種々な局面があるものであるから、人間生活全般についての統合的分野であり、その研究は、人間学といってもいいものである。

　人間の研究は、多くの学問領域でなされている。それと同様に、観光の研究も多くの学問領域で、すなわち人文科学、社会科学、自然科学の多くの領域でなされている。しかしそれらは、それぞれの学問領域の一

第2章　観光学はどのようなものか

分野として行われているものである。たとえば、経済学における観光研究は、観光の経済的側面についての研究であり、法律学のそれは法律的側面の研究であって、観光の総合的研究といえるものではない。観光の全分野・全側面にわたる統合的研究を目指すものが、観光学である。

ただし、これまでの学問では、すべてが同じタイプではなく、上記の観光学のあり方からみて、少なくとも次の2種類に大別して理解しておくことが望ましい。一つは、数学などのように数的事象をいわば純粋に研究する学問で、純粋科学といわれるものである。経済学や法律学なども原理的にはこれに入る。いま一つは、医学のような学問で、病気を治癒するという目的のために必要な知識や技能のすべてを統合して、一つの学問領域をなしているものである。目的科学といわれるものである。

ところが、多くの学問は、それぞれの学問の独自性を強調する必要もあり、一般的にみると、20世紀中葉のころまでそれぞれ独自に発展が図られる傾向にあった。しかし、このころになって、とくに各学問の分立主義が強かった社会科学・人文科学では、これでは社会の要請に応じられないという声が高まり、関係する各個別学問の相互協力を求めるインター・ディシプリナリ（学際的）研究方法が提唱されてきた。

しかし、こうしたインター・ディシプリナリ方法も、これまでのところ、結局、それぞれの個別学問の立場を守って、他の学問との協力を行うもので、旧来の個別学問分立主義を超えるものとはなってこなかった。ところが第二次世界大戦後、こうした旧来の個別学問分立主義では解明できない、さらに複合的な複雑な事象が現れてきた。たとえば、環境問題、地域活性化問題、観光の問題などである。

こうした領域は、英語では多くがstudiesと複数形でよばれる。たとえば、観光研究はtourism studiesである。そしてこれらの高度に複合的な領域の研究では、旧来の個別学問分立主義を超えた新しい研究方法が必要とされるのであって、そうした研究方法として、近年、強く提唱されているものにポスト・ディシプリナリ（post disciplinary）の方法や、トランス（trans）・ディシプリナリの考え方がある。

ポスト・ディシプリナリにしても、トランス・ディシプリナリにしても、それがどのようなものであるかの規定は、必ずしも一義的ではないが、これまでの個別学問分立主義にとらわれないで、解明すべき事象・

現象のための分析・研究にあたるものという見解では一致する。たとえば観光でいえば、旧来の個別学問分立主義のもとで行われてきた研究が、それぞれの学問のための研究であったのに対して、ポスト・ディシプリナリ方法など、すなわち studies とよばれるものは、あくまでも、観光という事象・現象の分析・解明のための研究である。

　ポスト・ディシプリナリとトランス・ディシプリナリとは、現在のところ内容的には特段に区別されたものではないが（大橋 2012a）、一般的には、トランス・ディシプリナリのほうが、ポスト・ディシプリナリよりも高度の個別学問超越性を目指すもので、環境問題などの解明に適しているといわれる。観光の問題ではそれほどの超越性は不要、というよりはかえって行きすぎであるから、ポスト・ディシプリナリのほうが適しているというのが大方の意見である。現在求められている観光学は、旧来の学問の枠を超えた（英語で post）ものという見解に立つ。

## 2．観光研究の3原型

　以上のような観点に立つ場合も、観光研究において出発点になるものには三者がある。第一は、観光業務の提供に携わる諸事業や諸機関の運営、すなわち供給サイドからの分析・研究を出発点にするものである。この立場を純粋に追求すると、顧客は当該施設や機関の利用客一般となり、観光を広く定義することが望ましいものとなるが、顧客がどのようなものであるかは、この方向では、観光マーケティングの問題として対処される。

　第二は、顧客の側、すなわち需要サイドからのものである。この立場では、人間は何ゆえ観光に出るのかという観光動機や、観光客満足はどのようなときに起きるかなどが研究の出発点になる。しかしこの立場では、実際上は、観光用の施設や制度がどのようになっているかの問題に触れざるをえないものとなる。たとえば観光資源がどのようなものかは、需要サイドの研究でも避けて通ることができず、供給サイドとの関連が不可欠になる。観光客は、単なる消費者一般ではなく、あくまでも、観光客であり、どのように観光できるかが必須の関心事になるからである。

　そこで、第三の需要サイドと供給サイドを統合した考え方が必要になる。観光では、顧客は観光地まで交通手段を使って行ったのち、宿泊で

は宿泊業の世話になるということが多く、観光客は通常、交通や宿泊などで別々の産業・企業の用役を利用するものであるから、これらの関係する用役や業務が適切な相互関係、すなわちシステム的関係にあることが肝心である。こうしたシステム的関係は、もとより観光客の観光行動がどのようなものかにより異なったものとなるが、観光では、通常の場合、いくつかの種類の異なった産業・企業の用役を段階的に結合的に利用するものであることが、物品売買とは異なるもっとも重要な点である。この研究方向は、この観点からの研究に焦点を置くものである。

観光のこうした段階性は、たとえば、航空機利用のような遠距離観光を考えると、観光客の行動には、大別して次のような段階があることをいう。①「観光出発の準備段階：たとえば旅行取扱店で必要な切符を入手したりすること」→②「観光目的地への往路段階：たとえば航空機の搭乗・機内段階」→③「観光目的地での滞在段階」→④「観光地からの帰路段階」→⑤「帰宅後の整理・総括的段階：たとえばみやげものの配布など」。

この場合、段階のいかんにより、原則として、対応する産業・企業が異なるから、二つのことが起きる。一方では、観光客に起きる満足・不満は、段階ごとに別々に生まれる。たとえば旅行取扱店での満足・不満と、航空機搭乗・機内サービスの満足・不満とは、別物で、旅行取扱店での満足・不満が、航空機搭乗段階での満足・不満に連動することはない。

しかし他方では、旅行取扱店で不満があっても、航空機企業の対応に満足である場合には、旅行取扱店での不満は忘れ去られてしまうことがある。これらの段階は、相互に無関係であるがゆえに、不満・満足が相殺されうることがあるのである。こうした相殺作用は、観光目的地での滞在段階でも起きる。たとえば空港からホテルに行くための交通機関、たとえばタクシーでの扱われ方に不満があっても、着いたホテルでの対応が良いと、その不満は忘れられることができる。

こうした立場は、一般に観光システム論といわれるが、要するに、観光では、観光客のとる各段階が有機的に準備され、各段階担当の諸産業・企業が、さも一つの産業・企業であるかのように仕事上結ばれていることが必要不可欠であることを強調するものである。

以上の観光研究の3原型とは別に、観光の研究では「観光のあるべき姿」を論じることが、今日では必須な課題となっている。観光客の大量化により、観光地の自然的ならびに社会的な環境は重大な影響を受けている。環境保持の点から適切な観光行動がなされるようにすべきであるという声は高いものとなっている。次に、この点を取り上げたい。

## 3．観光のあるべき姿の提示をめぐって

　人間行動の目的についてあるべき姿（当為）を論じるものは、一般に、規範論あるいは価値判断容認論といわれる。これに対して、学問は現実のあるがままの姿から出るものではなく、それにとどまって、現実の実際の姿の解明、その枠内での因果論的究明、せいぜいのところ、所与の目的に対する手段の研究に限定すべきであると主張するものは、現実理論あるいは実証理論などといわれる。これは、人間行動の目的について善悪の判断を、学問としてなしうるかどうかの問題で、簡単には価値判断の可否の問題である（ただし手段だけについての判断はこれに入らない）。

　学問については、学問の名において価値判断をしてはならないという価値判断否定の主張が、20世紀初頭、ドイツの著名な社会学者、マックス・ウェーバーにより提起されて以来（ウェーバー 1973）、社会科学を中心に多くの論者の学問的バックボーンとなり、価値判断否定が学問上では常識的立場になってきている。しかし、価値判断否定の主張については、今日では、少なくとも次の3点が注意されるべきである。

　第一に、M・ウェーバーの価値判断否定の主張は、「学問の名による価値判断」を否定するものであって、「学問の名を離れて行われる」個人による価値判断や、学問以外のたとえば宗教などによる価値判断はこれを否定するものではないことである。第二に、学問世界でもM・ウェーバーの価値判断否定論を認めず、学問は積極的に価値判断をなすべきであるという主張、すなわち何らかのかたちや程度であるべき姿を主張する規範論的理論が、多くの分野でつねに提起されてきたことである。

　第三に、人間は、利己的存在であるとともに、社会的存在という二重性をもったもので、社会的基準に従ってのみ生存しうるものであるから、この社会的基準が行動規範として課せられていることである。観光に関しとくに今日強調されるべきことは、この社会的行動規範が究極的には

地球規模における環境保持に関わっていることである。地球規模での環境保持はすべての人間にとって第一の至上命令になっており、そうした観点からの価値判断は、「学問の名において」も不可欠となっている。

この場合、地球規模での環境保持の命題は、直接的には、1980年代に国連が提起した「持続可能な発展」（sustainable development）の命題に根拠を置くものであるが、ただしこの問題に関し、留意されるべき点がある。それは、観光分野では、国連の命題は「持続性」に重点があるとするものと、「発展」に重点があり、持続的な「発展」の追求にこそ真意があるとするものとの間で、かなりの論争（sustainable tourism debate）があることである。

この論争でいずれの側が妥当なものであるとしても、観光分野では観光自体の持続的発展のためにも、観光ではいまや自然的ならびに社会的な環境を保持することが絶対の条件となっている。このためには、人々が観光についての考え方を変えることが肝心なことである。そこで、理論的にはまず、観光概念について、観光のあるべき姿が提起され、それに応じて実際の観光活動も行われるようになることが必要である。

こうした試みとして世界的に注目されるものに、現在、二つのものがある。一つは、旧来のマスツーリズムにとって代わる、何らかのかたちにおけるいま一つのツーリズム（オルタナティブツーリズム）を提唱するものである。これは1980年代に登場している。いま一つは、2007年以降進展しているホープフル（hopeful）ツーリズム運動である（ホープフルツーリズムについて詳しくは本書「あとがき」または大橋昭一（2012b）をみられたい）。

【読書案内】
ウェーバー、マックス（1973）『社会科学および社会政策の認識の客観性』出口勇蔵訳、河出書房新社。
大橋昭一（2012）「現代ツーリズムの6つのとらえ方――1980年代後半～1990年代前半の論争点を中心に」『関西大学商学論集』57巻3号、147-168頁。

# 第3章
# 近代的観光の発展

大橋昭一

## 1. 近代的観光の前史

　ここで近代的観光というのは、産業革命によって鉄道などが生まれ、それを使って、それまでにはなかった大量観光、とりわけ旅行業者が多くの一般観光客を集め、その旅行や観光行動について業務の一切を取り仕切るパッケージツアー（パックツアー）が本格的に始まった1800年代前半以降の観光を指すものである。産業革命の祖国であるイギリスの場合、その後におけるパッケージツアーなどの発展・展開からいって画期的なものは、1841年に鉄道パッケージツアーを試みたトーマス・クックに代表されるいくつかの事例である。

　こうしたT・クックらの当時の試みは、観光旅行の一般大衆化を実現した最初のものであったが、他方、それは、それまでそうした旅行をいわば独占してきた貴族など富裕層の優越感を脅かすものであった。事実、T・クックらの試みに対して、これは旅・旅行の品位を落とすもので、望ましいものではないという強い批判が起こり、T・クックらと論戦になった。注目されるべきことは、この点が言葉のうえでも表れていたことである。

　それまでの富裕層を対象にした旅・旅行は、イギリスでは一般に travel とよばれていたが、この新しい一般大衆向けの、旅行業者の手配や指示のもとに、旅行客はただ受動的についていけばいいようなものは、travel とはいえない。それと区別して、tourism というのが適当という強い声があり、tourism とよぶことが一般化したのである。それは、1800年代前半ごろのことであった。こうしたことも考慮して、1800年代前半を境目として、それ以後を近代的観光の時代とよぶことにするが、以下本節では、近代的観光の幕開けに至るまでの歴史的経緯を簡単にみておきたい。

第3章　近代的観光の発展

　ヨーロッパの場合、歴史上、中央政府から主要地域に幹線道路が設けられ、付随的に宿舎や馬の乗継制度なども整ったのは、主としてローマ帝国時代であった。ローマを中心にして地方に通じる幹線道路的なものは、最盛期にはおよそ8万5000kmにも及んでいたといわれる。しかし、こうした施設や制度は、ローマ帝国の崩壊（476年）とともに衰退した。ローマ帝国後に現れた封建制国家は、各地域の分立度が高いものであった。交通施設や貨幣制度も分散化して、人々の往来は困難なものとなり衰退した。人の移動としては1096〜1291年の十字軍の遠征があり、1271〜95年にはマルコ・ポーロがアジア各地に至る旅行をするなどの事績はあったが、ローマ帝国時代のようなことはなく、それはルネサンス（おおむね14〜16世紀）のころまで待たねばならなかった。

　ルネサンス時代で何よりも注目されるのはいわゆる大航海時代の到来である。たとえば、1492年にはコロンブスによる"新大陸発見"があり、1497年にバスコ・ダ・ガマが喜望峰を回ってインド航路を確立した。こうした流れのなか、ツーリズム史上有名なものにグランド・ツアー（the Grand Tour）がある。グランド・ツアーという言葉は、他の場合でも用いられることがあるが、ここでいうのは、およそ16世紀に始まった、イギリスの貴族子弟によるほぼ3年間にわたる欧州大陸研修旅行である。主たる滞在地はパリやローマを中心にした諸都市であった。

　このグランド・ツアーは、イギリスで産業革命が始まる1760年代ごろまで続いた。しかし、1700年代になると参加者層が変わって期間も短くなり、性格もかなり変化した。それまでは貴族子弟中心で、期間も原則として3年間であったが、18世紀になると新興ブルジョアジー層が中心となって、年長者も増え、期間も短くなって、目的も教育・教養などの研修から見物や楽しみが中心のものとなった。グランド・ツアーは、18世紀には通俗化し、今日のマスツーリズムに似た性格のものとなった。

　それゆえ、こうしたグランド・ツアーの性格変化は、産業革命以後の近代的観光が、その後格段の発展を遂げ、本章後段で述べるバナル（banal）・マスツーリズムといわれるほど大衆化したものとなっていることの歴史的先駆けとみることができる。すなわち、これらの例は、観光でも、他の多くの事象と同じように、最初は少数の（多くは富裕層

の）者しかできなかったものが、広く一般化して庶民も簡単になしうるものとなる必然的な傾向（法則）を内有することを示しているのである。ここでは、これを「観光における平準化傾向（法則）」とよんでおきたい。

## 2．近代的観光の幕開け

　こうした観光の一般化・庶民化、それゆえ民主化・社会化の実践的先達になった者が、T・クックらであった。T・クックはもともと印刷業者であったが、バプティスト派の伝道師でもあって、禁酒運動家の一人であった。禁酒運動大会参加者が団体で大会に参加できるようチャーター便で一括輸送することを考え、当時高価であった鉄道を割安で乗れるようにしたものが、1841年7月5日のパッケージツアーであった。それは、イギリスのレスターとラフバラとの間 11 mi（マイル）について鉄道会社のチャーター便を使ったもので、1人あたり往復料金は1シリング、参加者は禁酒運動大会参加者570人であった。

　パッケージツアーには、それまでにいくつかのものがあり、T・クックが催行したものは、パッケージツアーとしては最初のものではなかったが、出発地でも到着地でも見送り人や出迎え人が多くあり、到着地でイベントもあって、かなり鳴り物入りで挙行されたもので、人々の耳目をひくものであった。また、クックや関係者が行ったツーリズム業におけるその後の巨大な業績からも、これが強く注目されるものとなった。

　たとえば、T・クックはその後1846年からスコットランドへのツアー旅行を催行し、1シーズン平均5000人の利用客があった。1851年にはロンドンで世界最初の万国博覧会が開催されているが、T・クックはその入場者のうち16万5000人を運んでいる。72年には世界一周ツアー旅行も実現し、かつ同年には（今日いう）トラベラーズ・チェックの取り扱いも始めている。彼の事業には1866年に息子のジョン（John）が加わり、71年に息子とともにトーマス・クック・アンド・サン社を立ち上げた。

　ところで、ツーリズムの一般化・大衆化のためには、ツーリズムの需要側でそれを可能にする条件の整備、つまり労働者を中心にした一般大衆において所得向上と自由時間増加のあることが必要であるが、それが少しずつ具体的なかたちで現われてきたのはおおむね第一次世界大戦ご

第3章　近代的観光の発展

ろからである。

　まず、労働時間でみると、欧米では1920年代までには週48時間労働制がかなり普及している。休暇制度についても、たとえば当時（1909～13年）のアメリカ大統領タフトは労働者に対する休暇の付与・拡大を提唱しており、1913年アメリカのウエスティングハウス社は有給休暇制を実施している。第二次世界大戦後イギリスでは1969年にフルタイム・ブルーカラー労働者の97％は2週間の有給休暇制であったが、88年には99％が4週間になっている。

　所得の面をみると、アメリカの場合、1人あたりの国民所得（正確にはGDP）は1840年に約1600ドルであったが、1930年には約6000ドルになっている。アメリカの国内旅行の点では、1914年に自動車メーカー・フォード社が一律規格・大量生産・低価格のT型車について本格的生産を始め、自動車旅行普及の大きなきっかけになったことも注目される。

　こうした所得向上と自由時間増加とは、一般大衆におけるツーリズム発展の土台的必要条件であるが、それだけでは不十分である。ツーリズム発展のためには、一般大衆のツーリズム欲求を適切にマネジメントし、組織してゆく有能な旅行業者が必須である。そうでなければ、所得向上も自由時間増加もツーリズムに使われないかもしれない。その意味ではT・クックらが果たした歴史的功績には大きなものがあり、それは、そうした組織力がツーリズム発展の十分条件として必須であることを示したものである。加えて、ツーリズムに関する技術進歩、とりわけ交通手段におけるそれが、促進条件として必要である。

　航空機を中心にツーリズムに関する技術が格段に進展し、観光がさらに大衆化したのは、第二次世界大戦後である。その状況を次に考察する。

## 3．第二次世界大戦後の発展

　第二次世界大戦終了後の時期でまず注目されることは、終戦の1950年代から1970年代にかけて世界的にツーリストが急増したことである。世界観光機関（UNWTO）の資料によると、国際ツーリスト（国境を越えて移動するツーリスト）は、世界合計で、1950年に2500万人であったのが、70年には1億6600万人を記録し、約7倍の増加になっている。

*17*

1967年は国連指定の国際観光年（International Tourist Year）であった。ヨーロッパでは地中海沿岸地帯を中心に現代マスツーリズムがさかんに行われ、後述のように現在も続く大きな論議の的となってきた。

こうした当時におけるツーリズムの隆盛の事由としては、戦争中の禁欲や緊張からの解放感が大きかったことや、戦争中に訪ねた地域へツーリストとして再訪してみたい欲求などが爆発的に表面化したことなどが挙げられているが、大衆的なマスツーリズムを容易にし、促進したいくつかのビジネス上の要因があったことも看過されてはならない。

たとえば、1950年にダイナーズ・クラブがクレジットカード制を始めている。これによりツーリストは現金を持ち歩く必要がなく、通貨交換のわずらわしさからも解放された。輸送力の点では1952年にジェット旅客機がロンドン―ヨハネスブルク間で就航したのを手始めに、70年には収容席数352を数えるジャンボジェット機が就航し、一躍ジェット機による大量輸送の時代になった。

今日でも、善かれ悪しかれ、マスツーリズムの代表のようにいわれる地中海沿岸地帯のそれなどについては、さらに人々、とくにヨーロッパ北部の人々における健康観、健康美感において変化が起きていたことも要因の一つである。もともとヨーロッパでは中世のころから海水浴療法の考えがあり、日本における温泉浴と同様、海水を浴びることは健康に良いという信仰のようなものがあり、とくに夏季に海水浴に出かける慣習があった。すでに1920年代、フランスの地中海沿岸部ではこうした旅行客が多く押しかけていた。第二次世界大戦後はそれがさらに広く一般化し、いわば俗物化したのであった。

そのツーリズム概念はどのようなものであるかについて、これは端的にはバナル・マスツーリズムとよぶべきものであることを提起したものにP・O・ポンスらの所論がある（Pons *et al.* eds. 2009）。もっともバナル性とは何かについては、すでにM・ビリックが、一般ツーリストのなかには、自国外のツーリズム滞在地において自国の旗を掲げたり、自国を象徴するデザインの物を使用したり、自国での習慣を押しつけたりして、地元住民に対する無頓着さを発揮する者がいることなどをいうものであると指摘している（Billig 1995）。

バナル・マスツーリズムは、要するに、若者を中心に一般的大衆が旅

先において夜遅くまで遊びやダンスなどの肉体的発散や、非日常的な食べ物や行動を求めて自己放縦的な行為に耽ることをいうのであるが、ポンスらはここに一般大衆の今日におけるツーリズム欲求、あるいはツーリズム機能の根本があるとして、次のように論じている。

　第一に、それは、労働者に代表される一般大衆が仕事を中心にした日常的生活で受けている疎外感を、集団的、かつ、物的に発散しようとするものであり、人間性回復のための一形態である。そういう意味では、それはあくまでも、現代資本主義的ツーリズムの一形態である。

　第二に、バナル・マスツーリズムにおいて行われていることは、少なくともイギリスの若者の場合、本国で行われているものの延長・継続であり、観光地・リゾート地だけの異常な行為というものではない。たとえそれが、道徳的に非難されるべき諸傾向をもつものであっても、観光地・リゾート地だけの異常な行為ではなく、広くいえば、現代社会一般の日常的行為であって、現代社会の動向を反映するだけのものである。

　第三に、地中海沿岸部へのマスツーリストたちも非日常性を求めて、たとえば温暖な気候を求めて、観光地・リゾート地に来るが、そこでの行為は必ずしも非日常的なものではない。ポンスらの調査によれば、これらのツーリストたちには「非日常的なものを観て歩く」という性向はほとんどない。自己の好む非日常的な土地で日常的な滞在を楽しむ性向が強い。

　これからみると、結論的には、ツーリズムはそもそも、日常的生活の延長であって、日常生活のあり方、たとえば日常の経済水準や考え方を超えるものではなく、その移転・継続にすぎないという命題が定立されうる。これは、次章で述べるポストモダンの考え方にも合致するものであり、ここでは、「ツーリズムは日常生活の延長」の命題とよんでおきたい。

【読書案内】

トライブ、ジョン（2007）『観光経営戦略——戦略策定から実行まで』大橋昭一・渡辺明・竹林浩志訳、同友館。

ブレンドン、ピアーズ（1995）『トマス・クック物語——近代ツーリズムの創始者』石井昭夫訳、中央公論社。

# 第4章
# ポストモダン社会と観光

大橋昭一

## 1. ポストモダン社会の特徴

　ポストモダンとは、「モダン以後」あるいは「脱モダン」という意味のもので、種々の見解を総合すると、現代社会は、1960～70年代以降こうした社会になったとみられる。しかし、ポストモダン社会がどのようなものをいうかについては、とくに80年代、多くの学問分野で世界的に活発に論議されたが、現在も一義的な規定があるのではない。

　この点について、たとえば、ポストモダン論のもっとも代表的な提唱者の一人、J・F・リオタールは、「ポストモダンとはこれまでの大きな物語の終焉の時代」と特徴づけている（リオタール1986）。ここで彼がいう「大きな物語の終焉」とは、それまで支配的であった、誰しもが当然のものと思っていた各種の考え方や行動基準、たとえば、合理主義、リベラリズム、社会主義、性別主義、歴史的決定主義といった考え方は、妥当しなくなったことをいうものである。これは、換言すれば、これまで固定的で不変と思われてきた考え方、概念や行動基準が揺らいで、変わりうるもの、流動的なものとなってきたことをいう。

　たとえば、男性と女性では、これまで役割・服装・身のこなし方や言葉遣いなどが別々で、その境界は堅持されるべきものと考えられてきたのが揺らいで、固定的なものではなくなってきたことをいうものである。このことは、一般的には、「境界もしくは区別の消滅」（abolition of difference, de-differentiation）といわれるが、ポストモダン社会では、こうした境界の消滅が、社会の多くの分野で起きていると考えられる。

　前記の性別の境界消滅以外でも、たとえば、仕事と余暇との間、生産活動と消費活動との間で、境界が消滅しつつあるし、都市と地方についても境界消滅傾向がある。これは、空間における境界の消滅といってよいが、時間では過去と現在、あるいは現在と未来との境界の消滅が起き

　　　　　　　　　　　　　　　第4章　ポストモダン社会と観光

ている。観光活動では、日常活動との間における境界消滅がある。それには、観光活動と日常活動が質的に区別されないものになることと、観光活動と日常活動が時間的に区別されず、観光活動は日常活動の延長、日常活動は観光活動の延長となることとの二面がある。

　ここで肝心なことは、境界の消滅により、多くの場合、これまで低くみられ扱われてきたものの扱いが向上することである。男女の別でいえば、境界の消滅は女性の地位向上となって現れ、旧来の男性本位主義からの脱却傾向が進む。前述の過去と現在との境界の消滅では、過去の復権が起き、たとえば、これまでは古くて無価値と見捨てられていた過去の遺物や行事などが、価値あるものとして見直されたりする。ハイパーリアリティを主柱とするテーマパークなどでは、現在と未来との境界消滅が意図され、未来の姿を現在において表現することが企図されている。

　観光にとってさらに重要なことは、境界消滅により、生産活動に対する消費活動の地位向上、すなわち、労働（仕事）に対する余暇活動のウェート向上が起き、消費活動・余暇活動の中心をなす観光の、社会的地位・比重の向上が起きていることである。ポストモダン社会では、観光がさかんになり、観光振興が重要な社会的テーマとなるのである。

　この一方、これまで低く扱われてきたものの地位向上は、関連分野における競争の変化や激化をもたらす。たとえば、男性専一的分野に女性が進出すると、男性にはない女性能力の挑戦というかたちで、新しい内容の競争が起きる。女性専一的分野への男性進出も同様である。消費分野・観光分野でも同じで、新しい競争激化が生まれる。

　さらに境界の消滅は、同一種類の製品の場合、メーカー別にあった製品の技術性能上における区別・境界の消滅となって現れる。これは技術の平準化が進むためである。このため、どのメーカーの製品を買うかは、たとえば「好き・嫌い」というエモーショナル（感情的な）違いによって決まるものとなるが、その際もっとも有力な決め手になるのがブランドである。これは、現在社会が何よりも情報化社会となっているためである。情報化社会では日常的な情報伝達手段になるのは、簡潔な代名詞的なもの、つまりブランドである。製品の適否の決定は、その実体・内容によるのではなく、ブランドによってなされる。この意味ではポストモダン社会は、観光地を含めて、ブランドを前面に立てて競争が行わ

Ⅰ　観光学への招待

れるブランド社会である。

　これに対していえば、ポストモダン以前のモダン社会は、歴史的には、ルネサンス時代までさかのぼるが、啓蒙主義運動を経て産業革命をもたらし、生産優位原理をもって、物的に豊かな社会を築き上げてきた。

　この場合、モダンといいポストモダンといい、いずれも総称的な用語である。モダンを例にやや詳しくいえば、一般的には、社会の下部構造にあたる生産活動領域の近代化はモダニゼーション（modernization）、上部構造である文芸・芸術などのそれはモダニズム運動（modernism）といわれ、その中間にある生活様式などはモダニティ（modernity）として区別される。観光関係では、モダン対ポストモダンではなく、モダニティ対ポストモダニティという言葉で論じられる場合が多い。

　他方、資本主義という言葉は、イギリスでいえば、15〜16世紀に始まったエンクロジャー（enclosure：土地囲い込み、農民離村・労働者化）を契機とし、産業革命で本格的に成立した今日の経済様式をいう。労働者の労働力を含め社会の生産物が、基本的にはすべて商品となって売買され、剰余である利潤（利益）は資本家（代行者・機関を含む）が入手する仕組みのものである。

　だが、現在の社会が、経済的には、資本主義社会であることは否定できない。この観点からは、ポストモダン社会も資本主義社会の一形態と考えられることになる。事実、ポストモダン論には、現代資本主義論から展開され、特徴づけられている一面がある。次に、この点を考察する。

## 2．組織揺らぎの資本主義論——再帰的近代化論

　前述のように、ポストモダン論の特色は、要するに、これまでの概念の揺らぎ・変容・崩壊をいうものである。その点から注目されることは、ポストモダン社会とは、それまでの「組織された資本主義」（organized capitalism）における組織性が揺らぎ、「組織揺らぎの資本主義」（disorganized capitalism）と化したものになっているという主張が提起され、これに照応して社会全般において組織離れ、個人の自律化（以下では単に個人化という）が起きているという主張が展開されていることである。これらの「組織揺らぎの資本主義論」によると、組織離れ・個人化は、今や近代化が人間個人の生活にも及んだ結果生まれたものと考えられ、

それは一般に「再帰的近代化」(reflexive modernization) ともよばれる（ベック／ギデンス／ラッシュ 1997）。

「組織された資本主義」から「組織揺らぎの資本主義」への移行を提起した代表的文献の一つは、S・ラッシュと J・アーリにより 1987 年に公刊された "The End of Organized Capitalism" である（Lash and Urry 1987）。アーリは、現在、世界的に代表的なツーリズム論者として活躍中の者である。こうした「組織揺らぎの資本主義」時代が始まったのは、先進資本主義諸国の場合、おおむね 1960 年代以降といわれる。

この時期にこうした「組織揺らぎ」が起きたのは、一般的には、（拘束）労働時間が減少し、自由時間が増加したため、とりわけ、個々の働き手（労働者）において教育水準、知的労働水準が高まり、労働遂行能力、そして生活力が向上して、組織に頼らない（頼る必要がない）傾向が強まったためである。このことは、日本では「組織離れ」と表現され、流行語としておおいにもてはやされたが、欧米では、何よりも個人の強大化、すなわち「個人化」としてとらえられ、「個人の近代化」として規定された。

この「個人の近代化」は、欧米では、「再帰的近代化」とよばれることが多い。それは簡単にいえば、次のことをいう。すなわち、人間は、産業革命に代表される近代化を、これまでは工場や制度など、いわば人間にとっては外部の客体的存在である物について推進してきたが、いまやその「近代化」を、主体である人間自身に向け、「（主体としての）人間が（自己自身である）人間みずからを客体として近代化を行うもの」（これを再帰的という）になっていることをいう。

「再帰的近代化」は、人間行為のすべての面で進行する。たとえば、美的分野のそれは「美的再帰化」といわれる。ツーリズム分野では、ラッシュとアーリにより提起された「ツーリズムの終焉」(end of tourism) の命題がよく知られている（Lash and Urry 1994）。この命題でラッシュとアーリがいわんとしたことは、文字どおりの「ツーリズムの終焉」ではなく、tourism から真の意味での travel への復帰、すなわち、マスツーリズムにおいてもツーリストが自律的に行動するものとなること、つまり、「ツーリズムの再帰化」、「ツーリストの個人化としての近代化」の進展である。

## 3．Y世代と観光

　ポストモダン社会の観光を考える場合、観光の主体であるのは、どのような人たちであるかが問題となる。ここでは、ポストモダン社会において観光客の主力的部分になりつつあるY世代といわれる人々の一般的性向を、観光関係を中心に概観し、世代論的考察の一端を紹介する。Y世代はじめ、各世代の名称や年齢などは、表1によるものである。

　もともと世代論はアメリカでさかんで、表1もアメリカ色の濃いものであるが、世界的に通説となっているものである。ただし、Y世代のことを他の名称で、たとえばミレニアル（millennial）世代とよんだり、グローバル（global）世代とよぶものなどもある（大橋 2013b）。

　Y世代がどのようなものであるかの見解は実に多様で、Y世代論争といってもいいようなものがある。一方では、Y世代はこれまでの世代とは根本的に異なるところがあるという見解があるとともに、他方では、そうした見解は誤りで、一種の神話であり、事実にあっていない、Y世代は旧来世代と根本的に異なるところはないと考えるべきだというものもある。ただし、観光関係を含め次の点で、Y世代には旧来世代にはない特色があるという点では、見解はおおむね一致している（Benckendorff et al. eds. 2010）。

　第一に、取り巻く技術的環境でみると、Y世代は、種々のIT技術が普及し定着した時代に成育したものであるから、その練達者である。Y世代では、これらの技術は先天的に存在していたものであり、慣れるだけでいいものであった。これに対し、旧来世代の者では、これらの技術は、成育後訓練を行い、後天的に身につけることが必要であった。観光関係調査資料によると、Y世代では、旅行先や宿泊先の決定においてIT技術に依存する傾向が大で、旅行業者などに頼る度合いは低くなっている。

　第二に、家庭的環境でみると、Y世代は小家族のもとで、子供は一人か二人という環境で成育してきた者が圧倒的に多く、善かれ悪しかれ、家庭中心・家族中心で動く傾向が強い。これは、観光関係でも同様で、家族中心で動く度合いが高い。その一方、Y世代は教育歴が高く、自律性の強い者が多く、いわゆる権威的なものを認めない性向が強い。

　第三に、社会的環境では、Y世代はいわゆる物心のつく過程で、アメ

第 4 章　ポストモダン社会と観光

表 1　世代の別と世代名称

| 出生期間 | 世代名称 | 2019 年の年齢層（歳） |
|---|---|---|
| 1901〜24 | ジーアイ（GI）世代 | 95〜118 |
| 1925〜42 | サイレント（silent）世代 | 77〜94 |
| 1943〜60 | ベビー・ブーマー（baby boomer）世代 | 58〜76 |
| 1961〜81 | X 世代 | 38〜57 |
| 1982〜2002 | Y 世代 | 17〜37 |
| 2003〜 | Z 世代 | 0〜16 |

出所：Pendergast（2010）p. 2.

リカの 2001 年 9 月 11 日の事件をはじめ各種のテロ事件を見聞した者たちで、リスクやそれに対する安全意識の高い者が多い。しかしその一方、そうしたリスクは情報を広く集めれば、十分対処できると考える者が多く、観光行動では大胆な行為をとる者が結構あるといわれる。

　第四に、とくに観光関係についてみると、各種の調査によると、Y 世代では、観光・旅行の回数はとくに多いとはいえないが、観光ではより多くの観光地を訪問し、見聞を広め、多くの人と交流する機会をもちたいという者が多い。観光の質・内容が変化しているのである。たとえば、ボランティアツーリズム（➡Ⅳ・12）の志向性が高いことや、旅行先が多様化し、文化的もしくは社会的な経験を多くもちたいという傾向が強まっている。

　以上の Y 世代についての特徴づけには、内容的に矛盾した点がある。こうした矛盾は、人間なら誰でもあるものであるが、Y 世代では、その程度が高く複雑といわれる。ポストモダン社会の担い手としてふさわしい層が、Y 世代として形成されつつあるといえる。

【読書案内】
ベック、ウルリッヒ／アンソニー・ギデンズ／スコット・ラッシュ（1997）『再帰的近代化——近現代化における政治、伝統、美的原理』松尾精文・小幡正敏・叶堂隆三訳、而立書房。
リオタール、ジャン＝フランソワ（1986）『ポスト・モダンの条件——知・社会・言語ゲーム』小林康夫訳、水声社。

# 第Ⅱ部

# 観光学の諸領域

# 第1章
# 人類学の視点

橋本和也

## 1. 人類学的研究

　人類学では、典型的には異郷に赴いてその地域に住み込み、研究者自身が受けいれられ理解されるように交流を積み重ねながら、言語や社会習慣を身につけ、可能なかぎり現地の人々の視点からの文化理解を心がけている。そこで獲得した「他者の視点」を自国の文化現象研究にも適用する。自国では社会学や地理学の研究者などと調査対象や内容が重なることも多く、この観光の領域でも学問間の違いを明確にすることは難しくなってきている。ここで人類学の視点からこれまでの観光研究を概観してみよう。

## 2. 観光文化の必要性

　観光文化とは、「観光者の文化的文脈と地元の文化的文脈とが出会うところで、各々独自の領域を形成しているものが、本来の文脈から離れて、一時的な観光の楽しみのために、ほんの少しだけ、売買されるもの」である（橋本1999）。ここで筆者がまず注目したいのは、「パフォーマンス文化」の違いである。

　南太平洋のフィジー共和国で「火渡り儀礼」の調査を始めたのは1982年の12月であった。訪ねたベンガ島の村ではその儀礼はもはや実践されていなかったが、村の複数のチームが交代で毎週三つのホテルをまわって公演をしていた。ホテルのアリーナで「石焼きオーブン」（ロヴォ）用の大きな石を昼から数時間焼いて準備し、公演が始まるとその石を儀礼次第に則って平らにし、司祭の指導のもとで2組のグループが焼けた石の上を素足で渡る。最初のホテルではテントが二つ張られ、その下で二十数名の観客が見ていたが、盛り上がることもなく、インタビューしてもまた見たいと答えた客はいなかった。「火渡り儀礼」の上演とはこ

のようなものかと思ったものだが、翌日別のホテルで同じメンバーによって同じ儀礼上演がなされたときには観客の反応はまったく違っていた。そのホテルの「火渡り」には一つだけ演出が加えられていた。前日は焼けた石の上を、下を向いたまま渡るだけであったが、ここでは一人ひとりが石の中央で一呼吸止まり、顔を上げ、観客に視線を向けたのである。その瞬間、惜しみない拍手が観客からわき起こった。先のホテルではこの一呼吸の間がなく、その結果拍手もなく、上演者も観客も不満を残すことになった。欧米のショー文化に慣れた観客は、拍手をして上演者を賞賛する機会を欲していたのである（橋本1985）。

　実は、2番目のホテルでは欧米のショー文化とフィジーにおける上演方法をともに知る演出家が、フィジー的上演方法（文化的文脈）しか知らない村人に石の中央で止まり視線を観客に向けるというショー文化的行為を要求し、観客に拍手をする機会を提供していたのである。ただ一つだけの演出であったが、観客の反応と評価はまったく違うものになった。この調査から「観光文化」の必要性を強く感じた。観客に見所を伝え、演者に拍手のための演出を加えた仲介者（演出家）が、不満げな観客を前にする上演者と盛り上がりのないショーを見せられる観客をともに満足させることを可能にしたのである。この観光者と地元住民との間に存在する文化的なギャップを埋めたのが「観光文化」であった。

## 3．文化の真正性、文化の著作権（客体化・商品化）

　大衆観光者は「よく知られているもの」を「確認」しに行くのであり、「真正性」（ほんもの）を求めて観光地に行くわけではない。先の「観光文化」に関しても、民族儀礼の文脈から離れて観光者を対象に公演をした時点で、すでに客観的「真正性」は喪失している。観光者はそれを承知で入場料を払って見に来るのである。真正でなくても「よく知られたもの」であれば観光者のまなざしは向けられる。模倣やがらくたでも、高級なものも低俗なものも、まなざしを移しながら戯れ楽しむポストモダン的特徴をもつのが、現実の観光である。実物が存在しない、仮想の世界であるディズニーランドに年間2000万人以上もが訪れている。

　①**文化の真正性**　「文化の真正性」が議論される観光の現場が依然多くあることを忘れてはならない。岐阜県郡上市の「郡上おどり」は7

月中旬から三十数夜にわたり開催され、お盆期間中の徹夜おどりには全国から熱心なファンが集まる。ここで踊られる10曲の「郡上おどり」は1923年に保存会によって選定されたものであるが、それ以外にもたくさんの踊りがあり、1996年から「むかし踊り」として復活した。外部の者はどちらが「真正な郡上おどり」なのかという疑問を抱いたという（足立2004）。地元の人々には「踊りは一つ」と真剣に信じて生きていかなければならない現実がある。よって「郡上おどり」が新旧二つあることを認めるわけにはいかず、両者はもとが同じだから一つであり、保存・継承ができていると主張することになる。

また農耕馬が姿を消した現在も、借りてきた馬やポニーに飾りつけをして神社に奉納する岩手県盛岡市の「チャグチャグ馬コ」の「真正性」についても地元では取り沙汰される（安藤2001）。「真正性」に関する議論は、観光者ではなく、社会的・経済的に利害が対立する関係者同士の間で顕在化する。地域の文化資源は、地域の人々が育て上げて「ほんもの」（真正）にしていくものであり、第三者が安易に口出しすべき問題ではないと筆者は考えている（➡Ⅲ・2）。

②文化の著作権（文化の客体化・商品化）　民族に特有な文化が客体化され、商品化されると、それを模倣・流用する他者が現れる。先のフィジーの「火渡り儀礼」が南太平洋の他の島（ヴァヌアツ・アネイチュム島）で大型クルーズ船の乗客相手に上演されているとの報告がある（福井2012）。上演者はそれを観光者には島の文化だと説明するが、内部的には（アネイチュム島の）伝統と認めておらず、明らかに流用・盗用だと判断される。

フィンランドでトナカイを飼っているラップランド人が「サンタクロースの村」を名乗る権利を本来もっているはずなのに、多数派のフィン人がサンタクロースの衣装を着てみやげものを売っている（葛野1996）。葛野浩昭はそれを「文化の著作権」として問題にするが、そのような権利が国際的に保証されているわけではなく、禁止命令を出すことも損害賠償を請求することもできない。テレビ局がドキュメンタリー番組を制作して社会的倫理に訴えることができるだけであった。

南太平洋のヴァヌアツにはヴァンジージャンプの原型といわれる「ナゴル儀礼」（白川2003）がある。この儀礼はヤムイモの生育と密接な関係

をもち、ダイブの成功が豊作をもたらすと考えられている。離島の南端まで行くのが困難なので、観光者の便宜のために飛行場近くの別の島に移して開催しようとすると、他村から批判され開催中止に追い込まれる。みずから交通の便が良い他島での開催を計画した村も、他村が他地域で開催すると聞きつけるや反対する。一見「文化の著作権」が問題にされているようにみえるが、このような儀礼の持ち出しに反対する議論の背景には、民族内の利害対立や嫉妬が反映されているのである。

　テレビなどでよく、エジプトのスフィンクスの模型が飾られ、ヴェニス風のゴンドラが浮かぶラスベガスのホテルが紹介されている。民族文化に固有のデザインに関しては、企業の商標や技術と違い、特許権や登録商標などで守ることができない。とくに政治的・経済的に劣位に立たされている民族の文化は、社会的な常識や倫理・道徳に訴えて流用・盗用の抑制を図る以外に対処法がみつからないのが現状である。

## 4．「エコツーリズム批判」

　エコツーリズムを奨励するのは第三世界の人々ではない（→Ⅳ・1）。自然を使い尽くした先進国の人々が自然環境保護を訴えてエコツーリズムを称揚するのである。フィジーでは大型観光ホテルが美しい珊瑚礁の海岸をプライベートビーチとして抱え込み、その土地所有者である地元住民は土地のリース料やホテルでの雇用を確保して豊かな暮らしを得ている。その一方で、山間部の貧しい村落には望んでも大型観光開発はやってこない。特産品もなく、山中の村から町の学校までの交通費を出せず子どもの就学が困難な村落も多い。ヴィティ・レヴ島中央部のソヴィ盆地は岩ばかりで耕作できず、村人は離村し子供に学校教育を受けさせるためもあって近隣の村に分散して住んでいる。珍しい低地熱帯雨林の盆地として国立公園に指定される前には、アメリカの木材会社と森林伐採の契約を交わした。しかし1年後に、村民はロイヤリティが支払われていないと伐採をボイコットした。企業側は、支払いはすべての森林伐採終了後になされる契約であると裁判所に提訴したが、伐採は中止された。その後たまたまオーストラリアのエコツーリズム開発推進者が「世界環境遺産」登録に向けてレポートを作成し、この地域を国立公園にする計画を立てた。今まで岩ばかりで手もつけられなかった土地が「人間

の手が入らぬ自然」として対象地に選ばれたのである（橋本 1999）。

　先進国側の開発援助計画には、貧しい山村の補助と「自然保護」を唱えるエコツーリズムならば、自国民の税金を使う援助への理解が得られるという事情がある。ヴィティ・レヴ島西部のアンバザ村ではニュージーランド政府がヘリコプターで機材を山頂に運んでエコツアーのための休憩・宿泊施設を建設し、村人に労賃を払って散策路を整備した。また日本の NPO はエコツーリズム・ワークショップを開催してエコマップを作製し、シャワー室と水洗トイレを提供した（橋本 1999）。

　エコツーリズム開発推進者は、地元にはもともと「自然環境保護意識」があったとか、「伝統的慣習」に従うと「自然環境保護」になるなどという言説をよく用いるが、注意して現実をみる必要がある。第三世界の現場では、木材伐採で金を得られるなら、すなわち「自然」が金になるなら「自然を売ろう」と考え、また逆に「自然保護」で金になるなら「自然」を保護しようと考えているのである。どちらにしても手元には「自然」しかないのが第三世界の人々なのである（橋本 2003）。「エコツーリズム」を必要としているのは、自然を使い尽くした先進国の人間であるという現実を認識しなければならない。

## 5．まとめ——新たな文化の創造

　あらゆる観光地で、地域の「文化資源」を売りものにすべく工夫・努力がなされている。オランダ植民地下のバリ島では、新スタイルのバリダンスが考案されたおかげで、ダンスそのものが劇の内容や儀礼的文脈から自由になった。本来ならば言語や伝統的な文献を知らなければ門外漢には鑑賞がおぼつかなかったが、表現的かつダイナミックで直線的に上演できるようになり、外国人観光者のためにも短いダンスを連続して上演するスタイルが可能になった。そしてこの新スタイルのバリ舞踊が、地域の人々にも受けいれられていった（Picard 1997）。また文化革命以後の中国では、少数民族ミャオ族の伝統舞踊が動作を大きくしジャンプを取り入れて見栄えの良いものに編成し直され、全国的に評判となり、ミャオ族を代表する踊りになった（曽 1998）。地域の人々がアレンジを行い、それを自文化として受けいれている場合には、「まがいもの」として排除するよりも、むしろその活動を新たな「文化の創造」として積

極的に評価し受けいれていくべきであるとの立場を筆者はとっている。

「地域の文化資源」は、地域の人々によってその歴史的断片が発掘・発見される場合もあるが、地域と関わりなく新たに創造されたものでもよい。地域の人々の活動によって育て上げられ、観光の場に提供され、評価されるのである。近年の日本の事例としては、戦後1954年に商店街の発展のために考案された高知県の「よさこい踊り」をまず挙げることができる。その「よさこい踊り」に感動して1992年に始まった北海道の「YOSAKOIソーラン祭り」などは、地域の人々の熱心な活動に支えられた新たな「文化の創造」として積極的に考察・評価されるべきである（橋本2011）。

しかし一方では、地域の人々が支える活動とは無縁のものもある。観光みやげなどには、通過するだけの大衆観光者のちょっとした興味を引けばよいとある業者が考えて、「○○に行ってきました。ほんの気持ちです」と観光地の名前だけを変えて、同じような菓子を安易に観光の場に提供しているものもある。それでも観光者はおもしろいと思って手にし、購入している。そのようなものをも対象にし、なぜ観光者がそれを手にするのかを考える必要がある。そのような品物でも、受けとる相手がおもしろがってくれる場合がある。また、制作者が間近で制作過程を見せてくれたり、商品について店員や店主が印象深く語ってくれたり、笑顔で道案内をしてくれたという、ささやかでも良い思い出を喚起するようなものであれば、観光者は購入する。それなりの観光経験を物語るにふさわしいみやげものとなっているのである（➡Ⅴ・3）。

以上のようなテーマを人類学的研究者は関心をもって調査している。

## 【読書案内】

葛野浩昭（1996）「サンタクロースとトナカイ遊牧民——ラップランド観光と民族文化著作権運動」山下晋司編『観光人類学』新曜社、113-122頁。

橋本和也（1999）『観光人類学の戦略——文化の売り方・売られ方』世界思想社。

———（2011）『観光経験の人類学——みやげものとガイドの「ものがたり」をめぐって』世界思想社。

橋本和也・佐藤幸男編（2003）『観光開発と文化——南からの問いかけ』世界思想社。

# 第2章
# 社会学の視点

遠藤英樹

## 1．モバイルな現代社会

　現代社会は、社会における人、モノ、資本、情報、知がたえず移動する世界を現出させた。世界中で、多くのビジネスマンたちが空を飛びまわって仕事をしており、多くの移民たちが生まれた国をあとにする。多くの留学生たちが他国で勉強し、日本のサッカー選手や野球選手などのスポーツ選手も、アメリカ、イタリア、ドイツなどの国へと移動してプレイしている。2010年における国際移住機関（IOM）の報告によると、2005年、世界における海外移住人口は1億9100万人であったが、2009年には2億1400万人となっている。さらに2050年までに、その数は4億500万人に達すると予測されている（online 国際移住機関）。

　現代社会はますます「モバイル」な特徴を有するに至っており、私たちはそれに伴って「モバイルな生」を生きつつある。このように、人、モノ、資本、情報、知などが移動する状況を強調しながら社会を考察する視点を、J・アーリは、「モビリティ・パラダイム」とよんでいる（Urry 2007）。彼が整理する「モビリティ・パラダイム」のポイントは、以下のようなものだ。

　①社会関係は、ある一定の場所に固定されて形成されるのではない。それは、「移動」（モビリティ）のなかでたえず形成されていく。

　②こうした「移動」（モビリティ）は、（a）主として仕事や楽しみのための身体性を伴う。それは飛行機や自動車といった輸送手段の発達などを通して、時間を短縮しながら遠くへ移動できる「時間＝空間の再編」から形成される。（b）人の移動と同時に、みやげものをはじめとしたモノの移動がある。（c）観光情報誌やテレビなどといった多様なメディアを用いて、想像的なイメージをつくり出す。（d）インターネットなどを用いたバーチャルな旅行の場合、地理的・社会的な距離を超え

る。（e）電話、ファックス、携帯電話などは、コミュニケーションのための移動を実現する。

③身体性を伴う移動は、ジェンダーやエスニシティなどの社会的な問題を内包しており、現代の国家主権や統治のあり方について再考を促すことになる。

④移動には人ばかりではなく、たえずモノがついてまわる。そのため人だけではなく、モノに関する考察も重要となる。社会関係を、モノや自然から切り離して考察することはできない。それゆえ、人とモノの関係性を意味する「アフォーダンス」を問う必要性が生じる。

⑤社会が多様で意味深くなればなるほど、人、モノ、資本、情報、知を循環させる「移動」（モビリティ）が重要なものとして現れてくる。同時に、そうした「移動」（モビリティ）を実現させているのは、道路、駅、空港、港といった移動しない（動かない）プラットフォームである。

## 2．ツーリズム・モビリティ

このように、アーリは「移動」（モビリティ）を軸に社会現象を考察していこうとする。こうした移動は、現在、観光や旅を抜きに考えることができない。

国土交通省観光庁が編集する『平成24年版　観光白書』（2012）によると、世界各国が受けいれた外国人旅行者の総数は、2009年の8億8207万4000人から、2010年には9億3986万2000人と増加している（国土交通省観光庁 2012）。日本人の海外旅行者数にかぎってみても、2007年で1730万人、2008年で1599万人、2009年で1545万人、2010年で1664万人、2011年で1699万人と毎年1500万人程度の日本人が海外に渡航している（国土交通省観光庁 2012）。アメリカ同時多発テロ事件、バリ島爆発事件、イラク攻撃、SARSの集団発生、東日本大震災など、さまざまな出来事に影響され旅行者数が減少する場合もあるが、それでもなお世界各地で数億人の人々が外国へ旅行していることには変わりない。

観光客は、「余暇移民」（レジャー・マイグレーション）として、つねに世界を移動し続けている（Böröcz 1996）。「モビリティ」を考察するうえで、観光は不可欠なのである。これについて、M・シェラーとJ・アーリは「ツーリズム・モビリティ」という概念を提示している。彼らは

次のようにいう。

> われわれが「ツーリズム・モビリティ」について言及するのは、明白なこと〔観光がモビリティの一形態であること〕を単に述べるためだけではない。そうではなく、さまざまなモビリティが観光をかたちづくり、観光がパフォームされる場所を形成し、観光地をつくったり破壊したりするといったことに焦点をあてるためなのである。人やモノ、飛行機やスーツケース、植物や動物、イメージやブランド、データシステムやサテライト、これらの移動すべてが観光という行為へと結びつく。(Sheller and Urry 2004)

　観光は、人の移動ばかりではなく、みやげものやスーツケースをはじめとするモノの移動も含んでいる。そればかりではない。人々は観光情報誌やウェブ、スマートフォンなどといったメディアを用いて、情報やデータを検索し、観光地に関する多くのイメージをもって観光へ出かける。それゆえ、情報、データ、イメージの移動も生じている。また観光地においてさまざまなモノや事柄を見聞きしたり経験したりすることによって、記憶を形成し、思い出へと変えていく（記憶、あるいは思い出の移動）。さらに観光は、旅行代理店、航空産業などの交通業者、ホテルなどの宿泊業者をはじめとする諸産業と結びついて成立しているがゆえに、当然のことながら資本（カネ）の移動を伴う。

## 3．ポップカルチャーのあり方を変える観光

　このように観光は、社会のあり方や文化のあり方を深部から大きく揺るがせるようなモビリティとなっているのである。ポップカルチャーの領域においても、そのことをみてとることができるだろう。

　たとえば初音ミクのコンサートを考えてみよう。初音ミクは、コンピューターによって合成された音声によってさまざまな曲を歌う、美少女アニメキャラクターのボーカロイド・アイドルである。彼女はどこにも存在していない「虚構の」存在であり、コンサートにおいては美少女アニメの動画が投影され、その動画が歌っているかのように合成された音声が流されるにすぎない。にもかかわらず、初音ミクのコンサートにお

図1　初音ミクのライブ
出所：online（Stammtisch Blog）

図2　コミックマーケットの風景
出所：online（Gigazine）

いては、非常に多くの彼女のファンたちが、歌っているかのようにつくられたアニメの動画に向かって熱い声援を送るのである。

　これらの現象を解明するには、初音ミクの楽曲のコンテンツについて記号論的に分析し記号的イデオロギー性を剔出しても、そのコンテンツが成立する社会的交渉を明らかにしても、十分ではないだろう。初音ミクのファンたちは、楽曲やアニメキャラクターを楽しむと同時に、皆で声援を送ることによって形成される「ノリの共有」を実感しようとしているのである。コンサート会場を目指して集まる観光的な身体的・想像的な移動を通して、「ノリの共有」という「社会的コミュニケーション」〈形式〉を獲得する。そのことが、初音ミクというボーカロイド・アイドルのコンサートには不可欠なのである。そうだとすれば、初音ミクのライブというポップカルチャーの一現象は、「ツーリズム・モビリティ」に強く刻印づけられているといえるだろう。

　コミックマーケットも同様である。これは、1975年に始まったマンガ同人誌の即売会イベントである。通常は夏と冬に年に2回、東京国際展示場（東京ビッグサイト）で開催され、同人誌の即売以外にも、コスプレイヤーたちによるコスプレも行われる。始まった当初は参加者数が700人ほどであったが、現在では50万人を超える参加者を集めるイベントとなっている（霜月 2008）。こうしたコミックマーケットは現在、ポップカルチャーにおいてなくてはならないものであるが、この事例もまた「観光的な身体的・想像的移動を伴う遊び」において成立しており、同じ趣味同士の人間で一緒に盛り上がるという「社会的コミュニケーシ

ョン」〈形式〉がポップカルチャーの〈内容〉を規定するものとなっている。

## 4．ツーリスティックな社会

　以上にみてきたように、現代社会が「モビリティ」に深く刻印づけられたものになるに従い、観光は現代社会の形姿（figures）が尖鋭的なかたちで現れる領域となっている。「リアル（現実）／虚構（フィクション、イメージ）」、「真正／演出」、「定住／移動」、「ホーム／アウェイ」、「地域住民／観光客」、「グローバル／ローカル」、「仕事／遊び」などの社会的区分もそうである。これまでの社会にあって、こうした社会的区分は堅固で揺るがないものとして維持されてきた。だが、それは、現代において問い直しを迫られ始めている。そのことが観光という現象において明瞭に浮かび上がっているのである。

　たとえばD・マキァーネルの「演出された真正性」論（マキァーネル2012）では、「真正性」と「演出」との区分が融解し、真正なものがいつの間にか演出されたものに、演出だと思っていたものがいつの間にか真正なものに転化してしまう観光現象について考察されている（➡Ⅲ・2）。またJ・ボードリヤールの「シミュレーション」論（ボードリヤール2008）では、ディズニーランドなどを事例として「リアル」と「虚構」の境界が無化されているあり方が論じられている。これらは、現代社会におけるリアリティの位相を映し出すものではないだろうか。現代社会では、リアリティが確固として存在することを感覚的に当たり前のこととして受容しうる時代ではなくなっているのだ。リアリティの感覚は、自明視されることなくはかなげに揺れ動き始めている。こうしたあり方は、観光という窓、観光という視点から読み解いていくことで、明瞭にみてとれるようになると思われる。

　現代社会はまさに「観光的なふるまいをする社会」なのである。これを表現するにあたり、マキァーネルは、「ツーリスティックな社会」という言葉を用いている。

　それでは、そうした観光現象を形成するものとして、どのような社会的立場が考えうるだろう。これについては、三つの立場が存在するといえる。第一にそれは、「観光客」（観光を消費する者）である。観光客の

いない観光など、およそ考えられない。しかし観光には別の立場も必要である。それは旅行会社、宿泊業者、交通業者、行政などをはじめとする「プロデューサー」（観光を制作する者）、そして「地域住民」である。

　これら観光客、観光商品をつくり出す企業や行政、地域住民の思い、利害、欲望、願いは一枚岩ではなく、相互に重なりつつも、微妙にズレてもいる。そのなかで観光客、企業や行政、地域住民たちは相互にせめぎあい、観光の空間を形成している。さまざまな星々が集まりせめぎあいながら、夜空に一つの星座をかたどるように、多様な社会的立場の利害や関心はせめぎあいながら、まさに「思いの星座」、「利害の星座」、「欲望の星座」ともいえる観光地の意味をかたどっていく。

　このように考えるならば、観光社会学とは、観光現象を三つの社会的な立場の人々の交渉によって構築される「欲望の星座」として考察し、そのことを通じてアイデンティティ、セクシュアリティ、文化、メディア、権力、都市、地域などのありようを尖鋭的に問い直し、現代社会の透徹した洞察に向かおうとする学問なのであると定義できるだろう。

【読書案内】
遠藤英樹（2007）『ガイドブック的！　観光社会学の歩き方』春風社。
安村克己・堀野正人・遠藤英樹・寺岡伸悟編（2011）『よくわかる観光社会学』ミネルヴァ書房。
須藤廣（2012）『ツーリズムとポストモダン社会——後期近代における観光の両義性』明石書店。

# 第3章
# 地理学の視点

神田孝治

## 1．空間に注目する地理学

　観光とは空間的な現象である。なぜなら、観光に行くためには、出発地の空間から目的地の異なる空間への空間的移動を必ず伴っているからである。そのため、空間に注目する地理学において、観光は重要な研究対象とされてきた。観光客がいかなる空間的行動をとっているのか、観光関連の施設や産業がどのように空間的に立地するのか、観光のための空間がいかようにしてつくられるのか、そして観光現象が特定の空間にどういった影響を与えるのか、といった問題が検討されてきたのである。

　地理学において観光の研究がさかんになり、かつ記述的研究から理論的研究へと変化したのは、おおよそ1990年代に入ってからである。その背景としては、文化に焦点をあてた80年代後半以降における人文・社会科学の知的潮流と、それに伴う観光への注目があった。このような学際的な文化的次元への知的シフトは文化論的転回とよばれるが、それは主として政治や経済といった社会的現象と文化の関係性を問うものであった。こうしたなかで観光は、政治や経済と関係しながら、文化を生産したり消費したりする重要な現象として学際的に注目されたのである。

　またこのような状況には、グローバリゼーションが進行する資本主義社会における空間的特徴が大きな影響を与えており、文化論的転回とは空間論的転回とよばれる空間への注目を伴っていた。この空間との関係ではとくに、グローバル化による文化の移動が焦点として浮かび上がる。とりわけ観光客は、文化を移動させる媒体であり、自身の文化と旅先で出会った文化を混ぜあわせるものとして考えられたのである。

　こうして「観光」、「文化」、「空間」は、それぞれ密接な関係をもつものとして理解されたのであり、空間に注目する地理学では、文化的な問題に焦点をあてると同時に文化に関する理論を取りいれるなかで、積極

的に観光の研究を行うようになった。そこで本章では、このような近年の議論をふまえ、地理学的な視点として空間に焦点をあてることで、観光がどのように理解できるかについて論じることにしたい。

## 2．観光空間の誕生と拡大

　観光は、18世紀後半からのイギリスにおける産業革命によって誕生したといわれている。この背景には、産業革命による工業化によって余暇時間が形成されたことがある。すなわち、農業や家内制手工業などにおける出来高払い労働から、工場における時間決め労働に変化したことで、労働時間が明確化され、それに伴う社会的な時間の再配分のなかで、余暇時間が生み出されたのである（コルバン 2000）。さらに余暇時間の過ごし方についても、飲酒が社会問題化するなかで、それに代わる健全な活動が求められ、その一つとして集団での観光が推奨されるようになった（荒井 1989、アーリ 1995）。こうして、多くの人々が観光時間を過ごすようになったのである。

　観光空間も、観光時間と同様に産業革命によって生み出されている。19世紀のイギリスにおける工業都市では、工業化による大気や水の汚染といった環境問題を抱えており、また農村部から多くの労働者が都市に移動したため、住民の増加による住居の過密や不衛生な生活環境が生じていた。そのため、19世紀半ばに鉄道網が整備され、移動のための時間短縮と料金の低価格化がなし遂げられると、工業都市に住まう多くの人々は、都市を逃れて近郊の海浜リゾートに押しかけるようになった（アーリ 1995）。産業革命によって労働時間が明確化されて観光の時間が誕生したように、都市という労働のための空間ができあがる一方で、そこと異なる場所が観光の空間としてかたちづくられていったのである。

　こうした観光空間が誕生した背景には、資本主義社会における空間の変容があった。先に挙げた海浜リゾート隆盛の背景には、高速かつ安全で安価な観光客の移動を可能とした鉄道の発達がある（➡Ⅴ・1）。生産効率の向上を図るために運輸や通信の技術が発達し、空間的な障壁が減衰したことが（ハーヴェイ 1999）、観光空間を拡大したのである。さらに、対外的な投資と貿易を拡大するための帝国主義の進展により世界空間が再編されたことも、観光空間の拡大に大きな役割を果たした。T・クッ

クのパック旅行は、1841年の団体割引鉄道旅行に始まり、1851年のロンドン万博で規模を拡大し、その後パリ、ローマ、スイス、アメリカ、中東・エジプトへとその範囲を広げ、1872年には世界一周旅行がなされたが（ブレンドン 1995）、これはまさに資本主義による空間の再編と観光の密接な関係を示す事例である。

1970年代に入ると、ジャンボジェット機の就航などによりグローバリゼーションの傾向が加速し、人、商品、資本の移動性が高まり世界の均質化が進んでいった。そうしたなかで、資本主義社会は合理性と均質性を求める時代から、ますます均質化する社会のなかで差異を求め文化を強調する時代へと変化する。そしてこの時代は空間的障壁が小さいがゆえに、国や地方自治体といったさまざまなスケールの場所が、他の場所と熾烈な競争的な環境に置かれるようになる。なぜならそれぞれの場所にとってもっとも重要な問題は、国際分業のなかで優位なポジションに位置して資本投下の獲得・保持と雇用創出を果たし消費の中心となることだからである（ハーヴェイ 1999）。そのため文化資本を充実して他の場所と差異化する必要性が生じ、都市も含めて多くの場所が観光空間化していく、という観光の時代が到来する。つまり現代社会においては、観光が資本投下・消費獲得・雇用創出の重要なテーマとなり文化産業が活発化するのであり、観光空間が全域化しているのである（ブリトン 1999）。

## 3. 観光空間の特徴

J・アーリは、「観光客のまなざし」の対象とされるのは、日常との対称性を有する非日常のもので、楽しみが期待されるものだと指摘している（アーリ 1995）（➡Ⅲ・1）。この考えによれば、観光空間の特徴には、観光客にとっての非日常性があることになる。またこうした点に注目すると、観光空間の魅力は、観光客の日常との関係性において理解することが必要だということがわかる。観光客にとっての日常がどのようなものかによって、観光空間に求める非日常性が変化するからである。

こうした観光空間の非日常の特徴は、他性という用語でもしばしば語られるものである。たとえば、ハワイの観光パンフレットでは、楽園や女性のような比喩によって他性の場所イメージを喚起することで観光客

を惹きつけようとしていることが指摘されている（Goss 1993）。そしてこの他性という点に注目すると、観光空間の政治的な側面も浮き彫りになってくる。たとえば、帝国主義時代における植民地のイメージは、西洋人にとっての他所としてかたちづくられ、その内容が彼／彼女らに欲望とファンタジーを与えると同時に西洋による征服を正当化するものとなっており、そうしたなかで植民地観光が展開されたことが論じられている（Duncan and Gregory 1999）。ハワイにおける楽園イメージも含め、観光空間における他性のイメージは、具体的な権力関係を背景に、しばしば政治性をはらんだものとなっているのである。

　観光空間の特徴としては、出会いもある（Crouch 1999）。観光空間とは、多様な他性のイメージをはじめとして、さまざまな人やモノなどと、観光客が出会う空間なのである。こうした観光空間における出会いは、ホスト-ゲストの関係としてしばしば検討の対象とされてきたものであるが（スミス 1991）、それによって生じる混じりあいについての議論から、この点についての二つのとらえ方が理解できる。一つは、混じりあっていることを観光客を惹きつける他性として認識し、その魅力について考えることである。たとえば、帝国主義の時代に植民地を旅行した西洋人観光客は、自国を想起させるものと異国的なものの混じりあった対象に魅力を感じていたことが指摘されている（Duncan 1999）。そしてもう一つは、異なるものの混じりあい自体をとらえることであり、関係論的に検討し、その政治性について考えることである。たとえば、リゾートなどの観光空間では、女性、外国人、田舎、植民地といったものが象徴的に結びつけられており、これらが国家による国内統治と帝国主義の戦略と親和的になっていることが論じられている（ストリブラス／ホワイト 1995）。出会いの空間としての観光空間は、新しい魅力の創造の場であると同時に、文化的な政治の場にもなっているのである。

　また観光空間の特徴としては、その両義性を挙げることができる。これまで観光空間には非日常性や他性といった特徴があることを論じたが、観光の経験は日常的なおなじみの環境で行われるとの指摘もなされている（ブーアスティン 1964）。観光空間には非日常性と日常性という対照的な二つの性質が見出されるのであり（Rojek 1997）、アーリはそのような性質を半日常と表現している（アーリ 1995）。さらに M・フェザースト

ンは、このような空間に、管理と脱管理の二つの性質を見出して、そこを秩序化された無秩序の空間であると論じている（フェザーストン1999）。すなわち、まったくの非日常の異他なる空間であれば、観光客の安全性は確保されないし楽しみのコードも通用せず、またなにがしかの非日常性がなければ観光客にとっての魅力はなくなるのであり、観光空間を成立させるのはこの矛盾した両義的な性質であると考えられるのである。

　こうした観光空間の性質については、資本主義によって生産される社会空間が、均質化と同時に差異化を求める矛盾した空間であることを指摘した、H・ルフェーブルの考察とも重なりあう（ルフェーブル2000）。彼は資本主義社会において生み出される差異の空間は、「エロス化され、あいまいさをとりもどし、欲求と欲望の共通の誕生地をとりもどす」のだと論じている。そしてなかでも「余暇の空間」は、「社会的なものと心的なものとの分離、感覚的なものと知的なものとの分離、そしてまた日常と非日常（祝祭）との分離といった諸種の分離をのりこえる傾向」にあって「とりわけ矛盾に満ちた空間」になると述べている。余暇の空間である観光空間は、まさにこうした矛盾が顕在化する空間なのである。

　なお、かかる空間の矛盾をいかに人々が受けいれるのかという点に関して、先のフェザーストンはギアチェンジの能力の存在を指摘している（フェザーストン1999）。観光客は、自身の立ち位置（ポジション）を移動させることでこの矛盾を解決しているのである。

## 4．観光空間の生産

　最後に、このような特徴をもった観光空間がいかにつくり出されているのかについて考えてみたい。こうした点を検討するにあたっては、先のルフェーブルによる社会空間の生産についての論が参考になる（ルフェーブル2000）。彼は社会空間が、「空間的実践」、「空間の表象」、「表象の空間」という三つの空間の次元の弁証法的関係で生産されていることを指摘している。空間的実践とは、「知覚された空間」、すなわち高速道路や家屋の配置などといったそれぞれの社会構成体を特徴づける特定の場所や空間配置などの物質的な空間の次元である。空間の表象とは、知・記号・コードといった空間の言説と関わる空間の秩序であり、意識的に操作される「思考された空間」、すなわち都市計画や地図製作にあ

たって構想される空間である。そして表象の空間とは、象徴・映像・イメージを介して直接「生きられる空間」、すなわち芸術家の表現する空間でありユーザーが生きる空間である。

こうした考えを観光空間にあてはめると、ホテルや観光関連施設などの物質的な空間（空間的実践）、観光開発計画などの思考された空間（空間の表象）、そしてイメージなどを介して観光客が経験する空間（表象の空間）、という三つの空間の次元の弁証法的関係でそこが生産されていると理解することができる。そしてこの観光空間は、そこに人々の欲望が投影され、イメージの次元である「表象の空間」が卓越する差異化された空間である一方で、生理的な欲求を満たすため、思考された「空間の表象」によって空間の均質化も果たされている。そのため、ルフェーブルが「快楽と生理的な満足とが一体化するのは「余暇」を専門にする場における余暇活動においてである」（ルフェーブル 2000）というように、この両者の傾向が観光空間では併存すると同時に顕著となり、とりわけ矛盾した空間になるのである。

観光空間は、こうした複数の空間の次元が関係するなかで想像的にも物質的にも生産される矛盾した空間であり、またそこにはグローバルからローカルに至る重層的な空間スケール、そして、文化、政治、経済などのさまざまな要素が絡みあっている。観光空間がいかに生産されるかを考えるにあたっては、このような複雑な関係性を読み解いていく必要性がある。

**【読書案内】**

神田孝治（2012）『観光空間の生産と地理的想像力』ナカニシヤ出版。
ピアス、ダグラス（2001）『現代観光地理学』内藤嘉昭訳、明石書店。

# 第4章
# 民俗学の視点

川森博司

## 1．柳田国男と旅の経験

　民俗学において観光を研究する視点がすでに準備されているわけではない。観光を民俗学の研究対象として確立していくことは現在進行中の課題である。したがって、この章では、観光研究において民俗学の視点がどのような潜在的可能性をもっているかという観点から論述することにしたい。

　民俗学において意識化されていたのは「旅」という言葉である。民俗学は「旅の学問」であるといわれる。その基盤となる感覚について、柳田国男は次のように述べている。

> たとえば厚く刺したわらじ足袋に、新らしい草鞋のはき心地、あれが早朝の山道に少し湿って、足の裏を軽く押す感じなどは、かつて私にとっては旅の一つの要素であった。大地を踏みしめて一歩ごとに、移り動いて行く風景を観たという記憶は、いつでもこの卑近な感覚を伴のうている。（柳田 1989）

　つまり、木綿の足袋に草鞋(わらじ)をはいて歩くという感覚を柳田は民俗学の視点の基盤に置いていたのである。しかし、柳田はすべての行程を歩き通したわけではない。人力車と鉄道の利用がそれに加わっている。「長閑(のどか)に車上の客と世間話をしながら、長旅をつづけている人力車」の存在を旅の重要な要素として柳田は評価し、自身も『遠野物語』出版の前年（1909 年）に花巻(はなまき)から人力車を利用して岩手県の遠野(とおの)を訪れている。一方、鉄道については「寝たり本読んだり知らぬ間に来てしまったということが、いかにも満足に思われる人ばかりを、たくさんに汽車では運んでいるのである」（柳田 1993）と批判的な見解を示している（➡Ⅴ・1）。

しかしながら、鉄道の普及によって人の移動の範囲が大幅に広がったことのメリットを柳田が理解していなかったわけではない。それにもかかわらず、「当節は誰でも自分の郷土の問題に熱心して、世間がわが地方をどう思うかに興味を引かれるのみならず、よそもおおよそこの通りと推断して、それなら人の事まで考えるにも及ばぬと、きめている」（柳田 2011）という状況があり、たとえば『雪国の春』という東北地方の紀行文を「暖かい南の方の、ちっとも雪国でない地方の人たち」に読んでもらうことにより、そのような状況を改善したいと考えたのである。

柳田は、鉄道普及の時代に生きながらも、歩く速度にこだわることによって旅の感覚をつなぎとめ、それぞれの郷土の自明視や郷土自慢を相対化することを目指していたものと考えられる。近代化のさなかにおいて歩く感覚をつなぎとめ、自分の感性を外に開いていくこと。これがまず、民俗学が提示する第一の視点である。

## 2．宮本常一における旅と観光

柳田の次の世代の民俗学者、宮本常一は、戦前にその調査の基礎をつくりながらも、戦後の高度経済成長をくぐった日本社会の変化を身をもって体験することにより、観光や開発の問題に取り組まざるをえなくなった。そこに示された観光に対する民俗学の視点の特徴をみてみることにしよう。戦前期には、宮本も観光と民俗調査の旅とは相反するものと考えていた。たとえば、1939年の島根半島の旅の様子を宮本は次のように記している。

> 道は海に沿うた崖の上についている。道は蔭って暗いけれども海は月に青く鯛を釣る船の火が沖に美しい。潮騒がゆるやかにきこえる。静かな宵である。名所古蹟を訪なう旅ならば、私はこの村に一泊したかも分らない。ここには加賀の潜戸という神話の伴う名勝もある。しかし私の求めているのはつつましくあたたかい人の心である。
> （宮本 1977）

このように宮本は名所旧跡を避けるかたちの旅を実践していた。その宮本が戦後、観光の問題に取り組むようになったのは、地元の地域社会

が第一次産業を中心とするかたちでは生活が成り立たなくなり、観光開発が中央と地方の格差を是正する有力な方策の一つとして認識されてきたからである。しかし、宮本は観光化の状況に対して、「多くの民俗芸能は復活したけれども極端な言い方をすればみずからたのしむためのものではなく、人に見せるためのものになってしまった」(宮本1967) というような批判的な見解をしばしば述べている。

　ここで問題になるのは「みずからたのしむ」ことと「人に見せるため」に演じることがつねに相反するものなのかどうかである。まず、宮本が戦前の旅で想定していたような自律的な「小さな共同体」というものが、交通の発達と産業構造の転換によって、その実体を失っていったことに留意しなければならない。地域社会の「共同性」に依拠することが民俗学の生命線であったので、これは民俗学の方法論的危機といえる。この危機に真剣に取り組むことによってのみ、民俗学の新たな道が開けるといってよいのだが、その取り組みはいまだ十分には行われていない。宮本もそのような状況にとまどい、地域社会の劇的な変化を敏感に感じとりつつも、かつての民俗調査で体感していた共同性に依拠して、何ともいえない違和感を表明したのである。

　ここに宮本の二つの読み方が発生する。すなわち、「あるく・みる・きく」の実践を体現した古き良き時代の民俗学者としての宮本像と、高度成長期以降の日本社会の変容にとまどいつつ、より良き日本社会のあり方を模索した同時代人としての宮本像である。観光研究についていえば、宮本を後者の「われらの同時代人」として読むことのみが、現在の状況に有効な突破口を開いてくれる。そのとき、民俗学の視点として保持されるべきなのは「地域社会に住む人たちがほんとうの自主性を回復し、自信を持って生きてゆくような社会を作ってもらいたい」(宮本1993) という宮本の願いである。地域社会に生きる人たちの自主性の保持・自信の回復に重点を置いて考えること。これが民俗学が提示する第二の視点である。

## 3. ふるさと観光と民俗イメージ

　民俗学の出発点は郷土に視点を置いて考えることである。そして、郷土が意識化されるのは、郷土を離れて暮らすことによってである。その

ような人々が増加することによって、実体としての郷土よりも想像力のなかでつくり上げられる郷土のイメージが広まっていくことになった。その状況で生じたのがノスタルジア（郷愁）の感覚である。都会人のノスタルジアは、かつて身のまわりにありふれていたがいまは消失してしまったものに向けられた。それが「民俗」のイメージと重なり、「民俗」が残されている場所を現実のどこかに探し求める「ふるさと観光」の需要につながっていった。

　これはイメージが先行する観光といってよい。日本において「ふるさとイメージ」が託された典型的な場所として、岩手県の遠野を挙げることができる。遠野の場合、そのイメージのもとになっているのは、柳田国男が1910年に出版した『遠野物語』である。当時の日本において民俗学という学問体系が成立していたわけではないので、『遠野物語』は民俗学以前の著作であり、民間伝承の忠実な記録を目指したものではない。そこには、都会と田舎の格差が著しくなった当時の状況を、遠野を一つの象徴的な場所として表現しようとする文学作品としてのねらいが込められていた。そのねらいが高度経済成長期以降の日本人にインパクトを及ぼし始め、遠野は「民話のふるさと」というキャッチフレーズのもとに「ふるさと観光」の行き先の定番として定着するようになっていったのである。

　そして、その定着のプロセスには、地元の人々が「ふるさとイメージ」を自分たちが操作できるかたちに流用していくさまざまな実践があった（川森1996）。実際には、都会人のふるさとイメージが期待するように、現実の遠野で民話が昔ながらのかたちで語り継がれていたわけではなかった。囲炉裏端の語りの場はすでに失われていた。しかし、記憶のなかに民話の語りは残されていた。その記憶をもとに観光の場の語り手が登場してくるわけである。その際に、記憶を観光の場で活用する実践が地元の人々の間で行われたことにより、ふるさとイメージを媒介にして都会人と地元民がつながることができるようになったのである。

　このようなプロセスを民俗学の視点からみた場合、「民俗」のイメージを観光の媒介として効果的に使用することが可能だということになる。その民俗イメージは柳田の民俗学以前の著作が素材となっていることからもわかるように、必ずしも学問的な「民俗」の定義に合致するもので

はない。むしろ、観光客のかなりの誤解や思い込みを伴って成立している。それが観光資源になっている現状を現代の民俗学は考察の対象としていく必要があるだろう。民俗学が提示する第三の視点として、民俗という言葉が喚起するノスタルジアのありように目を向けることが挙げられる。

## 4．ノスタルジアのまなざしと地域づくり

　外部からのノスタルジアのまなざしに対して、地域社会の人々がどのように対応していくのか、中央からの圧力に飲み込まれて地域社会の自律性が保てなくなるのか、そのような圧力に対する防波堤を築くことに成功して身の丈にあった地域づくりが行われるようになるのか、といった点が、民俗学の視点からの重要な論点である。

　まず、民俗学の視点が陥りやすい問題点を挙げておくと、地域の共同体の存在を自明のものと考えてしまうことがある。実際には、高度経済成長の時代を契機として日本の地域社会の共同性は大きく崩れてしまっている。そのままでは地域社会の人々が自主性をもちえない状況が出現しているのである。そこから、先に引用した宮本の「地域社会に住む人たちがほんとうの自主性を回復する」という課題が出てくることになる。つまり、地域社会が「一定の自律性」を保持しながら生きのびていくためには、何らかの作為、地元の人々からの働きかけが必要とされる状況なのである。

　それでは、地元の人々の裁量でどのようなことが可能なのであろうか。観光の場において何よりも大切なのは、外部から与えられたイメージを地元の人々が意識的に受けとめて、自分たちの身の丈にあうかたちに読み替えていくという方向に向かえるかどうかである。民俗学の視点を単に「古き良き時代のものの保存」、あるいは「古き良き時代への回帰」というかたちでとらえると、地元の人々の現在の生活は否定的にとらえられることになる。それでは、宮本のいう「自信を持って生きてゆく」という方向にはつながらない。ここで考えられる道は、民俗イメージにもとづく都会人のノスタルジアのまなざしを観光の場において満足させることによって、日常生活の自主性を守ることである。

　民俗イメージを求める観光客たちは本物志向が強いと考えられる（マ

キャーネル 2012）（→Ⅲ・2）。しかし、それは地域社会の現在に向かうものではなく、失われた世界への願望が特定の土地に投影されたものである。そのようなまなざしに対して、観光という限定された場に観光客が期待する「本物」を念入りにつくり上げることが、観光客と地元民のギャップを埋める道である。ここで地元の人々が目指すべきなのは、E・M・ブルーナーのいう「観光リアリズム」という技法であろう。すなわち、注意深い演出によって民族誌的現在を構築し、地元民のパフォーマンスを観光客が期待するイメージに沿った、ごく自然なものに感じさせる技法である（ブルーナー 2007）。

　このような「作為の論理」（丸山 1952）を地元の人々にもたらすためには、「民俗学を応用する」という視点が有効であろう。ユネスコによる世界文化遺産や無形文化遺産のリストアップが進むにつれて、文化遺産を観光の目玉として活用する動きが促進されているが、これを地域社会の人々が主体的に観光に活かしていくためには「観光リアリズム」を適切に演出して、ノスタルジアのまなざしが及ぶ範囲を観光の場に集中させていく努力が必要とされる。その意味で、地元の人々は「古き良き時代」の民俗学者の視点にとらわれるのではなく、民俗学の成果を応用し、使いまわしていく視点をもつ必要があるであろう。民俗学が提示する第四の視点は、地元の人々と協同して、民俗学の成果の応用を図り、地域社会に中央の圧力が一方的に押し寄せる状況を食いとめる役割を果たすことである。

　以上に述べてきたように、旧来の民俗学のとらえ直しを経た新たな民俗学の視点が、観光研究に豊かさをもたらしてくれるものと考えられるのである。

**【読書案内】**
川森博司・山本志乃・島村恭則（2008）『物と人の交流（日本の民俗3）』吉川弘文館。
宮本常一（1993）『民俗学の旅』〈講談社学術文庫〉講談社。
柳田国男（1976）『青年と学問』〈岩波文庫〉岩波書店。

# 第5章
# 歴史学の視点

千住　一

## 1．観光の歴史学

　本章では、歴史学的視点から観光について論じた基礎的な研究を取り上げ、その成果を整理するとともに、今後の課題について指摘する。論を進めるにあたり本章では、歴史学を「物事の歴史的変遷を学問的に明らかにする試み」や「過去の出来事を再構成する学術的な取り組み」としておきたい。したがって観光の歴史学とは、「観光の歴史的変遷を学問的に明らかにする試み」や「観光と関わる過去の出来事を再構成する学術的な取り組み」ということになろう。

　それでは、観光の歴史学はこれまで、何を観光と位置づけ、どのような視点からその歴史的変遷を明らかにしてきたのであろうか。日本の観光学界では、観光を「楽しみのための旅行」や「自ら好んで行う旅」であるとしたうえで、世界史および日本史という分類に従いながら、古代、中世、近世、近代といった時代区分にもとづいて「観光的な」出来事についての記述を行う、というのが一般的であった。

　本章では、観光の歴史学のなかでもとくに初学者向けに執筆され、かつ通史的な記述を心がけているものを世界史、日本史ともに複数取り上げるが、そこでの議論を詳細に再現することは意図していない。本章で紹介した記述のより細部に触れたい場合は、個別研究の参照を勧める。

## 2．観光の世界史

　まず、観光の世界史であるが、代表的な研究を通覧すると、おおよそ次のような時系列で整理され、時代ごとの特徴が説明されていることがわかる（塩田1974、前田2011、前田・橋本2010a、安村2001a）。

　第一に古代ギリシャ。この時代の特徴としては、ギリシャの神々と関係する神殿を多くの人々が参詣した点、紀元前776年に開始された古代

オリンピックを各地の人々が観戦に訪れた点、ギリシャ、中近東、ヨーロッパ南部、北アフリカを訪れたヘロドトスが各地に関する記述を残した点などが挙げられている。

第二に古代ローマ。この時代は、交通網および交通機関の発展、宿泊産業の発達、物々交換から貨幣経済への移行、安定した治安の維持などを背景に、主に特権階級に属する人々が、ローマの神々と関係する神殿を参詣したり、地域の名産品を食べ歩いたりしたほか、保養や登山、名所旧跡を目的に各地を訪れたと説明される。

第三に中世ヨーロッパ。この時代は「聖地巡礼」（➡Ⅴ・9）という視点から特徴づけが行われる。すなわち、1096年から開始された十字軍の活動を背景とした聖地エルサレム、ローマ教皇の所在地として知られる聖地ローマ、キリスト教の聖人と縁が深い聖地サンティアゴ・デ・コンポステラへの訪問を目的とした移動が活発化したとされる。

第四に近世ヨーロッパ。知識や見聞を深めるとともに、ヨーロッパ各地の貴族との社交を果たすため、主にイギリス貴族の子弟たちがフランスやイタリアを訪れた「グランド・ツアー」（➡Ⅰ・3）が、この時代の特徴であるという。また、宿泊産業がさらなる発展を遂げた点や、ゲーテなど著名な文筆家たちが多くの紀行文（➡Ⅴ・6）を書き記した点も指摘される。

第五に近代ヨーロッパおよびアメリカ。産業革命を背景に、最初にイギリスで鉄道（➡Ⅴ・1）が誕生したことによって、より多くの人々がより短時間で移動することが可能になったほか、ヨーロッパ―アメリカ間では大型客船の往来がさかんになったとされる。加えて、ヨーロッパではガイドブック（➡Ⅴ・5）の登場およびホテル産業の勃興が看取され、ホテル産業はアメリカにおいて独自の展開をみせるに至ったという。

また、近代ではほぼ例外なく、T・クックという人物が取り上げられる。クックは、1841年にイギリス国内で貸切列車による廉価な団体旅行を組織して以降、息子とともにこうした取り組みを旅行業として営利化し、ガイドブックや時刻表などを発行しながらイギリス国内外に事業を拡大、クックの顧客たちはしだいに大衆化するとともに、世界中を訪れるようになっていったと説明され、クックには「近代観光産業の父」としての位置づけが与えられている。

以上が、これまでの研究で示されてきた観光の世界史の概要であるが、その特徴をまとめると、第一に、多くの人々にとって既知の事柄と密接な関係にあるという点が挙げられよう。古代ギリシャやローマについてはいうに及ばず、十字軍や産業革命、ヘロドトスやゲーテといった出来事や人物名は、世界史の教科書において太字で強調され、暗記すべき重要な知識とされている。

第二に、観光の世界史と一口にいっても、交通、経済、産業、社会階級、情報の歴史といった具合に、いくつもの要素によって構成されているという点である。つまり観光の歴史学は、交通機関の発達、経済の高度化、宿泊産業や旅行産業の進展、社会階級の流動化、紀行文やガイドブックの流通といった出来事が複雑に絡みあいながら、観光が西ヨーロッパを中心に歴史的変遷をみせてきたことを明らかにする。

第三に、近代に対してとくに注意が払われているという点である。すでにみたとおり、観光への参加者は産業革命やクックによる取り組みを契機として、それまでの特権的かつ限定的な人々から一般大衆層へと拡大していったとされる。つまり、観光の世界史において近代は、大衆参加と大量輸送を伴う旅行商品の消費という、現代社会に生きるわれわれがよく知る観光の形態が登場した時代として位置づけられている。

## 3．観光の日本史

続いて観光の日本史であるが、代表的な研究を通覧すると、おおよそ次のような時系列で整理され、時代ごとの特徴が説明されていることがわかる（宍戸 2013、前田 2011、前田・橋本 2010b、安村 2001a）。

第一に古代。おおよそ平安時代までを指すこの期間は、貴族が湯浴、風景探勝、寺社参詣、巡礼などに出かけたほか、為政者による高野詣や熊野詣がさかんに行われたと説明される。

第二に中世。おおよそ鎌倉時代および室町時代を指すこの期間は、まず鎌倉時代に武士の間で熊野詣が流行し、続く室町時代には、社会的地位を向上させた農民が熊野詣や伊勢参詣に出かけるようになったという。また、こうした潮流の背景として、貨幣経済の普及、宿屋の発達、寺社参詣者をサポートする御師や宿坊といった制度の整備が挙げられる一方、関所の存在が人々の移動を阻害したとも指摘される。

第三に近世。おおよそ安土・桃山時代および江戸時代を指すこの期間は、民衆による湯治と寺社参詣に焦点が絞られる。とくに江戸時代には、医療と信仰のためには比較的自由な移動が認められていたことから、湯治と寺社参詣を「建前」とした移動が活発になったとされ、なかでも伊勢参詣がその代表的な存在として大きく取り上げられる。そして、こうした動向の背景には、参勤交代による街道や宿場の整備、貨幣経済の発達や治安の向上、各地の景勝地を紹介した名所図会や十返舎一九の『東海道中膝栗毛』に代表される娯楽作品の流通が存在していたとされる。

第四に近代。おおよそ明治、大正、昭和のなかでもアジア太平洋戦争終結までを指すこの期間は、外国人の存在が重要視される。すなわち、江戸末期の「開国」以降、日本に長期滞在するようになった外国人たちが避暑地としての軽井沢や日本の山岳地帯の美しさを「発見」した点（➡Ⅴ・10）、日本政府がそうした「外客」を国外から誘致するための政策を採用し、たとえば1930年に国際観光局が開設された点、外国人向けのホテルが都市部、郊外を問わず多数開業した点などが指摘される。そのほか、日本国内に鉄道網が整備され始めた点、優れた文人たちによって書かれた紀行文学が流行した点、教育制度の確立に伴って修学旅行が開始された点なども、この時代の特徴として挙げられている。

また、近代においては日本人による団体旅行もさかんになったとされるが、こうした現象は、中世以降にみられるようになった「講」という制度と密接な関係にあったとの説明が行われる。講とは、特定のコミュニティの成員が互いに資金を出しあって順番に寺社参詣へ出かけていくという相互扶助的な仕組みであり、その端的な例が伊勢参詣を目的とした伊勢講であったという。

以上が、これまでの研究で示されてきた観光の日本史の概要であるが、その特徴をまとめると、第一に、観光の世界史と同様、多くの人々がすでに知識として有している事柄と密接な関係にあるという点が挙げられる。寺社参詣、関所、参勤交代、十返舎一九、開国などは、日本史の学習を通じてすでに会得されている知識のはずだ。

第二に、これも観光の世界史と同様、観光の日本史を構成する諸要素について指摘することができよう。すなわち、日本における観光の歴史的変遷の背景には、社会階級、交通、経済、宿泊、情報、政策（➡Ⅱ・

12)、国際情勢などをめぐる変化が存在していたこと、さらにいうならば、観光の動向と日本社会の変動は歴史的に不可分の関係にあったことを、観光の歴史学は世界史の場合と同様に明らかにしてきた。

　第三の特徴としては、宗教的事象との関係が重視されている点を挙げたい。すなわち観光の歴史学は、近世に至るまでは伊勢参詣を中心とした寺社参詣を、近代においては寺社参詣のための制度である講とのつながりを強調する傾向が強いといえ、先述した伊勢講のほかにも、富士講や金比羅講の存在が紹介されている。よって観光の日本史のなかで散見される、講が日本人の団体旅行好きのルーツであるという指摘や、近代における団体旅行の増大は講の伝統を受け継いだ結果であるという記述、講に由来する慣習がクックのような存在を近代日本に登場させなかったという見解は、こうした歴史観の表れであると理解できる。

## 4．今後の課題

　ここまで、日本の観光学界において示されてきた観光の世界史と日本史に関する成果と特徴を、初学者向けに執筆された通史的記述を参考にしながら整理した。以下、それらからみえてくる観光の歴史学における今後の課題について述べたい。

　まず観光の世界史についてであるが、考察の対象が西ヨーロッパ、さらにいうとキリスト教世界に偏っている点が挙げられる。たとえばイスラーム世界においては、イスラーム帝国の成立によって都市間交通が整備されたり、紀行文学が興隆したことなどがよく知られ、また、現在に至るまで多数の聖地巡礼者が存在しているにもかかわらず、観光の世界史でこれらの事象は積極的に取り上げられていない。

　他方、観光の日本史に関しては、宗教的事象との関係性をどのように位置づけていくかが今後の課題となろう。たしかに伊勢参詣や講が有していた影響力を無視することはできないが、はたして、近代日本における団体旅行の展開を講との関連だけで十分に説明することは可能であろうか（もっとも、観光と宗教の関係についてより説得的な見解を示すことは、世界史、日本史を問わず観光の歴史学における重要課題の一つである（➡Ⅳ・7））。

　そして、近代においては多くの外国人が日本を訪れているが、こうし

た動向は、観光の世界史で確認した近代における目的地の多様化という状況と密接な関係にある。すなわち、観光の歴史のなかでも、とくに近代という時代の特性を理解するうえで、世界史／日本史という従来の固定化された分類は絶対的な有効性をもたないのであって、観光を媒介に世界史と日本史の間で看取される相互性にこそ、観光の歴史学は目を向けていく必要がある。

　さて、「観光の歴史を学ぶ最終的な目標は、「現代観光の意味」を理解することにある」（安村 2001a）、「観光の歴史を探ることは、観光の概念あるいは意味的範囲を明らかにする作業と重複する」（前田 2011）、といった見解がこれまでの観光の歴史学では示されてきた。こうした立場にもちろん異論はないが、その一方でこれらの意図を完遂するには、「観光の歴史」に関する知見の蓄積がまだまだ不足しているといわざるをえない。

　観光という現象は「楽しみ」や自発性という多分に主観的な要素を前提としているがゆえ、ある程度の客観性を担保しながら観光の歴史学を実践するためには、若干の留意が必要となる。他方、上で整理したように、世界史、日本史ともに、観光の歴史的変遷は多くの人々がすでに身につけている知識群と深い関係にあるため、観光の歴史学に取り組む知的土台は広く整っているといえる。

　世界史、日本史を問わずいまだ多くある手つかずの領域に挑む個別研究、それらの成果をふまえつつ「観光とは何か」という問いに応答しながら通史的記述を更新していく試み、過去から現在に至る歴史的連続性のなかに観光を位置づけて理解しようとする取り組みが、これからの観光の歴史学ではともに求められている。

**【読書案内】**
旅の文化研究所編（2011）『旅と観光の年表』河出書房新社。
平山昇（2012）『鉄道が変えた社寺参詣——初詣は鉄道とともに生まれ育った』〈交通新聞社新書〉交通新聞社。

# 第6章 心理学の視点

藤原武弘

## 1. 観光旅行の心理的過程

　観光旅行には、「旅行の実施前→実施中→実施後」という時間的経過のなかで生起する種々の行動がある（佐々木2007）。たとえば、旅行の実施前には、「計画する」、「情報を集める」、「同行者を募る」など、実施後には「反省・評価をする」、「満足・不満足を感じる」、「記録を整理する」、「経験を他人に語る」などの種々の行動が生起する。観光行動の心理学的研究では、それらを「選択的意思決定→実施行為→実施後の評価・感情」という行動プロセスでとらえることを基本的な立場とする。旅行前の意思決定過程では、観光動機、観光地イメージ、実施行為過程では、観光で体験する情緒的感動、認知的評価、観光動機や欲求の充足度、実施後過程では観光旅行の満足度、思い出や心理的効用が、心理学的立場から重要な要因となる。

## 2. 観光動機

　観光行動が生じるためには、それ以前にモチベーションがあるレベルまで高まる必要がある。図1に示したように、観光旅行者モチベーションは、発動要因（push factor）と誘引要因（pull factor）から成り立っている（佐々木2007）。前者はさまざまなタイプの生活行動や余暇活動があるなかで、とくに観光行動に駆り立てる働きをする心理的要因で、動機、欲求、動因ともよばれている。「触れあいたい、学びたい、遊びたい」といった具体的な欲求が中心で、その背後にはパーソナリティや価値観などの人格的要因がある。後者は、具体的な旅行目的地を選ばせるように働く心理的要因である。目的地の自然的条件、社会・文化的要素、雰囲気や娯楽機会などについての知識・情報からつくられるイメージや魅力などの認知的要因で、誘因（incentive）ともよばれている。

第 6 章　心理学の視点

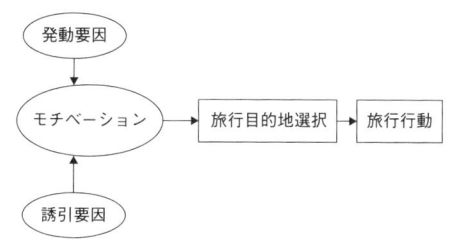

図1　旅行行動とモチベーション

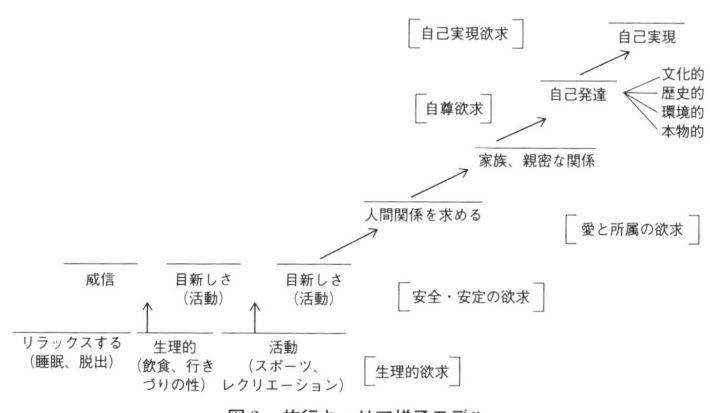

図2　旅行キャリア梯子モデル

　発動要因についてはかなりの研究の蓄積があるので、ここでは旅行動機に関する主要な研究を紹介する。F・ピアスは、A・マズローの欲求階層理論に触発され（Maslow 1943）、旅行キャリア梯子（Travel Career Ladder, TCL）モデルを提唱している（Pearce 1988）。旅行キャリアのレベルには一つの順序があると考え、図2に示したように、旅行者は、最初は生理的タイプの経験を楽しむが、経験を積むにつれて、人間関係の発展や自尊のために旅行を利用し、さらには自己実現を求めて旅行するようになる、という考え方である。佐々木土師二も同様に「緊張を解消したい（緊張解消）→楽しいことをしたい（娯楽追求）→人間関係を深めたい（関係強化）→知識を豊かにしたい（知識増進）→自分自身を成長させたい（自己拡大）」の5段階からなるモチベーション構造を仮説として提示している（佐々木2000、2007）。ただピアスや佐々木の研究は

あくまでも理論的なモデルであって実証的なデータに裏づけられたものではない。また旅行動機の主要な次元として新奇性動機は欠かせないものと考えられるが、彼らの研究において新奇性動機の次元についてはモデルのなかには含まれていない（新奇性動機とは新しい経験や珍しい体験を求める欲求である）。

そこで林幸史と藤原武弘は新奇性動機も含めた、観光動機を測定する日本語版尺度を開発し、関西国際空港ロビーで飛行機を待っている、日本人海外旅行者1014名を対象に調査を試みた（林・藤原2008）。その結果、観光動機の主要な次元は従来の5次元モデル（健康回復、自然体感、現地交流、文化見聞、自己拡大）に、意外性と刺激性を加えた7次元構造であることが明らかになった。動機次元とそれに対応した具体的な尺度例は以下のとおりである。健康回復：「日頃のたまったストレスを解消したい」、自然体感：「スケールの大きな自然を体感したい」、現地交流：「現地の人たちと仲良くなりたい」、文化見聞：「有名な遺跡や建築物を見てまわりたい」、自己拡大：「価値観や人生観を変えるきっかけにしたい」、意外性「旅先では、はっきりとした目的地を決めず、流れに身をまかせたい」、刺激性：「日本とは違う環境で新しい経験をしてみたい」。

また年齢による海外旅行動機の違いも明らかになった。すなわち、若年層は刺激性と意外性、中年層では健康回復、高年層では自然体感と文化見聞を求めて海外旅行を行う。訪問地域によっても動機は異なり、アジア・アフリカ地域への旅行者は、刺激性や文化見聞、欧米地域への旅行者は自然体感への動機や欲求が強いことが明らかになった。こうした結果は、アジア地域への旅行者はワンダーラスト型（Wanderlust）、欧米地域への旅行者はサンラスト型（Sunlust）が多いことを示唆している。サンラスト型とは、日常生活から離れて、陽光のもとでリフレッシュする機会を求めるタイプであり、ワンダーラスト型とは知識や見聞を広めるために、異なった文化や環境を積極的に求めるタイプのことである（Gray 1970）。

なお最近になってピアスは、旅行キャリア梯子（TCL）アプローチを修正した旅行キャリアパターン（Travel Career Pattern, TCP）を提唱している（Pearce 2005）。TCPでは階層的レベルよりもモチベーション・

パターンの変化を重視し、新奇性、逃避・リラックス、関係性（強化）、自律性、自然、自己発達（旅先側の関与）、刺激、自己発達（個人的発達）、関係性（安全）、自己実現、孤立、郷愁性、ロマンス、承認の14因子からなる旅行動機モデルを実証している。

## 3．観光旅行中に体験するストレス低減効果

　観光旅行中の旅行者の心理的状態を連続的に測定することは非常に困難なので、観光の経験内容を評価するための信頼性・妥当性を伴った尺度は未開発のままであった。とりわけ観光旅行行動の経験内容を測定することは非常に難しい作業である。ノーベル経済学賞を受賞したD・カーネマンは、「経験する自己」と「記憶する自己」の二つの自己について言及している（Kahneman 2011）。「経験する自己」とは現実を生きる自己、「記憶する自己」とは記録をとり選択する自己である。「いま満足していますか」という質問に答えるのは前者であり、終わってから「全体として旅行に満足していますか」という質問に答えるのが後者である。実際の経験から残るのは記憶だけであり、したがって過去に起きたことについてわれわれが採用する視点は、記憶する自己の視点である。記憶と経験を混同することはつねであり、それらを区別するのはなかなか困難である。もちろん最近ではM・チクセントミハイが発明した「経験サンプリング法ESM」により旅行中の「経験する自己」を測定することが可能になった（Larson and Csikszentmihalyi 1983）。たとえば、携帯電話のメールを利用して、いま何をしているのか、誰と一緒にいるのか、そのときの感情（幸せ、緊張、怒り、不安、夢中、肉体的苦痛など）の強さを評価してもらうというやり方である。しかしこの方法はコストもかかるし調査協力者の負担も大きい。ここでは旅行期間中の唾液をある期間にわたって測定することで、旅行にストレス緩和がみられるか否かを実証した興味深い研究を紹介しよう。

　牧野博明らは、旅行が健康に及ぼす影響を生理学的に検証している（牧野ほか2008）。彼らは2泊3日の短期ツアー参加者の唾液採取を行った。彼らが測定したのは、ストレスを感じたときに副腎皮質から分泌されるホルモンであるコルチゾールと、近年新しいストレスマーカーとして注目を集めているクロモグラニンAである。後者はポジティブスト

レスを表すと考えられ、温泉入浴、お笑い番組の鑑賞時にその上昇が報告されている。短期ツアーに関し、前者のコルチゾールについては、統計的に有意な差はみられなかったものの、旅行中に低下傾向を示し、ストレスが低くなっていることがうかがえる。一方後者のクロモグラニンAについては、旅行中に有意な上昇がみられた。したがってこのことから、旅行がストレスを低減させる効果があることが示唆されている。牧野らは温泉地での長期滞在によるストレス効果も同様のやり方で明らかにしている（牧野ほか2010）。7泊8日の滞在プランへの実験協力者を対象に、唾液中ストレス物資のみならず、ストレス発生に関わる要因として性格、生活態度、ストレス負荷要因、ストレス反応を測定した。全体的にはコルチゾールについては変化がみられなかったが、日常的・経験的にストレス負荷要因の多い人・ストレス量の多い人は、温泉滞在中に下降傾向がみられ、一部では有意な結果となった。クロモグラニンAについては、滞在前から滞在中期にかけて上昇傾向がみられた。こうした結果は観光旅行にはストレス低減効果があり、ひいてはこのことが健康の増進に寄与することを示している。

## 4．観光旅行の心理的効用

　林幸史は、旅行動機の7次元に対応した旅行経験の7次元を提唱し、旅行の経験評価（効用）を測定するための新たな尺度を開発している（林2013）。具体的に述べると、観光旅行には、知識獲得（尺度例「訪問先の歴史について学ぶことができた」）、自然満喫（尺度例「自然を身近に感じることができた」）、関係強化（尺度例「同行者といままで以上に仲良くなることができた」）、健康回復（尺度例「十分に休養することができた」）、関係形成（尺度例「普段の生活では出会えない人と交流することができた」）、自己省察（尺度例「自分の生活や生き方について考え直すことができた」）、新奇体験（尺度例「冒険的な新しい体験ができた」）といった七つの効用があるといえよう。これら七つの次元間の関係をさらに統計的に検討すると、健康回復と自己省察が中心的な役割を果たしていることが明らかになった。こうした結果から観光旅行は、個人の健康面と自己というフレーム（枠組み）に影響を及ぼすものと考えられる。ここではマイナスの効果よりも主に観光旅行のプラスの効果について述べることで、筆を置くこ

とにする。

　第一は観光旅行でストレス反応が和らぎ、低減され、その結果として精神的幸福感が増大し、ひいては健康維持や回復につながる。また日常生活から逃避・脱出することで、リラックスができ、休息や気分転換を図ることができる。要するに観光旅行は健康回復の効果がある。

　次は自己というフレームへの影響である。自己には、自己概念、自己スキーマ、自尊心、自己開示、自己呈示などさまざまな枠組みがあるが、自己変容・自己成長の可能性が旅行にはある。自分のものの見方の変化、他の文化や他者を肌で感じることで、比較文化的な視点をもつことが可能になり、多様性に対する寛容度が増すことで、自己フレームが変化するのである。また旅にハプニングやトラブルはつきものであり、それらを処理することで、自立心が芽生えたり、自分に対する自信感が増大したりする。こうした過程を経て新たなる自己概念が獲得され、自尊心が向上することもおおいにある。要するに、心と身体の両面をリフレッシュする効用が観光旅行には満ちあふれているのである。

**【読書案内】**
佐々木土師二（2000）『旅行者行動の心理学』関西大学出版部。
――――（2007）『観光旅行の心理学』北大路書房。
前田勇・佐々木土師二監修、小口孝司編（2006）『観光の社会心理学――ひと　こと　もの　3つの視点から』北大路書房。

# 第7章
# 情報学の視点

井出　明

　情報学の視点から観光を考える場合、どのようなアプローチがあるだろうか。本来、情報を扱う場合、道具の部分（システム）と情報の意味内容（コンテンツ）に分けて論じるべきであるが、今回は紙面の制約に加え、コンテンツに関してはほかでも触れられているため、ここではシステムの問題に絞って説明する。情報技術は、一般に IT（Information Technology）といわれることが多いが、本章では世界的な慣例に従って、ICT（Information Communication Technology）と記す。

## 1．インターネットの登場

　観光業において、コンピューターなどの情報機器は、サプライヤー（業者）側のツールとして長年使われてきた。ホテルの顧客管理、航空機や鉄道の予約管理システム、そして財務会計関連のソフトウェアがそれにあたる。インターネットが民間に一般開放されたのは1993年からであるが、実はそれまでは客が情報機器を使って観光に関わるということはほとんどなかった。インターネットの登場によって、客側が情報を使うという新しい状況が生じてきた。
　ユーザーがインターネットを使うようになって、一体どのような変化が生じてきたであろうか。
　もっとも大きな変容は中抜き的な業務が激減しつつあるという点である。20世紀の旅行代理店の収益の柱の一つは、ホテルや航空券・JRチケットなどを予約し、その手数料を徴収することにあった。また大企業の総務部門は、特定のエージェント（代理店）と提携し、膨大な数の出張手続きを捌いていた。ところが、インターネットの登場は、このような業務スキーム（枠組み）を根底から覆すことになった（online 国土交通省観光庁 b）。
　もう少し具体的にみていこう。ホテルに関しては、"楽天トラベル"

の前身である"旅の窓口"（さらに、その起源は"ホテルの窓口"にさかのぼる）が登場して以降、こちらを経由した予約が激増し、とくに出張族のポータルサイトとして不動の地位を築くことになった。現状は、雑誌を母体とし、若者のグループ旅行に強い"じゃらん.net"と高級宿泊施設に特化した"一休.com"の3サイトが、それぞれの個性を保ちつつ併存している。

　インターネット経由のホテル予約が一般化するにつれて、価格設定も弾力化された。ビジネスホテルの激戦地では各ホテルの価格決定権者が、近隣のホテルの価格をみながら頻繁に価格を変更し、すでに予約を入れた客もほかにより安いホテルがみつかれば宿泊先を変更するという現象が生じた。これは、ミクロ経済学でいうところの完全競争市場に近い状況がインターネット上で実現した例の一つである。

　輸送関係の予約にしても、クレジットカードと組みあわせた決済システムにより、多くの航空会社は自社サイトで航空券を電子的に発券することになった。このチケットは"eチケット"とよばれているが、この仕組みではチケット情報が航空会社のサーバー（情報を蓄積しておく記憶装置）に記録されているため、従来は大事件となった航空券の紛失という事態が事実上発生しなくなっている。航空会社は、1日のうちでも輸送客数が多い便とそうでない便で価格設定をやはり弾力的に変えることが可能となり、航空券の運賃も相対的に低下することとなった。新幹線や特急の予約もインターネット経由によるものが増えてきており、予約代行業としての旅行代理店の役割はもはや終わりつつある。その結果、楽天トラベルを除く旅行代理店各社の業績は悪化しており、インターネット時代にどのように対応していくべきなのかという観点からの変革が迫られている（online FACTA ONLINE）。

## 2．WEB2.0と観光

　20世紀末に登場したインターネットであるが、21世紀に入ってからは"WEB2.0"とよばれる一連の新しい展開をみせるようになる。20世紀におけるインターネットは、「誰もが発信者になれる」という観点からその技術が特徴づけられていたが、ブログ、FacebookやTwitterを代表例とするSNS（Social Network Service）は、ユーザー間相互の情報

の交流を重視したものであり、こうした交流システム全般を指してWEB2.0という言い回しが好んで使われるようになった。

　WEB2.0は、観光という営為と大きな親和性を有している。日本人の観光行動に大きな影響を及ぼす情報源として、以前からクチコミの重要性が指摘されていたが、ブログやSNSで流れる情報は、まさにそのクチコミがインターネット上で流れているものだと思ってよい。業者のWEBサイトよりも、いろいろな人たちが自由に発信する大量の情報が、一般の人々の観光行動に影響を与え始めているのである。

　実は、こうした状況は、アメリカの旅行代理店にある種の変化をもたらしている。アメリカでは、自宅の一角を使って旅行代理業を営むHome Based Agentとよばれる小規模代理店が多く存在しているが、20世紀の末ごろは、アメリカでも先述の中抜き業務の消滅により、廃業に追い込まれた業者も多かった。しかし、近年、Facebookを中心とするSNSの活用によってこうした小規模代理店は復活の道を探りつつある。SNSは、気心の知れたフレンドリーな関係を構築し、維持そして発展させていくことに向いているが、アメリカの中小旅行代理店は、日常的に顧客にFacebookで情報を発信しつつ、つねに顧客と交流することで、顧客が他の業者に流出することを防いでいる。SNSでは、顧客同士の交流も可能であるため、その代理店のウォールではあたかもサークルのような人的交流がなされ、人間関係のネットワークが深まっていく。こうした日常的なきめ細やかな顧客管理により、中小旅行代理店が、独自の発展をみせていることは知っておいてもよいだろう。アメリカのこうした動きについては、小規模旅行代理店のセミナーサイトで確認されたい（online Home Based Travel Agent Forum）。

　ほかに興味深いSNSのサービスとしては、KLMオランダ航空が、座席の予約とSNSアカウントを連動させている例がある。このシステムでは、すでに座席を予約した人のSNSページをみながら、あとから予約する人がウマのあいそうな人の隣に座席をとるといった活用がなされている（online KLMオランダ航空）。

　さて、海外ではさまざまな活用事例が紹介されるSNSであるが、日本の観光事業者は、いまだ十分には使いこなせていない。大手の旅行代理店やエアラインであっても、一方的にSNSで情報を発信するだけで

あり、現状ではマーケティングツールとしては機能していない。わが国における今後のSNSマーケティング全体に対する研究の深化が期待されるところである。

## 3．モバイルへシフトする観光情報学

ICTと観光学の関連領域は、一般に"観光情報学"といわれる分野であるが、現在、世界でもっともこの分野が研究されている国は、オーストリアだといわれている。それは、同国のインスブルックにIFFIT（the International Federation for Information Technologies in Travel and Tourism：しばしば"国際観光情報学会"といわれる）があるからであり、21世紀の初期段階から大規模な国際会議をオーガナイズしてきた（online IFFIT）。同組織は、立ち上げ段階では、ICTと観光の総論的なトピックを多く扱っていたが、スマートフォンやタブレットといったモバイルディバイスの浸透に伴って、移動体通信（モバイル）と観光の関連性についての論考が増えつつある（井出2007）。

欧米文明圏の場合、観光に占める個人旅行の割合が多いため、この移動体通信が観光行動に与える影響は非常に大きい。緯度・経度の情報をもった電子的なタグを集めるジオキャッシングなどは、日本での愛好者はそれほど多くないものの、世界的には相当数が楽しんでいるといわれている（online GEOCACHING）。

近年、モバイルディバイスと観光の関連性においてその可能性が指摘されるのが、電子的な地図の活用である。これは、Google Maps（いわゆるグーグルマップ）を典型とするが、旅行者はもはや紙の地図ではなく、モバイルディバイスのうえに表示される電子地図を見ながら、旅を楽しむようになる。この地図は、単に紙を電子化しただけでなく、複数人で協働して"ピザの美味しい店"や"有名ラーメン店"などを書き込むことができるため、先述のクチコミが地図ベースで広がることになる。また、店の側としても、来客が少ない時間帯に地図表示と連動させたクーポンの配布を行うなどといったプロモーションもできるため、マーケティングツールとしても強力である。さらには、受信者側の設定により、モバイルディバイスの位置情報が把握できるため、ある時間にある場所（ここでいう場所とは、緯度と経度の位置情報をもった点を指す）を訪れるこ

とによって電子クーポンを入手できるようにすれば、特定の道路に人が殺到しそうなときも人為的に混雑を分散させるようなマネジメントが可能となる。

　ただ、こうしたモバイル観光の分野も日本は立ち遅れている。理由は主として二つある。一つは、日本の観光のボリュームゾーンが、ICTリテラシーの低い中高年層に集中していることにある。もう一つの理由としては、事業者が展開する日本の観光は団体ツアーが多いため、そもそも各自が個別に情報をとる必要性が少ないという点が挙げられる。欧米の旅行は個人中心であって、だからこそツーリスト自身が主体的に情報を集める必要があるが、このような旅の形態は、情報収集能力を鍛えてくれるという意味もある。

## 4．ビッグデータの活用

　近年、"ビッグデータ"という言葉を聞く機会が増えているかもしれない。情報技術の発達は、これまですべてを記録することが不可能であったデータをデジタルで蓄積可能にした。具体的には、Suicaをはじめとする交通系ICカードは、もともとは自動改札機に対応した定期券程度の意味あいしかなかったが、コンビニをはじめとして各種の決済手段として活用されるようになり、社会的な役割が変わりつつある。いまや、財布を忘れてもSuicaだけで生活をすることが事実上可能である。ここでは、Suicaで1日生活した場合に発生するデータを考えてみたい。ある男性が朝起きて、通勤電車に乗るために改札を通ったのち、駅の売店や自販機でジュースを買い、会社に向かう。お昼は、ファストフードですませるとして、そのときもSuicaで決済した。会社が終わったのち、書店で本を買い、それもSuicaで支払う。最後に、夕食の買い物をスーパーですませたが、ここでもSuicaを活用したという設定で考察する。この行動をもとにしたとき、Suicaでどのようなデータが取得可能だろうか。クレジットカードつきのSuicaの場合、入会段階で性別、職業そして年齢や大まかな年収までもわかっている。あとは、何時何分にどの駅からどの駅に移動し、何時何分にどういったジュースを買い、お昼時にどのような食事をすませ、夕方にはどのような本を買い、スーパーでは食材としてどのようなものを購入したのかという実に細かいデータが

Suica の発行元に集まることになる。ここでは、ある一人の男性を例に挙げて考えているが、大切なことは、Suica の発行枚数分だけ、(いやいまや交通系 IC カードは共通化されているため、互換性のあるカードを含めた総発行枚数分だけ) 人の具体的な行動を記録できることである。このデータがサーバー上に集められたとき、どのようなことが可能になるだろうか。「年収 600 万の人は、どのような雑誌を読んでいるか」、「30 歳男性は、コンビニで何と何をセットで買う傾向があるか」、「冬に缶コーヒーを飲む人は、何時頃に買うことが多いのか」などという分析が一瞬で可能になる (佐藤ほか 2010)。

ただ、技術的に可能であるからといって、プライバシーの問題を軽視してはならない。誰が、いつどこで、どのようなものを買っているかという情報が流出してしまうと、大きな問題が生じる可能性がある。2013 年 11 月の現状では、Suica と PASMO のカードの発行枚数は、大体 6000 万枚であり、これだけでも日本の人口の半分近くをカバーしてしまう。もはや、全国民の移動データと購買嗜好が、鉄道会社に把握されてしまうような事態が近づきつつあるといっても過言ではない。たとえば、健康に関する情報は隠しておきたい人が多いであろうが、薬局で痔の薬なり、育毛剤なりを購入したことが明らかになってしまうと、その影響の出方は小さくないかもしれない。だからこそ、個人情報の秘匿には十分な配慮をしつつ、このビッグデータを顧客の利便性の向上と新しい時代のマーケティングのために利用していきたいものである。

## 小　　括

以上、インターネットをはじめとした社会の情報化がどのように観光に影響を与え、今後の情報化社会が観光をどのように変容させるのかという観点から説明を加えてみた。ただ、ICT の世界は日進月歩であり、これまで思いもよらなかった技術が新たに開発されるということもままある。大切なことは、単に過去や現状の技術を学ぶだけではなく、観光とは関係のないシーンで新しい技術と出会った際に、その技術を観光に応用できないかとつねに意識することである。このことを心にとどめておいていただきたい。

# 第8章
# 教育学の視点

寺本　潔

## 1．たしかな観光者の育成

　2020年東京オリンピック誘致が決まった。内外から多くの観光客が東京や日本各地にやってくるだろう。場所によっては、これまでまれであった外国人との接触も日常化するに違いない。国内の交流人口に関しても高速バスや北陸・長崎・北海道新幹線への延伸、LCC（格安航空会社）による増便などにより、大都市圏を中心に観光地間の移動が活発化してくる。日本人にとって、単に観光を物見遊山的な娯楽として理解するのでなく、休暇を積極的に活用でき、旅行者として観光を楽しみつつ来訪者に対する「おもてなし」の姿勢も介して人生を豊かに彩る時代に入っている。その意味で受けいれ側の資質も抱いた「観光者」としての資質形成が期待される。

　ところで、2010年度に観光庁観光地域振興課で行われた観光地域づくり人材シンポジウムでは、必要とされる人材像の明確化が試みられた。そこでは、①総合的に観光地域づくりをリードするまとめ役としてのリーダー、②地域の観光資源を発掘して地域づくりに活用するための専門的知識をもって、具体的な事業を企画・調整する人材としての企画・調整者、さらに③地域を訪れる観光客に現場で接する人材としてのオペレーターの三者を設定する案が出された。この内、教育学の立場でもっとも注目したい対象者はオペレーターである。シンポジウムで配布された資料によれば、オペレーターの役割と機能は、「地域を訪れる観光客に現場で接する人材（ガイド、体験メニューインストラクター、観光案内所のスタッフなど）とされ、必要とされる知識・スキルでは、「ホスピタリティ、コミュニケーション、リスクマネジメント、地域資源のマネジメント、語学、地域学・地元学」の六つが挙げられている。さらに筆者は、このオペレーターとともに地域社会で観光を支えるサポーターとなる人

材（多くは観光に関心をもつ一般市民）も必要ではないかと考えている。つまり、教育学の視点から観光振興を考えるうえで、欠かせない視点は、観光に携わるすべての者の人間形成であり、ホテル業や運輸、販売などの個別の観光業に就くための専門教育というよりも、一般市民でもあるオペレーターやサポーターが獲得しておくべき資質・能力を範疇に入れた公教育としての観光教育を検討すべきと考えているからである。

　日本は、これまで、インバウンド（外国からの来日観光）に関しては十分に発達しているとはいいがたく、経済規模に比べて世界のなかでも外国人観光客が少ない国に属してきた（たとえば2010年の統計では、外国人旅行者受入数は世界で30位）。しかし、円安や食、アニメから始まった日本ブームが追い風となり現在、東京・横浜・鎌倉・伊豆・箱根・富士山、京都・奈良、福岡、沖縄、北海道などには外国からの多くの観光客が押し寄せている。クールジャパンやカワイイ文化の人気も相まって来日観光への熱いまなざしは今後さらに強まってくるであろう。海外の観光地に比べ日本はきわめて安全で清潔な街が広がっており、観光案内や宿泊サービスや交通アクセス、みやげものの質など基本的なインフラやサービスの点でも地方と都会の格差は大きく開いていない。そのため、外国人からも好感をもって受けいれられる観光地として期待がもてる。

　たとえば、温泉観光地に展開する日本式旅館さえも、立派な観光資源になる。畳の間や床の間、生け花や小物、布団、風呂、割烹料理、仲居さん、和風の中庭でさえ日本文化を代表する観光資源として注目を浴びるだろう。こうした身近な観光資源の再発見とともに、今後われわれに求められる資質は、もてなしの精神で他者を受容できるたしかな観光者としての資質である。観光地に住む住民も国内外からやってくる観光客に対して在住地に関する地理的知識とホスピタリティ精神を保有する必要がある。しかも、それらの育成はできれば初等中等教育段階から取りいれられなくては、たしかな観光者としての成長は期待できない。一方、インバウンド観光にかぎらず、日本人が外国を旅する際のアウトバウンド（海外旅行）の際に発揮できるたしかな観光者としての資質形成についても、旅行先に関する地理的な基礎知識や地図判読技能、初歩的な外国語能力、危険回避力などの保有は重要である。たとえば、観光学に本来深い関わりを有する地理教育に関しては、これまで一定の地域像や国

土像、世界像の形成に寄与してきた教科・科目として認知されてきたが、国内外の地理空間に関して児童生徒の興味関心を引き出す点においてはいささか不十分な側面があった。それは、行ったこともない土地の地理的事象をどうしていま学ばなくてはならないのかという、日本や世界の地理を、万遍なく教科書や地図帳を通して学習しなくてはならない根源的な意義をうまく説明できてこなかったからである。その点、観光という窓口は、地理教育で国内外の地理を学ぶ意義を学習者に理解してもらう有効な方法論となりうる。

## 2. 観光ガイド体験がもつ教育力

　観光学と教育学の接点を考える際、もっとも端的な教育場面は児童生徒による観光ガイド体験である。筆者もこの種の試みを門前町で有名な香川県琴平町(ことひら)でこの数年展開した（平成21〜23年度文部科学省指定研究開発学校新設教科「まちづくり科」）。琴平町の児童生徒が自分の町の観光資源を学び、みやげもの店が建ち並ぶ金刀比羅宮の参道で直接観光客に対してガイドを行う体験である。ガイドを行うにあたって知識を保有していなくてはならず、そのために子ども琴平検定という地元学も推進した。子どもの社会参加を促し、地域の一員としての自覚形成と小さなまちづくり人としてコミュニケーション能力や責任感、社会貢献意識を醸成することを狙った教育が展開された。琴平町独自の学習シートも各種作成され、中学生のキャリア教育にもつながる成果をあげた。「多くの見知らぬ人の前で話をするのはドキドキして緊張したが、楽しい体験だった」、「時間を守ってガイドする点にもっとも注意した」、「お客さんにどう喜んで頂くか工夫するのは大変だったが、やりがいがあった」、「地元のことを改めて知る良いチャンスになり、有意義だった」、などといった感想が飛び出てきた。こういった教育は観光資源をもつ全国の市町村で実現可能であり、実践的な観光教育といえる。

## 3. 観光教育で培われる学び

　時刻表活用や旅程の立案、安全管理、風景の観賞、地図活用、外国語会話、外貨両替など観光に付随するさまざまな基礎知識や技能、旅行先の文化に対する寛容性や価値観などが観光教育を通して獲得できる。過

去の探検家や旅行家が記述して残した著名な旅行記や、家族で旅した旅行アルバムやブログなども教材として活用できる。観光教育で培われる学びは、基本的に移動にまつわるさまざまな局面で活用できる問題解決能力を養い、その能力は、外国語能力とともにグローバル人材につながる基本的なものともいえる。来日観光客とのコミュニケーションの度合いも、実は日本人自身の外国（語）理解度や旅行能力の高さに比例する。同時に観光という行為自体を前向きにとらえ、行動的な大人になろうとする意欲や態度も育成できる。

具体的な「観光の授業」を構想する背景として、児童生徒の外国への好奇心が強いこと、海外旅行の話題に対しても強い関心を示すことなどから、従来の地誌学習や地理的技能の指導場面よりも、「観光の授業」は効果が高い。2012年、筆者が私立成蹊（せいけい）小学校5年生に対して飛び込み授業として「旅行パンフレットからコラージュをつくろう」という社会科授業を実施した際にも児童の反応は良いものであった。国別の旅行パンフレットを児童に選択させ、気に入った写真やキャプション、題字などを切り取らせ、手描きのイラストも混ぜて1枚の外国紹介コラージュを作成させた。その際の児童の作文を以下に示そう。

　題：きょうみを持つことで
　　今日は、寺本先生という大学の教授の人が来てくれました。授業は旅行のことでした。旅行といっても何のことか全然分かりませんでした。世界の国々かもしれないし、世界い産みたいなのかもしれないしという考えがうかびあがりました。その授業はというとコラージュという旅行の紹介でした。旅行の事なんで一切きょうみを持っていませんでした。ですが今日、パンフレットの中を見て旅行に少しきょうみを持ちました。世界には私の知らない場所、料理、観光名所などたくさんあります。私は、旅行をしてもコラージュを見ても全く関心を持たなかった事に少し損をしたと思いました。でも旅行の授業をしたというのは得をしています。もっと外国の事を知りたいと思いました。海外への旅行は、外国人との交流の第一歩ではないかと思います。それに社会をもっと知り、文化なども知っていきたいと思います。

　　　　　　　　　　　　　　　（成蹊小学校5年小田知さんの作文より）

## 4．観光地そのものを題材に学ぶ

　観光地の地理や歴史、産業、文化、政治、言語などについて学ぶ領域である。自分の住む自治体が観光地である場合には郷土の学習と類似する。ただし単にその土地について交通や気候、産業などを項目的に並列して学習するのではなく、観光を産業として扱い、優れた観光資源のよさについて再確認する学びや、反対に観光開発によって自然環境が悪化している事例を通して、あるべき環境保全のあり方を学ぶことや、観光地の住民が地域おこしの一環で商店街活性化を試み、みやげものの売上が増加している事例を学ぶこと、持続可能な観光としてエコツーリズムを理解し、自分たちもエコツーリストとして参加し、観光地の魅力を向上させることなど、いずれも観光という題材を問題解決的な教材として活用し、提案できる学習場面が不可欠である。

　ところで小学校社会科ではすでに第4学年の後半に単元「わたしたちの県のようす」が設けられており、自県にどういった特色があるのかを学ぶ機会がある。そのなかで扱われる事例学習において、沖縄県の小学校で観光を扱った授業（山内実践）が実現した。この実践は、「沖縄県にどうしてたくさんの観光客がやってくるのか」、「保養を目的にリピーター客が多くの割合を占めているわけを調べよう」、「観光客が沖縄で生まれた伝統工芸品をお土産にどの程度購入しているのか」、「伝統工芸品である琉 球 絣（りゅうきゅうかすり）がどうして観光土産として人気がないのか」などを追究テーマとして設定し、地場産業の復活への願いを児童も保有しつつ、実際に絣工房での体験学習や那覇空港での観光客からのインタビュー調査を実施できた（写真1・2）。

　沖縄県では県の観光コンベンションビューローが小学校の観光学習を支援しており、山内実践のように、今後観光を切り口にした社会科授業の展開において先進事例となりうる優れた実践が生まれつつある。

## 5．魅力ある観光を題材にした教科書を

　以上のように観光を題材にした教育は、子どもの主体性を育み、前向きに観光振興を自分に引き寄せ、提案できる能力を育成できる。公教育にとっても観光を題材とした学びは魅力的であるのでいち早く、観光単元を盛り込んだ社会科や英語、国語教科書が登場してくることを願いた

写真1　絣会館で絣製作体験を試み、沖縄県の伝統工芸品への愛着を形成

写真2　那覇空港にて観光客に対してみやげものの調査をしている児童

撮影：写真はいずれも琉球大学教育学部附属小学校山内かおり教諭

い。観光は寛容と誇り、相互理解につながる「おもてなし」の精神を育み、日本人にグローバルな思考も培わせる格好の題材であることに教育界が気づく必要があろう。

**【読書案内】**

寺本潔（2001）『総合的な学習で町づくり』明治図書。

———（2010）「小学校社会科における観光単元の導入に関する一考察」『論叢：玉川大学教育学部紀要 2010』27-42頁。

———（2012）『思考力が育つ地図＆地球儀の活用』教育出版。

# 第9章
# 経営学の視点

竹林浩志

## 1．観光の経営

　経営学とは、企業あるいは組織の運営を考える学問である。それも、どうすれば企業・組織が長期的・永続的に活動可能になるのかをということを考えるものである。それゆえ、観光という現象を経営学的に分析する際には、まず第一に、その対象となる企業・組織にはどのようなものがあるか、ということを理解しておく必要がある。

　観光の問題は、観光の目的対象となる観光資源が中心となる。もちろんテーマパークなどのようにそれ自体が目的対象となる観光に関連する個別企業の運営に関しては、これまでにも経営学的な見地から数多くの研究がなされ、研究蓄積もなされてきた。しかし、現在の日本の多くの観光地で、地域全体としての観光振興の方策が模索されている状況を考えれば、地域全体を観光の対象としてとらえ、そのうえに立って戦略的な観点からの理論的根拠に裏づけされた実践的方策が必要とされているのであろう。

　現在のこれらの議論の核となる部分の多くは、地域が主体となって観光を発展させることや、地域が全体として観光資源を守りながら観光を手段として発展することの重要性を説くものである。それが現在の日本における疲弊した地域の問題や、時流に取り残されてしまった観光地の再生といった、日本が抱える問題点の解決にも合致する、あるいは、その解決方法の一つと考えられているからである。

　このように地域というものを一つの範囲として考えると、観光とは、観光目的物以外に交通、宿泊、飲食、みやげものの購入などの諸要素の組みあわせととらえることができ、これら諸要素からなるシステム的・複合的な行為だと考えられる。しかし、こういった諸要素は、そもそも観光のためだけに存在するわけではなく、一般住民などにとっても役立つ

ものである。言い換えれば、観光用に利用されるのはその一部にすぎないであろうし、観光だけを前提としたものはごく少数とも考えられる。

つまり、現実的に考えれば、観光現象を経営学的に考察する場合、観光に関連する個別の経営体・組織を対象ととらえることもできるのであるが、それだけではなく、観光現象それ自体が、多様な意思をもつ企業を中心とした諸要素が組みあわさって成り立つものでもあるため、それらをいかにして全体として運営していくのか、ということの検討もその範囲に含まれるといえる。

また、先述のとおり観光の問題は観光の目的対象となる観光資源が中心となる。しかし、その観光資源が中心にあるがために、観光現象は観光資源に対して依存的・受け身的に理解されやすいのであるが、現代の観光に関連する企業・組織は激しい環境のなかで生き抜かなければならないことから、より主体的な戦略的思考が必要とされている。

戦略の定義に関しては種々なものが存在する。たとえばJ・トライブは戦略に関して「将来において望むところのものを計画化したものであり、そしてそれを実現するに適切な方法を描いたもの」であると定義し、その際、「どこへ向かおうとしているのか、どのようにすればそこに到達できるのか、そこに到達しているかどうかはどうすればわかるのか」の三つの問題に解答を出すことが重要であるとしている。なかでも、経営体における使命・目的がその中核をなしているとし、戦略が経営体内部の各々の部分で別々に追求されるのではなく、経営組織体全体として実行されることの必要性を指摘し、全体として戦略実行を行うためには、戦略過程に関係する者すべてが何を目指しているかを正確に理解しておくことが重要であるとしている（トライブ2007）。

つまり、最終的に実行される戦略それ自体がどのようなものであるかが重要であることはもちろんのことであるが、その戦略が、技術進歩や社会的な価値観の変化といった環境の変化やそれへの適応を前提として、獲得するべき目標を冷静に分析したうえで、それに向かう適切な活動として確定されているかどうか、ということが非常に重要なものとなる。つまり、経営体が適切な戦略的活動を行えるかどうかは、組織の外部にある環境要因の分析のいかんに依存すると考えられる。

## 2. 外部環境の要因

　観光に関連する経営体が直面する外部環境には、政治的環境、経済的環境、社会的文化的環境、技術的環境、競争的環境などが挙げられる。ここではなかでももっとも重要と考えられる競争的環境を中心に説明するが、その前に他の諸環境についても簡単に説明しておくことにする。

　観光経営体が戦略を策定する際に政治的環境は検討すべき重要な要素であり、なかでもその安定性が重要である。政治的環境は、法令、政策などがつくり出される場であり、それが変化した場合、経営体の戦略に直接的に影響があるため、政治的環境が安定的なものかどうか、安定性を失い変化した場合は経営体にどのような影響を及ぼしうるかについて検討しておく必要がある。もちろんそれは、国内的要因だけでなく、国際的な政治的環境においても同様に重要である。国内・国際を問わず政治的状況の変化は、観光経営体のそれ自体の活動だけでなく、観光客の行動にも直接的に影響を与えるものである。

　経済的環境要因は、それぞれの経営体によってとらえるべき範囲・重みが異なるのであるが、その主なものとしては、経済成長、消費支出、投資支出、物価水準、為替レート、インフレなどが挙げられる。たとえば、旅行業などの観光事業者の場合は、消費支出や為替レートなどが重要な要因となるし、販売を中心とした活動をする観光事業者にとっては消費支出やインフレの状態は決定的なものとなる。

　社会的文化的環境には、人口構成や社会における価値観などがある。社会における人口構成の変化・変遷は、消費者の観光行動の主たる傾向に影響を与える。たとえば、若年者と高齢者では観光行動は異なるし、既婚者であっても子どものいる家庭と子どものいない家庭では観光行動は異なるので、その社会における構成の変遷は非常に重要である。

　また、社会における価値観は変化し続けている。観光の分野に関する価値観においても、古いとされるものも新しいとされるものもある。このような価値観の変化によって消費者である観光客の行動は変化し、それによって観光地は栄えたり衰退したりするものである。

　経営体の活動は、基本的に技術を介して行われるものであるので、技術的環境の変化は観光経営体の活動に直接的な影響をもたらす。IT技術の進展がその代表的な例であろう（➡Ⅱ・7、Ⅴ・7）。IT技術の進展

によって、ホテルや航空会社の予約システムの改善、顧客による予約システムへの直接的なアクセスなどが可能となった。このような技術的な変化は、経営体にとってはコストの削減やマーケティング機会の拡大などのメリットをもたらすと同時に、新たなる企業の参入や、旅行代理店のように社会的な役割がある部分不要となるということももたらす。それゆえ、このような技術的発展に応じて経営体は適切な戦略的行動をとる必要性がある。

　最後に競争的環境がある。競争的環境は、当該産業の全体的構造において競争がどのように行われているのか、ということである。この競争に関しての理論で代表的なものとしては、M・ポーターの理論が挙げられる。ポーターによると、競争は五つの競争要因（five forces）によって生み出され、その五つの要因がどのような状態にあるのかによって規定されるとする。その五つの要因とは、新規参入者の脅威、買い手の力、売り手の力、代替事業の脅威、競争相手との対抗の程度、である（ポーター 2011）。

　一般的に、当該産業に新規参入があると、競争は激化し、製品価格の低下をせまられるといった戦略の変更が必要となる場合がある。つまり、新規参入者の脅威とは、経営体の当該事業分野においてどの程度の参入障壁が存在するかの問題である。たとえば、当該事業分野で規模の経済性を発揮している事業者がいるか、新規参入に巨額の初期投資が必要か、といったことなどが新規参入に際しては障壁となる。

　買い手の力とは、経営体の顧客がどの程度の力をもっているかということである。たとえば、当該顧客が大量購入している、製品の差別化要因が少ない、といった状態などは、買い手の力が強いと考えられ、そのために経営体は質の高いサービスの提供を求められたり、他の競合関係にある経営体と激しく競争せねばならないといったことが必要となる。

　また、売り手とは、経営体に対して供給を行うもののことであり、その力は、売り手側の同業他社との競争状態によって決まる。たとえば、売り手側が激しい競争状態にあるような場合には、売り手は販売価格を低下させても売ろうとするだろう。逆に、売り手がその分野の支配的地位を占めているような場合は、売り手側が強気の価格設定となるだろう。このように、売り手の力は売り手側の競争状態に依存するのである。

次に代替事業の脅威であるが、経営体にとって競争相手となりうるものは同業他社にかぎられるわけではない。たとえば、航空会社の場合、新幹線や長距離バスなども代替事業と考えられる。このような代替事業がどのようなかたちで事業展開しているかによっても競争環境は影響される。
　最後に、競争相手との対抗の程度であるが、これには、競争相手の数、当該産業において支配的な企業が存在しているかどうか、製品それ自体のもつ性質などが関係する。当該産業における支配的位置にある企業は、相対的にみて規模の経済が発揮できるため、価格設定上非常に有利な状態にある。それゆえ、競争は激しくなる傾向がある。
　また、観光に関連する産業の製品は、製品それ自体にサービスが含まれることが多く、そのため製品が消滅性を有していることが多い。たとえば、ある日のホテルの客室は、あくまでもその日の客室であって、その日までに売らなければ、もう二度と売ることはできない。つまり、消滅性がある。加えて、空室を避けるために必要な追加的な費用（限界費用）も小さいため、低価格でも採算があうということもあり、対抗的競争が激化することにもなる。

## 3．観光への適用

　現実の観光に関連する経営体の戦略は、当該経営体の置かれている環境、なかでも競争的環境に規定される。それでは、現在の日本における観光に関連する経営体はどのような環境にあるのだろうか。
　それを検討するためには、競争それ自体について一言つけ加えておく必要があろう。そもそも競争とは何を目指して行うものなのであろうか。一般的に競争というと、他社と戦うことによって当該他社との勝敗を決する、といったものとして理解されることが多い。それゆえ、経営環境における競争もライバルを打倒することを目指すものと理解されることが多いのであるが、ポーター理論を系統的に提示したJ・マグレッタによると、ポーター理論においてはその考え方は誤りであり、競争は利益を獲得することを目指すものとしている（マグレッタ 2012）。
　つまり、競争というと、どうしても競争相手がクローズアップされ、競争相手同士の争いというかたちで理解されることが多いのであるが、

競争それ自体が、直接的な競争相手のほかにも新規参入者、売り手、買い手、代替製品提供業者によって規定されるものであるため、それらをも含めた産業の全体的構造において理解されるべきものであるとする。

それゆえ、観光現象を理解する際には、たとえば旅行代理店の場合、直接的な競争相手である大手旅行代理店間の力関係だけでなく、それらの旅行代理店が自社の商品をつくり上げる際に、さまざまな売り手・買い手・代替製品提供業者とどのような力関係のなかで全体的な構造が形成され、そこで利益を獲得しようとしているのか、ということを理解する必要があるだろう。このことは、当然ながら観光地における（相対的にみて）小規模な旅館やホテルなどの場合も同様である。

このように考えると、たとえば大手の旅行代理店を中心に考えた場合、多くの旅館・ホテルは、大手の旅行代理店が商品をつくり上げるに際しての取引関係にあり、そこでの力関係は多くの場合、大手旅行代理店側が強いことが多く、旅行代理店としては、この力関係を維持する方向で戦略を展開する必要があると考えられる。また、旅館やホテルの側にすれば、この力関係をどのような方向にもっていくのかで当該旅館・ホテルの利益が規定されることになる。

このように、ポーター理論的な競争の理解に立てば、現在多くの地域でみられる、地域が主体となった観光振興のあり方も単純なものではないことがわかるであろう。そもそも組織は、さまざまな他の組織との関係をもつ。そこにあるただ一つの取引関係を取り出してみても、どちらの側を主体に考え、どちらの側の利益のために活動するのか、ということの理解の違いよって展開されるべき戦略の方向性は異なる。それゆえ、そこで行われている競争の本質的な理解のためには、部分的な力関係だけではなく、そこに存在する産業の全体的な構造的理解が必要となる。

**【読書案内】**

トライブ、ジョン（2007）『観光経営戦略――戦略策定から実行まで』大橋昭一・渡辺朗・竹林浩志訳、同友館。

マグレッタ、ジョアン（2012）『〔エッセンシャル版〕マイケル・ポーターの競争戦略』櫻井祐子訳、早川書房。

# 第10章
# 経済学の視点

麻生憲一

## 1. 国際観光動向と経済効果

　「21世紀は大観光時代である」といわれるように、いま世界の観光流動人口は加速度的に増加している。世界観光機関（UNWTO）によると、国際観光客総数は2012年には過去最高の10億3500万人を記録し、2020年には13億6000万人、さらに2030年には18億900万人にまで増加すると予測されている。また世界旅行ツーリズム協議会（WTTC）の推計では、世界全体の観光産業の経済規模（観光GDP）は、2012年に6.6兆米ドル（世界全体のGDP比約9.3％）に達し、全世界で2億6000万人が雇用され、2023年には世界のGDP全体の約10％にあたる10.5兆米ドルにまで膨れ上がるとの報告がなされている。このような国際観光旅客の急増と観光産業の成長の背景には、中国、ロシア、ブラジルなどのブリックス（BRICS）とよばれる国々の経済発展が大きく影響している。とくに、中国の国際観光支出は、2011年には726億米ドルに達し、ドイツ、アメリカに次ぐ世界第3位の規模にまで成長している（国土交通省観光庁 2013）。

　一方、日本の国際観光動向も順調に推移している。2012年の日本人海外旅行者数は1849万人（前年比8.8％増）となり、過去最高を記録した（国土交通省観光庁 2013）。またインバウンド（訪日外国人旅行者）は、最近の円安傾向や査証発行の簡素化、旅客運賃の値下げ効果などによりアジア諸国を中心に増加傾向にあり、13年には史上初の1000万人台を達成した（online 国土交通省観光庁 a）。現在、国内の観光動向も順調に推移している。12年の日本人の日帰り観光旅行は延べ2億430万人（前年比3.8％増）、宿泊観光旅行は延べ1億7876万人（前年比5.2％増）でいずれも前年を上回り、東日本大震災前の水準にほぼ回復した。観光庁によると、2011年の国内の旅行消費額の総額は22.4兆円（GDP比4.7％）に達

し、今後の景気の回復に伴い増加傾向が予測されている（国土交通省観光庁 2013）。

このように観光旅行者数は世界的規模で急増しており、それに伴い多くの国々では観光産業が基幹産業に大きく成長しようとしている。また、観光産業の成長とともに観光統計の整備も進められ、世界観光機関の指導のもとで国民経済計算（SNA）の枠組みを用いて観光サテライト勘定（TSA）の国際基準化が図られている。近年、このような観光動向に対して経済学の分野からも数多くの学術研究が報告され、観光経済学としての礎が築かれつつある。

## 2．観光経済学の変遷

観光が経済学の研究対象となったのは 20 世紀初頭といわれている。1900 年代のはじめ、第一次大戦後の西欧諸国では、戦後の経済復興を促進するうえで観光は有力な手段とされた。とくに、物資不足に悩むイタリアやドイツなどの国々では、旅行者の消費支出からもたらされる観光収入は外貨獲得の手段として見過ごすことのできないものであった。当時、ドイツ、イギリス、イタリアなどの大学では、観光事業に対する学術的研究を積極的に推し進めた。イタリアのローマ大学では、A・マリオッティが観光事業政策の観点から観光旅行者の動態分析を行い、観光経済学研究の基礎を築いた。また、ドイツの A・ボールマンや R・グリュックスマンは、観光研究の学術的体系化を推し進めた。しかし、彼らの体系化は経済学に特化したものであり、総合的学問としての観光学を発展させるには至らなかった（麻生 2011）。

第二次大戦後、経済学の主流が西欧からアメリカに移るに従い、観光の経済学的研究は近代経済学の進展から大きく取り残された。その理由の一つは、観光の概念や定義を近代経済学の枠組みで定式化することが難しく、その不明確さのために統計的指標として観光現象を精緻化できなかったからである。しかし、1970 年代になって経済学的研究は大きく進展し始めた。上記でも述べたように、観光の国際化により大量の国際観光旅客の流動が始まり、その経済効果を各国とも無視することができなくなった。発展途上国のみならず先進諸国も観光立国を標榜し、観光政策の重要性が認識され始めている。このような状況のなかで、いま観

光現象に対する観光経済学的研究がミクロ経済学とマクロ的経済学の両面から大きく進展しようとしている。

## 3. ミクロ経済学的視点

　観光をミクロ経済学的視点からとらえると、そこに登場する経済主体は観光財サービスを需要する観光者とそれらを複合的に供給する観光企業とから構成される。需要者である観光者は、自己の所得と市場価格を所与として、自己の満足（効用）が最大になるように観光財サービスを購入する。一方、供給者である観光企業は、市場価格を所与として生産費用の制約のもとで、自企業の利潤が最大になるように観光財サービスを生産する。そして、需要者と供給者の取引において市場が形成され、市場の調整機能により需給の一致点で取引数量と市場価格が決定される。このような経済主体と市場の想定は、伝統的なミクロ経済学理論（新古典派経済学）にもとづくものであり、経済主体の合理的行動を想定として単一の市場での効率的な取引が定式化されている。このように観光現象をミクロ経済学的視点からとらえる場合、観光需要と観光供給の定式化を明確にしなければならない。

　まず観光需要について、従来の経済学ではそれを二つの領域から考察してきた。一つは観光を余暇（レジャー）の一部ととらえ、観光需要を時間的概念で定式化するものである。観光への需要を余暇時間への需要と考え、労働を派生的需要としたうえで、労働者にとって最適な労働時間を決定したあとに副次的な産物として余暇時間を導出する。このような観光（余暇）需要に対する定式化は、これまで余暇経済学や労働経済学の分野で広く取り扱われてきた。他方、ミクロ経済学の消費理論の領域では、観光需要を観光財サービスに対する需要と考え、観光財サービスを複合的な財サービスの組みあわせ（合成財）と想定して観光需要を定式化した。しかし、このような定式化は観光財サービスとしての特性が明確に示されておらず、その後の観光需要のミクロ経済学的基礎づけ、とくに実証的研究（推計モデルの構築）の進展につながっていない。最近の観光需要の定式化では、観光需要を観光地に対する需要と考え、各観光地での観光者数や宿泊者数を需要変数と想定して、外生変数（各観光者の所得や各観光地間の競合性の度合い）の影響を理論的・実証的に分

析を行っている（小沢 2009、Candela and Figini 2012、Vanhove 2005）。

　次に観光供給では、供給者をどのように定式化するかが問題となる。従来の経済学では、市場で取引される一般の財サービスと同様、観光財サービスを供給する生産者として位置づけられていた。しかし、観光財サービスは単一の生産者によって供給されるものではなく、多様な生産者によって複合的に供給される生産物である。たとえば、観光関連産業でいえば、卸売・小売業、金融・保険業、不動産業、運輸・通信業、サービス業などのさまざまな業種の多様で異質な生産活動を通じて、一つの観光財サービス（旅行パックなど）が複合的生産物として市場に供給される。また、生産において用いられる資源は、市場で取引される財サービス（経済財）だけでなく、自然や景観など市場で取引できない、さまざまな財（自由財）から構成される。このような観光供給の特徴は、一企業一生産物を前提とする従来のミクロ経済学の枠組みでは定式化が困難である。観光経済学として精緻化していくためには、既存の経済学的枠組みを大きく超えなければならない。M・T・シンクレアとM・スタブラーは、観光供給を考察する場合、他の経済学の理論枠組みを積極的に導入するべきであると主張する（シンクレア／スタブラー 2001）。とくに、1980年代以降、研究がさかんな「産業の経済学」や「ゲーム理論」を活用することにより、観光関連産業やその市場をより精緻化できると考えている。たとえば、旅行業者の取引は、「産業の経済学」のプリンシパル・エージェント理論から把握することが可能であり、旅行費用などの割引システムは交渉ゲーム理論からその制度的役割を理解することができる。観光供給のあり方をより理解していくためには、観光企業に対する実証的研究の進展が求められると同時に、現在進化しつつある経済学理論を包括的に取り込むことが必要とされる。

## 4．マクロ経済学的視点

　観光をマクロ経済学的視点からとらえると、それは大きく「国民経済」、「国際経済」、「地域経済」の三つの領域に分けることができる。「国民経済」の領域では、観光は国家の経済成長を支える重要な経済的要因であり、観光消費や観光投資などの内需の変化が国民経済に大きな影響を与える。観光者の消費（宿泊費、交通費、飲食費、みやげ・買物費など）の変

化や観光企業の投資（ホテル、レストラン、観光施設の建設など）の変化がケインズの所得乗数効果（総需要の変化による経済的波及効果）を通じて国民所得を変動させる。とくに、観光関連産業はさまざまな部門から構成される広域的で複合的な産業であり、内需拡大による経済的波及効果（所得効果、雇用効果、税収効果など）は他の産業に比べて国民所得に大きな影響をもつ。これまでマクロ経済学の研究では、観光インパクトを分析対象とするものが多く、経済成長モデルや乗数理論を用いて観光の有効性を説明してきた。近年では、人的資本の蓄積を重視する「内生的成長モデル」を観光企業の成長モデルに適用した研究が進められている。

「国際経済」の領域では、国際観光に対する経済学的関心が高まりつつある。グローバル化の進展と世界的規模での交流人口の拡大とともにインバウンドやアウトバウンドの動向が「国際経済」の観点からも無視できなくなっている。国際観光の経済的効果を計測するための理論的・実証的研究が進展し、国際旅行需要を対象とした実証分析では、計量経済学的手法を用いて所得効果、価格効果、為替効果などが推計され、国際間比較が行われている。近年、計量経済学の分析手法も高度化し、応用一般均衡（CGE）モデルによる国際観光の実証的研究も進んでいる。わが国では国土交通省を中心に観光統計が整備され、国際観光の領域においてもマクロ経済学的研究の進展が期待される。

「地域経済」の領域では、観光の「地域経済」に果たす役割が重要性を増している。とくにわが国では、景気低迷や過疎化により「地域経済」が衰退化していくなかで、観光戦略を地域振興策の柱に据える自治体が増えており、観光は「地域経済」にとって欠かすことのできないものとなっている。観光振興策により宿泊客や日帰り客を誘客し、観光消費を引き出すことで地域内に資金の循環が生まれ、それが投資や雇用を誘発し、経済的波及効果により「地域経済」は活性化するとのねらいがそこにはある。とくに、観光は複合的産業であり、地域内に与える経済的波及効果は他の産業に比べて大きい。現在、観光庁では統一的な基準のもとで各都道府県の観光消費額を調査し、観光統計データの整備を進めている。また、自治体の多くは、地域産業連関分析により地域内での観光イベントや特定プロジェクトの経済的波及効果を推計し、観光政策の策定に役立てている。

上記の三つの領域以外に、マクロ的視点から観光を取り上げる場合、「持続可能な観光開発」と「観光の経済的価値評価」の問題を挙げることができる。「持続可能な観光開発」では、観光は環境保全の立場から取り上げられる。観光開発において、観光業者は自然資源や環境資源などを数多く利用する。ときには「コモンズの悲劇」とよばれ、許容量を超える過剰な利用により資源の枯渇や環境悪化をもたらし、観光業者と住民との間に深刻な対立関係を生じさせる場合もある。このような観光開発の問題に対して、地域経済の成長と環境保全を両立させるための規制と競争に関する研究が環境経済学の分野で進展している。

　「観光の経済的価値評価」の問題では、自然環境やアメニティなどの市場価格で評価されない非市場的価値を計測するための研究が進んでいる。観光開発や観光振興策は、地域に経済的波及効果をもたらすものとして評価されるものの、一方で観光活動に伴う社会的費用（観光ゴミや交通渋滞、騒音など）が発生するのも事実である。このような社会的費用はその市場価値を評価することが難しく、市場価格で評価された経済効果のみが計測される傾向にある。観光インフラの設置に対する費用対効果を考える場合、社会的費用を含んだ経済的効果を導出しなければならない。現在、計測手法として、旅行費用法、仮想市場評価法、コンジョイント法、ヘドニック価格評価法などの統計的分析手法が開発され研究が進み、実際に観光資源の経済評価などに適用されている（土居編 2009）。

## 【読書案内】

河村誠治（2008）『観光経済学の原理と応用』九州大学出版会。
シンクレア、M・T／M・スタブラー（2001）『観光の経済学』小沢健市監訳、学文社。
ジェームズ、マック（2005）『観光経済学入門』瀧口治、藤井大司郎監訳、日本評論社。

# 第11章
## 政治学の視点

高　媛

### 1．帝国・観光・近代

　大英帝国の黄金期ともよばれる、ビクトリア朝時代（1837～1901年）の幕開けから4年、近代ツーリズム産業が、一人の熱心な禁酒家の手によってイングランド本土で産声をあげた。1841年、T・クックが、レスター―ラフバラ間の列車による、禁酒大会に参加するための団体旅行を成功させたのである。

　その翌年（1842年）、海の彼方で、大英帝国は第一次アヘン戦争で清国を破り、香港を割譲させた。植民地戦争を繰り返してきた大英帝国は、七つの海を制する、日の沈まない国へと膨張していく。同時に、T・クックの観光事業も、1841年以降、あたかも帝国の勢力圏の膨張に見合うかのように、国内からヨーロッパ大陸、中近東、アフリカ大陸、アメリカ大陸、さらにアジアへと、世界の隅々にまで急速に拡大していく。1872年、トーマス・クック・アンド・サン社（1871年設立）は初の世界一周ツアーを主催した。出発に先立ち、T・クックは社誌に寄港地となる中国とインドへの期待をこう語っている。

> 中国人を彼らの国で観察し、彼らが英国人居留民や貿易商人と港でどのように共存して暮らしているのかを垣間見るのも楽しみだ。英領インドは英国人旅行者にとって多くの魅力を備えている。我々は英国国教会やわが国の政府がもたらした変化、キリストの教えや慈善事業などが、カルカッタやボンベイその他のインドの諸都市にどのような影響をもたらしているかを見たいのだ。（ブレンドン1995）

　植民地戦争によって開かれた観光航路、軍事力を背景に確保された

「安全・快適」な旅行環境、さらに、観光の目玉として期待される開発の「偉業」……。労働者階級に低廉で健全な娯楽を提供するところから出発したクック社だが、大英帝国の世界に対する支配力の拡大とともに急成長を遂げ、帝国のまなざしを生産・増殖する文化装置の役割を果たすようになっていたのである。

## 2．観光を取り巻く政治

　近代ツーリズム産業と帝国主義との関係性を確認したうえで、本章では主としてポストコロニアリズム（➡Ⅲ・11）とカルチュラル・スタディーズの理論をふまえながら、ツーリズムの政治性を以下二つの側面から考察していくことにする。

　一つ目は、「観光を取り巻く政治」を問う試みである。そもそも、観光を可能にした制度・機関・言説は何か、観光の構想・営為過程にいかなる権力関係が介在し、観光地にどのような象徴的価値が付与されているか——つまり、観光を自然発生的な現象としてではなく、国家や資本が関与する政治的出来事としてとらえることである。

　たとえば、1920年代のバリでは、オランダ植民地政府は、オランダ王立郵船会社による観光開発をバックアップしたり、観光資源となる伝統文化の保護を積極的に推進したりしていた。バリ観光を通して、植民地政府は支配の正統性を間接的に訴えることができ、文化保護を「「良き」統治者であること」の証明として意味づける政治的意図があった（永渕1996）。また、日本統治初期の台湾で治安状態が悪かった山地先住民の居住地域は、やがて「台湾八景」や国立公園に指定され、先住民の風俗まで観光プログラムに組み込まれるようになった。「そこはかつて未帰順の「蕃人」が居住する場所であり、近代植民地統治が勝利した結果、旅行ができるようになったことを知らしめる仕組みとなっていた」（曽山2003）。

　治安やインフラ環境の整備だけでなく、観光機関やメディアなどさまざまな文化装置が創出した豊饒な表象と言説もまた、観光への動機づけに決定的な役割を果たしている。とりわけ、植民地女性の「奔放なエロティシズム」が、帝国の男性客に観光への欲望をいっそうかき立てることになった。たとえば、ハワイでは、19世紀末からフラ・ダンサーの裸

体を撮影した観光写真が大量に流布され、1920年代のハリウッド映画にもハワイ女性が官能的に描かれることが定番であった。しかし、現実では、19世紀末のハワイはキリスト教の支配により、女性の肌の露出はビクトリア朝的規範の影響で厳しく制限されていた（山中1992）。植民地の「女性性」を執拗に強調するこうした観光表象は、観る側がみずからの欲望を投影する「オリエンタリズム」（サイード1986）の典型パターンであり、男・文明・帝国／女・未開・植民地の不均衡な力関係を再生産するものである。

　写真、映画、ポスター、絵葉書、切手、スタンプといったヴィジュアルな観光表象とともに、ガイドブック、旅行記、紀行文のような観光言説も、観光客のまなざし（➡Ⅲ・1）を制度化する重要なファクターである。観光言説の生産過程には、しばしば、作家や学者、ジャーナリストなどの文化人が関与している。

　戦前における満洲イメージの牽引役・南満洲鉄道株式会社（満鉄）は、機会あるごとに、著名な文化人を満洲旅行に誘い、彼らの筆を通して、日本人の満洲イメージの素材を数多く産出した。そのなかで、もっとも有名な旅行記の一つは、1909年満洲に旅立った夏目漱石が書いた『満韓ところ〴〵（ところどころ）』である。46日間の見聞を綴ったこの紀行文は、『東京朝日新聞』と『大阪朝日新聞』での連載や単行本出版などを通して広く読まれ、さらに、その抜粋は、大正時代の中等学校用国語教科書に収録されるほどの人気ぶりであった。この作品の意義は、満洲イメージの大衆化に寄与しただけでなく、一種の権威づけられた想像・解釈のフォーマットまでつくり上げたことにある。たとえば、大連港の「汚ならしいクーリー団」を描写した文豪の名表現「鳴動連」は、のちの満洲旅行記などに繰り返し引用され、中国人労働者の定番イメージとなった。

　一方、ある無名な場所を「観光地」として祭り上げる「聖化」過程（マキァーネル2012）にも、制度・機関・言説の複合的な権力関係が内包されている。W・J・T・ミッチェルは編著『風景と権力』の冒頭に、「風景」（Landscape）という言葉は「名詞」としてより「動詞」としてとらえるべきだと述べている（Mitchell 1994）。ここで示唆されているのは、一見透明そうにみえる風景の背後に制度的・社会的諸関係が絡みあっていることである。

第 11 章　政治学の視点

図 1　鎮江山の桜
出所：山崎編（1934）

写真 1　復元された「水師営会見所」
撮影：筆者（2013 年 7 月）

　たとえば、戦前「満洲八景第一景」に選ばれた「鎮江山」（図 1）は、もともと「名も無い禿げ山」であった。日露戦争中、日本軍の協力のもとで臨済宗の一布教僧がここを「鎮江山」と命名し、「日本発展の象徴」として桜を移植した。その後、鎮江山は、満鉄の手によって近代的な森林公園として整備され、1929 年の『大連新聞』主催の「満洲八景」公選イベントで一躍有名になった。さらに、満洲国時代（1932〜1945 年）には、満洲国内唯一の桜の名所として、鎮江山公園は「王道楽土」を象徴する景勝地としての意味を加えられていったのである（高 2012）。
　「風景」は誰によって発見され、どう「風景」として認知され、さらに、どのような象徴的意味が付与されているか、といった問いを解明するには、「風景」の発見から定着までの「聖化」過程を、所与かつ自明のものとしてではなく、人為的に再編成・再布置された動的プロセスとしてとらえる視点が必要であろう（➡Ⅴ・8）。

## 3．観光が生み出す政治

　ツーリズムの政治性のもう一つの側面は、「観光が生み出す政治」である。これまでの「観光を取り巻く政治」の議論が、国や資本の戦略の側面に重点が置かれた考察だとすれば、「観光が生み出す政治」への問いは、さまざまなポジショナリティをもつ主体が社会的実践を営む場として観光をとらえ、観光の現場で触発された多様な権力（ヘゲモニー）が不均衡にせめぎあう協働模様を読み取ろうとする作業である。
　ここで、カルチュラル・スタディーズのメディア研究でおなじみの「エンコーディング／デコーディング」（スチュアート・ホール）モデルが

有効な視座を提供してくれる（Hall 1980）。コミュニケーションの過程において、「テクスト生産」（エンコーディング）とともに重要なのは、「テクスト消費」（デコーディング）の局面である。「異なる仕方で社会的に位置づけられた視聴者は異なる仕方でテクストと出会い、それを解釈していくのであり、その結果、実際のメディアの受容過程で発生するのは、テクストの構造によって決定される完結的な世界ではなく、内部にずれや矛盾、ねじれや葛藤を含んだ重層的な解釈の社会的な実践の場なのである」（吉見 2003）。

　観光の現場においても、すべての観光客は、国家や観光機関などの送り手側が用意した言説を「誤解なく」受けとめ、期待どおりにそのメッセージを鵜呑みにする「理想的な観光客」であるとは考えにくい。観光客、ホスト、ガイドおよび同行者同士の偶発的な連携と対立のなかで、彼らは支配的な観光言説を再文脈化することがありうるであろう。

　真鍋祐子は中国東北部「白頭山」を観光する韓国人団体客を参与観察し、「民族の聖地」に対するツアー客間の温度差や、一人称の使い分けによる朝鮮族ガイドの巧みな言説戦略を分析し、韓国人客・朝鮮族ガイド・漢民族ガイドの間で繰り広げられる複雑なアイデンティティ・ポリティクスを浮かび上がらせている（真鍋 2009）。また、戦争や植民地遺跡をめぐる戦後の満洲観光では、かつての戦争被害者／加害者はホスト／ゲストとして「再会」し、中国人と日本人客の間に、拮抗、共振、感染、倒錯といったさまざまなまなざしの交渉が行われている（高 2006a）。有名な日露戦跡「水師営会見所」（写真 1）は、「愛国主義教育基地」に指定されていながら、中国人向けの観光コースには組み込まれておらず、実質的には日本人観光客誘致のために復元・活用された。このように、中国政府のイデオロギー教育は観光の現場で空洞化されてしまう現象も起きている（高 2006b）。

　ただし、ツーリズムに集まる人々は「能動的」ではあるが、けっして「自由」には支配的な言説を構築し直せるわけではないのである。日常的実践から紡ぎ出された解釈コードは、網の目のような権力システム（フーコー 1977）に相対的に制約され、条件づけられていることも忘れてはいけない。

　「観光が生み出す政治」に関して、観光と同様に 19 世紀後半に発展さ

れた「博覧会」についての吉見俊哉の研究は示唆を与えてくれる。

> 博覧会がもし上演される文化的テクストだとするならば、人々はこのテクストに、自由にみずからの意識を投影する物語の作者として参加しているわけではないのである。このテクストは、すでに別種の書き手によって構造化され、その上演のされ方までもが条件づけられている。〔中略〕しかも、博覧会における経験の構造は、これらの演出家たちによって一方的に決められているわけでもない。博覧会という場にみずからの身体をもって参加する人々が、この経験の最終的な演じ手としてやはり存在しているのである。したがって、博覧会とは、書き手としての国家や資本、興行師たちのさまざまな演出のプロセスと、演じ手としての入場者たちのさまざまなふるまいが複雑に交錯し、織りなされながら上演される多層的なテクストなのである。（吉見 1992）

ツーリズムにおいても、19世紀から現在まで続く国や資本のさまざまな権力の遂行と、そこに集まる人々の解釈過程との間に意味構成の複雑なダイナミズムが存在している。「観光を取り巻く政治」と「観光が生み出す政治」との弁証法的関係のなかで、そのダイナミズムを解き明かすことが必要である。

**【読書案内】**
曽山毅（2003）『植民地台湾と近代ツーリズム』青弓社。
永渕康之（1998）『バリ島』〈講談社現代新書〉講談社。
吉見俊哉（1992）『博覧会の政治学——まなざしの近代』〈中公新書〉中央公論社。

# 第12章
# 政策学の視点

砂本文彦

## 1．揺れる観光政策の目的

　政権交代により政策が大きく変わるのを、われわれは目にしてきた。それは政治思想と深い関連をもつ施策に変更が加えられたためだが、ここで扱う観光政策は党利党略の影響はそれほど受けない。どちらかといえば観光政策は、国民の趣向や経済成長、地域経済や国レベルの対外収支状況の推移、そして近隣諸国の経済発展段階と密接に関わる。つまり、観光政策は時代制約を受ける。その一端を知るために、国際観光におけるインバウンド（海外から日本へ来る観光客）とアウトバウンド（日本から海外へ行く観光客）の政策の変遷をみてみよう。

　たとえば1930年代、日本では鉄道省に国際観光局が設置されておよそ10年間、国際観光政策が推進された。外国で日本観光のキャンペーンを実施するとともに、日本を訪れる外国人のために旅客接遇や洋式施設の改善を政策的に行った。対外関係が悪化していく30年代にこうした外国人旅客の誘致が推進された理由には、わが国の国際収支の改善という目的があった。資源輸入国である日本は対外収支の悪化により外貨不足気味であり、国内での外国人観光消費を促進して外貨獲得を行おうとしたのである。その方策として国際観光ホテル整備や国立公園の指定による滞在日数増加策がなされた。この国際観光政策により、日本国内の国際観光地は飛躍的な広域化を果たした。だが、外貨獲得が目的であったため、外国人一般を対象とせず、観光消費の行える欧米人に限定され、しかも航空機も満足に発達していない時代であったことから、対象はアジア在住の欧米人、ならびに直通航路のあるアメリカ人に絞り込まれて、施策内容も彼らの趣向にあわせたものとなった（砂本2008）。

　戦後、敗戦国となった日本では早くから外国人誘致に向けての立法、環境整備が進められた。1946年には運輸省（現・国土交通省）鉄道総局

業務局に観光課が設置され、48年には大臣官房観光部に昇格した。法整備も進み、48年に旅館業法、翌年に通訳案内業法、国際観光事業の助成に関する法律、49年に国際観光ホテル整備法、52年に旅行斡旋業法が制定され、63年には観光に関する政策の基本方針、政策目標、必要な施策を示した観光基本法が制定された。

　アメリカを主対象としてインバウンド政策が一貫して続けられていたが、高度経済成長期を経て1985年のプラザ合意により円高ドル安が加速し、日本人の海外旅行が促進された。87年に運輸省が策定した海外旅行倍増計画（テン・ミリオン計画）は、当時、日本人の海外旅行者が552万人（1986年）だったのをおおむね5年間で1000万人にするもので、円高基調のなか、日本人が外国で直接観光消費を行うアウトバウンドの推進がねらいだった。その背景には日本製造業の輸出増による貿易黒字拡大に起因する貿易摩擦があり、国際収支上の均衡を図る策としてアウトバウンド政策が推進されたのである。国際観光はいつもインバウンド政策ばかりというわけではない。このときは日本経済の急成長、日本人の余暇行動の多様化もあって、出国者数は1990年に1100万人、97年には1680万人になった。アウトバウンドの伸びに反してインバウンドは低調で、90年代に入ってから訪日外国人数は200〜300万人台を推移し、アウトバウンドとインバウンドの格差は拡大した。

　観光産業は裾野が広いうえ、外国人旅客の来日は日本の国際化にも貢献する。アウトバウンドの拡大から一転、1990年代から入出国者数の格差をてこにしてふたたびインバウンド政策が始められた。代表的なものに、運輸省付属機関の観光政策審議会による96年のウェルカムプラン21（訪日観光交流倍増計画）と、2003年以降国土交通省を中心に展開されるビジット・ジャパン・キャンペーン（VJC）がある。

　21世紀初頭に訪日外国人数700万人を目標に掲げたウェルカムプラン21は、実施後もその数400〜500万人台にとどまったことから、VJCでは2010年までに訪日外国人数を1000万人に増加させることを掲げ、訪日促進重点市場の選定、市場調査、広報、情報提供促進策を進めた。ウェルカムプラン21、VJCの目的は単純な外貨獲得ではなく、製造業の海外移転などによる産業構造の転換によって疲弊していく地域の経済と社会に、波及効果の高い観光活動を浸透させることで再起を促すこと

を目指した政策でもある。したがって、外貨獲得を前面に打ち出したかつてのインバウンド政策とは一概に同じとはいえない。韓国、台湾、アメリカ、中国、フランス、シンガポール、タイなどを重点市場と定めて格段に積極的な広報活動やビザ発給緩和措置を行って、2013年には1000万人に到達した。ただ、こうした訪日外国人数の増加は日本側の政策による結果だけではなく、近隣諸国の経済成長要因が大きいことはいうまでもない。

観光政策は、時々の状況において見出される政策課題を前提に具体的対応は変わりうることを理解する必要がある。

## 2. 観光政策とその推進

政策は「政府・政党などの施政上の方針や方策」(寺前編2009)であり、問題、あるいは課題を解決、回避するために立案する行動案もしくは活動方針である。通常、政策は官公庁や地方自治体、各種シンクタンクが形成活動を行い、組織の整備とその前提となる法制度、財源が確立されなければならない。さらに、観光政策の推進に寄与する法や組織は、観光と名づけられたもの以外にも多岐にわたる。

観光政策は時々の政策目標に応じた組織と制度の確立により推進される。寺前秀一は「観光政策と観光制度」を次のように分類している。

(1) 観光行政組織、(2) 税・助成制度、(3) 観光資源制度、(4) 宿泊制度、(5) 旅客運送制度、(6) 旅行業制度 (寺前編2009)。

このうち本書において政策学の点からとくに必要な知識と思われる(1)～(4)について概観する。まず、(1) 観光行政組織についていうと、たとえば1930年代の国際観光政策では1930年に鉄道省に国際観光局が設置され、また近年においては2008年には観光庁が設置された。広報活動などは行政としての対応に限界があるため、前者については1931年に財団法人国際観光協会が設置され、後者については64年設置の国際観光振興会の流れをくむ独立行政法人国際観光振興機構(JNTO)が2003年に設立されて業務を担っている。また、地方公共団体でも戦前から観光課を設置した京都市をはじめ、現在では多くの団体が自前の観光関連部局を擁している。

(2) 税・助成制度において、税制度は、地方公共団体による観光目

的税として設定され、入湯税や宿泊税がこれにあたる。また、固定資産税などの減免制度を通して諸般の施設整備や事業運営を支援するものもあり、戦前には地方公共団体向けの国際観光ホテル整備資金融通制度があった。

（3）観光資源制度については、「観光立国推進基本法」第13条で、「地域の特性を生かした魅力ある観光地の形成」を図る観光資源として「史跡、名勝、天然記念物等の文化財、歴史的風土、優れた自然の風景地、良好な景観、温泉その他文化、産業等」が定められ、これら各々は「文化財保護法」、「自然公園法」、「古都における歴史的風土の保存に関する特別措置法」、「景観法」、「温泉法」などにより範疇化されている。近年は観光まちづくりとして地方公共団体による個別事業にもとづく整備や、既存の重要伝統的建造物群指定による各種制度利用、「地域における歴史的風致の維持及び向上に関する法律」（歴史まちづくり法）による観光関連施設整備などの政策メニューがそろい、各地で観光資源整備が進みつつある。

（4）宿泊制度は「旅館業法」により定められる宿泊施設に加え、外貨獲得を目指し一定要件を備えた宿泊施設を登録する「国際観光ホテル整備法」、農林漁業体験民宿業者を登録する「農山漁村滞在型余暇活動のための基盤整備の促進に関する法律」（農山漁村余暇法）などで構成されている。

## 3．地域における観光政策

　観光による地域経済の振興は、かつての土木事業による「バラマキ」とは異なる地域社会の自律的形成に寄与する。また、日本各地で起こる観光振興は、内需主導型の成熟社会への転換にも貢献する。そして何よりも、地方都市の郊外化、地域の過疎化が進み、疲弊した地域社会に誇りをもたらす手段ともなる。当該地域における自然、歴史、文化の固有性を深く検証し、地域の特性をふまえたまちづくりを政策として継続的に施していくことで、域外からの観光に耐えうる固有性の高い場をつくり出すことができる。事例を紹介したい。

　広島県呉市の下蒲刈町は、瀬戸内海に浮かぶ下蒲刈島を含む四つの島で構成され、瀬戸内の他の島と同様に、軒を連ねる集落が狭い平坦部に

あり、丘陵部は温暖な気候を生かした柑橘類の段々畑が立ち上がる。

　呉市と合併する以前の下蒲刈町は、1991年から豊かな自然と古来の風習を生かした全島庭園化事業（ガーデンアイランド構想）を推進して、小さな町の観光行政に大きな転機をもたらした。島の要所に松を植樹し、切石を並べ、石灯籠を配し、島の全体的な景観を整えた。中心集落である三之瀬には、木造檜造りの蘭島閣美術館を開館して瀬戸内の海や松などを描いた作品も展示した。三之瀬の街路は石畳で舗装され、かつ急潮である三之瀬瀬戸に面する雁木を保存した。そして瀬戸を臨む庭園「松濤園」を整備し、園内にはかつて宮島門前町にあった町屋を移築して「陶磁器館」に、富山県砺波から移築した古民家は朝鮮通信使資料館「御馳走一番館」に、山口県上関町から移築した古民家は「あかりの館」にしている。また、大名、公家の休泊所や朝鮮通信使の案内役である対馬藩一行の宿泊所として使用された本陣も復元して、「三之瀬御本陣芸術文化館」にしている。このほかにも小さな下蒲刈島には多くの観光関連施設が整備されているが、観光地にありがちな「ちぐはぐ感」はない。人口2000人に満たない島であるにもかかわらず、豊かな自然に歴史的・文化的要素を織り交ぜた総合的な観光まちづくりが推進された。なぜだろうか。

　瀬戸内海は古くは海上交通の要衝であり、下蒲刈島も港町として栄え、朝鮮通信使や琉球使節、西国大名の参勤交代の寄港地となっていた。離島のイメージは現代においてつくられたものなのであり、島に歴史と文化は根づいていた。町は1970年代後半から史実や自然に関する知見の掘り起こし作業を始めて、地域教育に反映し、その延長に島の歴史と文化を広く伝える場所づくりのマスタープランとして「下蒲刈ガーデンアイランド構想」を策定、まちづくりに応用していたのである。

　個別事業の実施にあたっては、過疎地域自立促進特別措置法による地方債や地域総合整備事業債「ふるさとづくり特別対策事業」などを財源とし整備を進めていった。これらの事業費は国からの借金として起債されたものだが、地方交付税でその多くが還元されることから、各自治体は争って利用した。だが、下蒲刈町は他の市町村にみられたハコモノありきの整備ではなく、島の歴史と文化を引き受けるにふさわしいものにするため、木造の美術館を新築したり古民家を移築利用するなど、その

**写真1　下蒲刈町三之瀬の整備後の風景**
撮影：筆者

整備思想と方法は他の自治体とは異なっていた。未来を示す全体構想の存在が、統一感のある良好なストックを残すことを可能にした。

　構想策定当時、本土から橋で下蒲刈島を結び、先に連なる瀬戸の島々までも結ぶ架橋計画（とびしま海道）が進んでおり、下蒲刈島では「橋桁」になってはいけないという危惧もあって構想立案につながったというが、現在、島は「橋桁」の状況にはない。2003年からは朝鮮通信使の再現行列が始まり、使節からその盛大なもてなしを「下蒲刈御馳走一番」と賞賛されたホスピタリティも復元し、ハードとソフトの総合化にも成功している。

　このように、地域の固有性を幅広い視野から認識して骨太の方針を確立するとともに、まちの固有性を正しく深める施設整備と接遇体制の確立が重要である。その具体化のためには、適切な政策メニューと政策的な構想が必須である。観光は、所与の空間を単に愛でるのではない。人々の継続的な営みと人為的な政策結果に触れることでもあるのである。

## 【読書案内】

津久井良充・原田寛明（2008）『観光政策へのアプローチ』鷹書房弓プレス。
寺前秀一編・日本観光研究会監修（2009）『観光学全集　第9巻　観光政策論』
　　原書房。

# 第Ⅲ部

# 観光学のポイント

# 第1章
# 観光客のまなざし

神田孝治

## 1.「観光客のまなざし」とは

「観光客のまなざし」とは、社会学者のJ・アーリが1990年に著した *The Tourist Gaze: Leisure and Travel in Contemporary Societies*（アーリ1995）において提起された概念である。

アーリは「まなざし」に関する説明で、M・フーコーが『臨床医学の誕生』（フーコー1969）において論じた医学的まなざしを紹介している。フーコーは、臨床医学において、可視的な徴候によって病を分類するという医学的まなざしが成立したことを明らかにした。アーリはこうしたフーコーの論をもとに、「まなざし」に注目することによる観光現象の考察を試みたのである。観光という体験の一部には、日常から離れた異なる風景などに対して、まなざしを投げかけることが含まれている。このような観光客のまなざしは、社会的に構造化されているものであり、その点において医学的なまなざしと同じであるとアーリは指摘する。また彼は、観光客のまなざしには、それを構成し発展させることを後押しする多くの職業専門家がいることも、医学的なまなざしと類似していると論じている。

そしてアーリは、観光客のまなざしとは、社会によって多様なものであるが、どんな時代のまなざしもその反対概念である非観光的形態との関係性から構成されるという特徴をもっていると指摘する。ここから彼は、逸脱論を引き合いに出し、観光客のまなざしに関する研究の重要性について言及する。逸脱論は、異常で特異な社会的行為の研究を行うものであり、その研究の暗黙の目的は、なぜ種々の行為が逸脱として扱われるかということを検討することで、「正常な」社会がどのようにして機能しているのかを照らし出すことである。そこでアーリは、観光を逸脱行為として位置づけ、観光客のまなざしの形成について考察すること

は、非観光的形態によって構成される「正常な社会」で何が生起しているのかを理解するのに優れた方法であると、その意義を強調したのである。

こうした観光客のまなざしの特徴について、先に反対概念である非観光的形態との関係性で構成されると記したが、アーリはほかにもいくつかの観点から指摘を行っている。それをまとめると、観光客のまなざしの対象とされるのは、日常との対称性を有する非日常のものであり、通常は労働と明確に対比されるものであって、強烈な楽しみが期待されるものである。そして、このような観光客のまなざしの対象は、アーリによれば三つの二項対立に分類される。①孤独が重視されるロマン主義的まなざしの対象か、集合的まなざしの対象か。②歴史的か現代的か。そして、③対象が本物かまがい物か、である。またアーリは、観光客のまなざしが記号を通して構築されるという点も強調している。映画やテレビといったメディアが生産する記号が、観光客のまなざしをつくり、強化しているのである。

アーリが著した *The Tourist Gaze* は、かかる認識をもとに、多様な歴史上の異なった社会集団における観光客のまなざしの発展と歴史的変遷を検討することで、観光現象の考察を行うことを目指したものである。具体的には、理論的な検討がなされる第1章に続き、「大衆観光と海浜リゾート地の盛衰」、「変わりゆく観光産業の経済学」、「観光客のまなざしのもとで働く」、「文化変容と観光のリストラ」、「歴史へまなざしを向ける」、「観光、文化、社会的不均等」と題した章で同書は構成されている。これらのタイトルからもうかがわれるように、アーリは観光客のまなざしの形成や歴史的変容に注目しながら、それに関係する行為、産業、権力、科学技術などの多様な領域を縫いあわせるなかで、さまざまな観点から観光現象について分析を加えたのである。

## 2．文化／空間論的転回と「観光客のまなざし」

こうしたアーリの研究は、文化論的転回とよばれる1980年代後半からの人文・社会科学における文化に注目した議論と密接に結びついたものであった。

文化に焦点をあてたかかる研究動向の特徴としては、まず権力への注

目がある。これはカルチュラル・スタディーズやポストコロニアル批評、そしてジェンダー研究において主として進められたもので、文化の政治学といわれるこうした研究は、文化を、さまざまな不平等、差別と排除を伴って政治的に構築されている「表象の戦場」と考えた（吉見 2003）。

また文化と経済の関係性も検討されている。これには運輸通信技術の発達や帝国主義的征服を通してなされた資本主義の進展が、空間的障壁を減らしたことが関係している。かかる状況において、消費の場所となるために文化を強調することによる他所との差異化が重要になったのであり、こうした点の考察が現代の資本主義社会を理解するためになされるようになった（ハーヴェイ 1999）。

加えて、旅、亡命、観光客、ディアスポラ、ノマドなどの移動する現象が注目を集めたのも、近年の人文・社会科学における議論の特徴である。これは均質化し流動性が高まる最近の空間的状況の傾向を表すと同時に、特定の立ち位置に固定せず、複数性・流動性を認識していることを主張するためのメタファーとしてもさかんに語られたものである。こうしたなかで文化についても、「旅する文化」（Clifford 1992）などとよばれ、移動するなかで他の文化と出会い、ハイブリッドなものとなる流動的で複数的な様相に焦点があてられるようになったのである。

また、以上のような文化論的転回における議論は、均質化するグローバリゼーションの一方でローカリゼーションという差異化が進行するといった資本主義の空間性や、権力やアイデンティティの問題における地理的空間の重要性を浮き彫りにしている。そのため、文化論的転回とは、空間論的転回とよばれる空間に対する注目と連動する議論でもあった。

こうした文化／空間論的転回における議論の焦点となった権力、経済、移動といった問題は、アーリが著した先の *The Tourist Gaze* においてすべて言及はされていたが、その考察は十分にはなされていないものであった。それが、かかる議論の影響を受けるなかで、アーリもこうした考えをのちの研究でさらに展開している。権力については、たとえば 2000 年に発行された *Sociology beyond Societies*（アーリ 2011）において、帝国主義やジェンダーの問題と関連づけつつ、観光客のまなざしにみられる権力を浮き彫りにしている。また、経済については、1995 年発行の *Consuming Places*（アーリ 2003）において、資本主義社会における空間

の特徴についての諸々の議論と結びつけるなかで、自然の消費と観光客のまなざしについて論じている。

そしてなかでも移動の点についてはアーリが人文・社会科学における議論を先導しており、*Consuming Places* において、それをモダニティを象徴する現象として論じ、自動車の運転手やジェット機に乗っている旅行者に注目して、長距離旅行の社会的組織化の意義を強調している（アーリ 2003）。そしてこの移動の問題は、*Sociology beyond Societies* においてとくに検討され、アーリは同書を「新しい移動パラダイム」や「移動論的転回」を出現させた重要な研究として位置づけている（アーリ 2011）。こうしたなかで、2002 年に発行された *The Tourist Gaze* の第二版においては、「観光客のまなざしをグローバル化する」という章を加え、グローバル化による空間の変容とそこにおける移動の問題に注目し、観光客のまなざしの移動について検討したのである（Urry 2002）。

## 3．文化／空間論の変容と刷新された「観光客のまなざし」

先に文化／空間論的転回として紹介した研究動向には、概して構造に注目するという特徴があった。たとえば文化の政治学とよばれるカルチュラル・スタディーズの研究は、フーコーの著作に影響を受けて構造主義的な特徴をもっていたことが指摘されている（カラー 2011）。アーリの観光客のまなざしについての研究も、フーコーのまなざしについての検討を受けて、それがいかに社会的に構造化されているかを論じたものであり、構造主義的な研究であったといえる。

けれども、1990 年代後半から 2000 年代初頭には、人文・社会科学において、構造ではなく出来事を重視した研究への転換がみられるようになる。これは、文化論的転回における言説や表象への偏重に対する違和感・批判を背景にして生じた物質回帰の潮流であり、表象を読解し解釈する認識論的な研究から、偶有的な出来事に焦点をあてた存在論的な研究への転換が主張された（Thrift 2007）。こうして、構造から出来事、必然性から偶然性、表象・記号から身体・行為へと焦点が移ると同時に、静的で固定したものから動的で流動的なものへと関心が変化し、複雑性を把握し検討することが目指されるようになったのである。

また、以上のような潮流は、物事と物事の間に線を引き固定化する二

項対立的な思考の問い直しを伴っており、それはさらに人間中心主義を脱却して人間を超えた世界を理解しようとするポスト・ヒューマニズムの企てにもなっている（森 2009a）。そうした点で重要な研究としては、B・ラトゥールのものがある。彼は、人間／文化と非人間／自然という近代論者がつくり出した二項対立的な区分と、その水面下で起きている両者の混じりあいを認識し、分離されてしまっているこの二つの実践の関係を解明しようと努めたのであり、とりわけ近代論者たちが等閑視してきた後者のハイブリッドやネットワークに注目し検討を行ったのである（ラトゥール 2008）。

　こうしたなかで、文化／空間論的転回とよばれる議論において注目されつつも、表象に注目する研究においてしばしば後景に退いていた、旅や観光などの移動の問題が前景化する。とりわけ、グローバリゼーションとの関係から、移動による脱領域化に注目した検討がなされるようになっている（カプラン 2003）。たとえばアーリは、近代社会は移動によって著しい変化を遂げていることを指摘し、とくにグローバル化が進んだ現在において多様なフローを考えることが重要であると説き、こうしたフローによって現代は「領土の国境、明確な国民的あるいはその他の社会的アイデンティティが浸蝕されている時代」であると論じている（アーリ 2003）。そして彼は、グローバル化とは、領域ではなく、フローのような移動のメタファーにおいて理解されるものだと述べる（アーリ 2011）。こうして、国境を越えて移動する観光のような移動現象が、われわれが生きる社会を理解するうえで重要なものとして浮上したのである。

　そして 2000 年発行の *Sociology beyond Societies* のなかでアーリは、本節で紹介した、物質性、身体、出来事、ネットワーク、複雑性などについての近年の議論を検討して、移動についての考察を深めていく。とくにその認識にあたって注目されるのは、人間と非人間のハイブリッドに注目するようになっていることである。彼は社会関係を「機械、テクノロジー、モノ、テクスト、イメージ、物理的環境」といった「非人間的なモノ」を通して形成され再構成されるものであると理解し、こうした多様なモノと人間の「複合的かつ可動的なハイブリッド」に焦点をあてる（アーリ 2011）。そしてかかる彼の研究において注目されたのが、カメラと観光客といった移動する機械と人間の複合体であった（➡V・4）。

観光は、移動する人とモノのハイブリットという観点からもその焦点とされるようになったのである。

　観光客のまなざしについても、2002年に発行した同著の第二版（Urry 2002）、そしてJ・ラーセンとともに著した2011年発行の第三版（Urry and Larsen 2011）では、かかる潮流における議論に呼応するなかでその認識を変えており、とくに第三版では刷新された観光客のまなざしについての理解を明確に提示している。彼らは、五感を用いた場所の経験に注目する、近年の観光研究における行為論的転回を指摘する。こうした研究を受けてアーリらは、まなざしから行為へという単純な転換を図るのではなく、観光客のまなざしを身体化された実践である行為として再概念化することを主張したのである。また観光客のまなざしは、ビデオカメラ、映画、テレビ、カメラ、デジタル画像によって構築された、技術と密接に関係したものであると考え、その身体化されたハイブリッドな行為という点に彼らは注目する。とくに焦点があてられたのは「視覚と写真」という新たな章で検討された、写真の撮影者としての観光客であり、さらに「行為」という章を設けて、五感と連動した写真撮影という行為について考察している。こうしてアーリは、観光客のまなざしを、構造的な認識論としてだけでなく、偶有的な行為という存在論としても理解し、その間の関係性を検討するようになったのである。

**【読書案内】**
アーリ、ジョン（1995）『観光のまなざし——現代社会におけるレジャーと旅行』加太宏邦訳、法政大学出版局。
———（2003）『場所を消費する』吉原直樹・大澤善信監訳、法政大学出版局。
———（2011）『社会を越える社会学——移動・環境・シチズンシップ（新装版）』吉原直樹監訳、法政大学出版局。

# 第2章
# 真正性

高岡文章

## 1．真正性の境界線

　観光学におけるもっとも重要なキーワードの一つが真正性（authenticity）だ。真正性とは本物であること、本来の姿、真実味などを意味する概念である。観光学においては観光経験や観光対象がはたして真正なものかどうかがつねに問われてきた。ここでは観光における真正性の問題を取り上げよう。

　パリ・エッフェル塔のほど近くにある偽物博物館では、ハンドバッグや化粧品などのブランド品と偽ブランド品が対になって展示されている。ブランド品には「本物」（AUTHENTIQUE）と書かれた緑色の紙が添えられ、隣の怪しげな品には「偽物」（CONTREFAÇON）と書かれた赤色の紙が添えられている。ブランド品と間違えて偽物を買わないように、つまり「偽物には気をつけろ」と博物館は警鐘を鳴らしている。また、ユネスコは世界遺産の登録基準の一つとして真正性を挙げている。文化遺産はそのデザイン、材料、用途、立地に関する真正性の条件を満たしていなければならない。遺跡や歴史的建造物を再建する際は完全かつ詳細な資料にもとづいて行われなければならず、憶測が許容される余地はない。ここでもメッセージは「偽物には気をつけろ」だ。偽物博物館や世界遺産においては本物と偽物が明確に区別され、偽物は本物に比べて著しく価値のないものとして位置づけられている。

　しかし、観光という領域では本物と偽物の間のこのような明確な線引きが揺らいでいる。ここに観光学の難しさと魅力が詰まっている。観光客向けのレストランやみやげ屋で、はたして本当の地域文化を味わったり体験したりすることはできるだろうか。それともわれわれは地域らしさを偽装したまがい物を喜んで購入しているにすぎないのだろうか。伝統的な町並みが復元整備された地区で、歴史そのものに触れることがで

きるだろうか。それともわれわれはテーマパーク化した虚構の歴史空間をさまよっているにすぎないのだろうか。観光化した寺や神社に、純粋な宗教性や精神性が保たれていると信じることができるだろうか。ツアーガイドが案内する風景のなかに、その土地の真の生活はまだ生きているだろうか。われわれが旅先でみる独特な文化や自然は、より多くの観光客を楽しませるために巧妙に加工され、演出され、偽造されたものだろうか。われわれはそれでも本物の旅を味わっているといえるだろうか……。数々の問いに対する答えを急ぐ前に、まずは真正性研究の系譜をたどってみよう。

## 2．ブーアスティンとその批判的継承者たち

　観光学における真正性の研究は、アメリカの歴史学者Ｄ・Ｊ・ブーアスティンの議論を糸口にして展開されてきた。ブーアスティンは1962年に『幻影の時代』（*The Image*）を出版し、現代アメリカ社会を「擬似イベント」という観点から分析した（ブーアスティン1964）。ブーアスティンによれば、20世紀のアメリカ社会において人々の経験や出来事はリアリティを失い、彼が擬似イベントとよぶものへと変容した。擬似イベントとは「自然発生的ではなく、誰かがそれを計画し、たくらみ、あるいは扇動した」ものである。つまり現代アメリカ社会においては「本物」の出来事が「偽物」の出来事に取って代わられたのである。ブーアスティンは、テクノロジーやマスメディア、芸術などと並ぶ擬似イベントの典型的な事例として観光に注目した。

　『幻影の時代』の第3章「旅行者から観光客へ——失われた旅行術」において、ブーアスティンは19世紀以降の近代観光の歴史を「旅行者の没落、観光客の台頭」と整理する。かつての旅行者はみずからの知的好奇心を満たすため危険を顧みずに各地を旅した。旅とは冒険であり、旅行者はそれゆえどこかしら英雄的な特徴を帯びていた。しかし19世紀から20世紀にかけて交通機関が進歩し、団体旅行が商品化され、国際的なホテルチェーンが成長し、ガイドブックなど観光メディアが発展した。観光をめぐるこれらの変化が旅行者を「没落」させ、「本物の旅」は消滅する。旅行者に代わって登場した観光客は観光産業が提供する既製品を消費するだけの受動的な存在にすぎない。彼らは「本物が空気と

同じように無料で手にはいる所」で「人工的製品」をわざわざ金を払って買っている。その結果、観光客の経験は擬似イベントつまり「空虚で、無意味なもの」になる。観光においてはありのままや現実といった「本物」が、もはや模倣品やイメージなどの「偽物」に圧倒されているというのがブーアスティンの観光論の骨子である。

1960年代のアメリカではマスツーリズムが大きく発展しつつあったが、観光は学問的な研究対象としては依然として周縁に置かれていた。ブーアスティンは現代社会を分析するための重要な現象としてはじめて観光に着目し、結果として観光学という新しい学問領域を切り拓いた。彼は、現実こそが本物であり、イメージは偽物にすぎないとする従来の感覚が観光（および現代社会）においては反転し、イメージを介した経験や認識こそが（古い意味での）現実よりもリアリティをもつという状況を記述した。しかし観光の発展を真正性の喪失として描きそれを嘆くかのような彼の筆致は、後続の研究者たちからの批判の的となった。

1970年代になると社会学者D・マキァーネルやE・コーエン、人類学者E・M・ブルーナーらがブーアスティンの議論を批判的に継承しつつ観光学を発展させていった。また日本においても90年代以降、人類学、地理学、社会学の分野において、ブーアスティンとその批判的継承者たちの議論にもとづいて観光の真正性をめぐる研究が展開されてきた（遠藤2013）。観光客は真正性を求めているのか、それともつくられたイメージを求めているのか。真正かそうではないかを誰がどのように判断するのだろうか。そもそも真正性とはいったい何なのだろうか。観光の真正性は、観光学におけるもっとも厄介で、なおかつもっとも魅力的な問いの一つであり続けてきた。

## 3．真正性を読み解く四つのポイント

ではこれまでの観光学における研究の蓄積をふまえて、いまわれわれは観光の真正性についてどのように考えればよいだろうか。ここでは真正性を読み解くための補助線とすべく、四つの観点からポイントを整理しておこう。

一つ目のポイントは「真正性の揺らぎ」である。何が本物で何が偽物なのか、真正性とそうでないものの間の境界線は揺らいでいる。われわ

第2章　真正性

れはもはや「手つかずの自然」や「地域独特の文化」といった物の見方を素朴に信じることはできない。かつては宗教や慣習などの伝統的な価値観によって支えられてきた自然や文化の自明性が、近代以降の合理化された社会ではすでに失われている。さらに現代社会では人やモノや情報がさかんに移動、交流し、あらゆるものが商品化、対象化されている。このような状況にあって「本当の」、「ありのままの」、「純粋な」自然や文化が存在すると想定することは難しい。観光地において「真の」地域文化が手に入るかどうかという問いに対して唯一の正解を差し出すことはできない。われわれは真正性の揺らぎのただなかに投げ出されているのだ。

　しかし、真正性の境界線が揺らいでいるからといって観光経験や観光対象のすべてが偽物であるのかといえば、話はそう単純ではない。二つ目のポイントは「真正性の回帰」である。揺らいでいるようにみえた本物と偽物の間の境界線が太字で上書きされるかのように、観光における真正性の重要性はむしろ高まっている。1990年代以降、オルタナティブツーリズムという新しいスタイルの観光が広まった。従来の観光においては観光客と観光地住民の文化的交流はまれで、観光客は短期間に急ぎ足で観光地を駆け抜けることが多かった。結果として観光が観光地の自然環境や社会的環境に悪影響をもたらすことも問題視されてきた。そのようなマスツーリズムへの反省と対抗として、観光地の歴史や文化を学びながら観光するスタディツアーや、観光地の自然環境の保全に配慮するエコツーリズムなどが提唱され、観光の新しい潮流をかたちづくっていった。また2000年以降に活発化した観光まちづくり（➡Ⅲ・12）においては、リゾート施設や娯楽施設を建設するのではなく既存の地域文化そのものを観光資源とすることが理念となっている。以上のような新しい観光においては、観光客向けにお膳立てされた自然や仕組まれた地域文化ではなく、「本物の自然」や「本物の地域文化」が重要視されている。

　もちろん、揺らぎのただなかにある真正性がそのまま回帰しているわけではない。真正性の内実についてはさらなる探求が必要となろう。三つ目のポイントは「真正性の変容」である。観光客は擬似イベントつまり偽物を希求すると述べたブーアスティンに対抗して、マキァーネルは観光客が（ブーアスティン本人と同様に）真正性を望んでいると述べ、

Ⅲ　観光学のポイント

「演出された真正性」という概念を提起した（マキァーネル2012）。「演出された真正性」とは真正性そのもの（そういうものが仮にあるとすれば）ではなく、真正なもの「として」観光客の前に提示されるものである。ここには一見すると矛盾がある。なぜなら真正性を「手つかず」、「ありのまま」ととらえると、演出されている時点でそれはもはや真正とはいえないからである。しかしここでは、真正性の境界線が引き直され、真正性の概念が変容しているのだ。

　偽ブランド品がブランドショップに売られていれば新聞沙汰に違いない。しかし観光における真正性の境界線はもっと複雑である。オルタナティブツーリズムや観光まちづくりにおいては、自然や文化が真正なもの「として」われわれの前に差し出されているのだ。それが本当に真正かどうかについては誰も明確な答えを述べることはできない。ただ真正なものに「なる」のだ。

　須藤廣は都市空間が虚構的／観光的な性質を帯びていく様子を「虚構化」と名づけている（須藤2012）。1980年代の渋谷や東京ディズニーランドにみられた演劇的／記号的な空間開発が、やがて軽井沢や清里などの観光地や、お台場や横浜などの都市部の湾岸地区のみならず、郊外や地方でも展開されていく。このような地域の虚構化は、商業主義に飲み込まれる危険性をはらみながら、地域社会のアイデンティティ形成の契機にもなっている。須藤はここに観光という虚構が真正性を獲得する可能性をみている。橋本和也も別の観点から、観光用のみやげものや踊りが地域の真正な文化になり、観光客が構築する「ものがたり」が観光経験に真正性をもたらす可能性を指摘している（橋本2011）。

　このように真正性の概念は大きく揺らぎ、変容している。われわれは、かつてあであれば真正性の対極にあると考えられていた場所や事物までもが真正性を帯びる可能性があることにすでに気がついている。ディズニーランドやラスベガスのように架空のイメージにもとづいて展開された空間が観光において特権的な地位を占めているのはなぜだろうか。B級グルメやご当地もののみやげものが高い人気を誇るのはなぜなのだろう。アニメや映画などのロケ地をめぐる旅のことをどうして聖地巡礼とよぶのだろうか。これらをたかが虚構と笑うことはできない。われわれは虚構や偽物がもつ真正性をめぐる問いの前に立たされているのだ。

観光経験や観光対象が真正なものに「なる」ことを、ただ賞賛したり嘆いたりするだけでは不十分である。四つ目のポイントは「真正性の文脈」である。ブルーナーは文化の真正性を疑うだけでなく文化が変容する過程や理由について探求することが重要であると述べた（ブルーナー 2007）。文化が真正なもの「として」提示され、真正なものに「なる」ときに、真正性の境界線が引き直される文脈こそが重要なのである。広く知られているように歴史学者E・ホブズボウムは「伝統的」とされている文化が実はナショナリズムと結びつくかたちで近代以降に「創られた」ことを明らかにした（ホブズボウム／レンジャー編 1992）。須藤も観光が真正性を創造する可能性を挙げつつ、それが消費社会の経済的な文脈やアイデンティティをめぐる政治的文脈とどのように関わるのかについても注意を促している（須藤 2012）。観光の真正性が政治的・経済的・文化的文脈のなかで生み出されつつ、それらの文脈に再帰的に介入していく点についても指摘しておこう。

　大自然に感動し、温泉に癒され、芸術に刺激を受ける。そんな観光の楽しさとは対照的に、観光学における真正性の探求は複雑で厄介なものかもしれない。そこにはまた別の楽しさがあるのだが。ともあれ、われわれがひとまずたどりついた地点には、以下のようなメッセージが書かれている。「本物には気をつけろ」。

**【読書案内】**
五十嵐太郎（2007）『結婚式教会の誕生』春秋社。
須藤廣（2012）『ツーリズムとポストモダン社会——後期近代における観光の両義性』明石書店。
高岡文章（2010）「城と天守閣をめぐる社会学——文化財とテーマパークのあいだ」遠藤英樹・堀野正人編『観光社会学のアクチュアリティ』晃洋書房、145-161頁。

# 第3章
# 伝統の創造

遠藤英樹

## 1. 伝統の創造

　地域にあっては、これまでに存在していた伝統を利用しながらであれ、地域の新しい伝統行事やイベントが観光との関連でつくり出されてくることがある。観光においては、地域における伝統が変容したり、新たな伝統が創造されたりすることがかなり頻繁に見受けられる。

　E・ホブズボウムによれば、「伝統の創造」とは「ある時期に考案された行事がいかにも古い伝統に基づくものであるとみなされ、それらが儀礼化され、制度化されること」であるとされている（ホブズボウム／レンジャー編 1992）。ホブズボウムは、「伝統の創造」について、国民国家が形成されるプロセスを問う文脈において議論しているのだが、観光の文脈においても、どこかで「国民国家の形成」とも共鳴しつつ、「伝統の創造」の現象が頻繁に見受けられる。

　たとえばバリの伝統舞踏と観光客にみなされているケチャダンスは、よく知られているように、1930年代に画家で音楽家でもあったロシア生まれのドイツ人、W・シュピースと共同でバリの人々が観光芸能として創造したものである。山下晋司の論文「「楽園」の創造──バリにおける観光と伝統の再構築」（山下編 1996）によれば、最初はストーリー性をもたず、単純なリズムにあわせて合唱しながら激しい身振りをつけるだけだったが、次第にラーマヤナ物語に結びつけられ、観光用のスペクタクルに仕上げられていったのだ。またわれわれが観光において鑑賞しているハワイアンダンスも、ハワイのイメージにあわせてつくられていった伝統であるといわれている。

　また今後の展開によっては、石川県金沢市の湯涌温泉街で行われている「ぼんぼり祭り」もまた、「伝統の創造」の例として挙げうるようになるかもしれない。これは、2011年4月から11月にかけて放映されたア

第 3 章　伝統の創造

**図 1　「ぼんぼり祭り」のパンフレット**
出所：online ぼんぼり祭り

ニメ『花咲くいろは』で描写された祭りをもとに創作されたイベントで、「地域に根ざす伝統行事」となることを目指して行われているものである。数年後、観光客や地域住民によって「伝統」として認識・表象されるようになれば、これは、アニメというポップカルチャーが「伝統の創造」を誘発させるドライブとなる興味深い事例を提供してくれることだろう。

　これらの事例でもわかるように観光の文脈において、人々は比較的最近につくられた祭りや行事を「伝統」として次第に思い浮かべ表象するようになる。ある祭りや行事が地域に本来存在していた「本物」であるかどうかは、それほど重要なことではない。何百年続いてきたからとか、行事の主催者が神社だからという理由で、ある行事が伝統になるのではなく、ある行事が創出され、地域に本来ずっと根ざしてきたものであるという認識や表象を多様な利害関心のもとで、人々がもつようになることが重要なのである。

## 2．伝統の転移

　高知県の「よさこい祭り」もまた、「創られた伝統」の事例である。「よさこい祭り」は毎年 8 月 9 日（前夜祭）、10 日、11 日（本番 2 日）、12 日（後夜祭・全国大会）の 4 日間、高知市内の競演場・演舞場で、山車に華やかな飾りつけをして、鳴子を持った踊り子が踊る土佐のカーニバルである。この祭りは、現在、高知県にはなくてならない「伝統の祭り」

として、観光客ばかりではなく、地域における多くの人々にも考えられているが、もともとは1954年に商店街振興を促すために考案された祭りであり、高知県に数百年も前から根づいてきたものではない。

　1954年の第1回の参加人数は750人、参加団体は21団体であった。しかし、その後、第30回時には踊り子人数1万人を突破するほどの規模となった。それに伴ってしだいに、音楽、髪型、衣装も派手さを増し、振りつけもサンバ調、ロック調、古典の踊りと工夫を凝らし、多くの観光客をよぶ高知県の祭りとなっている。

　ただし、この「よさこい祭り」には「伝統の創造」といった議論だけではとらえられない興味深い現象もみてとれる。それは、「伝統の転移」ともいうべき現象である。「よさこい祭り」にあっては、その伝統行事が本来存在していたはずの場所から離れ、別の場所へと移植されるという「伝統の転移」といった現象がみられるのである。

　たとえば「よさこい祭り」は北海道札幌に転移することで、「YOSAKOIソーラン祭り」となっている。「YOSAKOIソーラン祭り」は、高知県のよさこい祭りと北海道のソーラン節がミックスされて1992年に生まれた祭りである。これを最初に始めたのは、当時、北海道の大学に通う学生たちであった。学生の一人が高知県で「よさこい祭り」を見て感動し、自分たちの地域にもこうした祭りをつくろうと仲間によびかけたのが、はじまりとされている。

　第1回「YOSAKOIソーラン祭り」は、1992年6月、10チーム1000人の参加者、20万人の観客に支えられ開催され、2013年第22回「YOSAKOIソーラン祭り」では271チーム、約2万7000人が参加し、観客動員数は約206万人を数えている。この祭りは毎年6月に開催され、北海道・札幌の初夏を彩る行事として定着してきている。

　このように「伝統の転移」とは、ある地域の伝統と考えられていたものが別の場所に移植され、別の場所の文脈において再定義されることを意味しているが、北海道札幌に移植され、再定義された伝統、それこそが「YOSAKOIソーラン祭り」なのだといえよう。

　もちろん他地域に移植され再定義された伝統行事が逆に、それが本来存在していた地域の伝統行事に影響を与え、そのあり方を変えることもある。たとえば北海道の「YOSAKOIソーラン祭り」が、高知の「よさ

こい祭り」のあり方に影響を与えたりする。「伝統の転移」の議論にあっては、どちらがオリジナルな伝統であるのかということや、オリジナルな伝統がいかにして「模倣」され「伝播」されていくのかということが重要なのではなく、各地域で「創られた伝統」がまるで合わせ鏡に映る「鏡像」のように形成されているということが重要なのである。

## 3．転移する地域アイデンティティ

　「伝統の転移」で議論されるべきなのは、結局、地域のアイデンティティをめぐる問題に行き着くであろう。「伝統の転移」を通じて、本来、地域に特有の伝統行事として創造され表象されるべきものが、他地域の伝統行事のかたちをとって表象される。「YOSAKOIソーラン祭り」事例では、北海道札幌に内在する地域の文脈に根づき、表象・創造されるべきであった祭りが、高知の地域アイデンティティとして表象されている「よさこい祭り」のかたちをとって現れる。ある地域の伝統行事に投影される人々の想いや思惑が、他地域の伝統行事に投影される人々の想いや思惑のかたちをとって現れるのだ。これこそが「伝統の転移」が投げかけている問題ではないだろうか。

　そもそも「転移」とは、S・フロイトやJ・ラカンをはじめとした精神分析学者たちが中心に据えた概念で、自己の感情や想いが他者の感情や想いとシンクロナイズ（同調）する現象をいう。フロイトやラカンの理論を用いて精神分析学を日本で展開している新宮一成はその著『ラカンの精神分析』で、みずからが扱った症例から、「イギリスへ留学したい」という自己の欲望が、治療のプロセスで「フランスへ留学したい」というクライエント（患者）の想いとシンクロナイズし転移し、新宮自身は結局フランスへ留学することになり、クライエントはイギリス文化論へと専攻を変更した事例について述べている（新宮1995）。クライエントが父親に対する愛情や憎しみを、精神分析を行う者に転嫁させるのも、感情や想いがシンクロナイズした現れである。

　「自己の欲望は他者の欲望である」というラカンの有名なテーゼに引き寄せるなら、われわれはみずからの想いや思惑や欲望が自分の内から自然とわき上がってくるように思っているが、われわれの想いや思惑や欲望は、自分の内からではなく、他者からもたらされたものである。わ

図2　阿波踊りの振りつけをしながら高知で
　　　「よさこい」を踊る香川チーム
撮影：筆者

れわれが言葉によって媒介される社会のなかで相互に他者と結ばれているかぎり、他者の想いや思惑や欲望を自分のものとしてみずからのなかに取り込んでしまう。「転移」という現象もこのことと深く関わるものなのである。

　地域アイデンティティにおいても、これに類似したことが生じているといえないだろうか。北海道や奈良という地域の伝統行事に投影される人々の想いや思惑が、高知という他地域の伝統行事に投影される人々の想いや思惑とシンクロナイズし、他地域の伝統行事を自分たちの地域のアイデンティティとして考えてしまう。われわれが地域の伝統行事に投影している想いや思惑は、われわれ自身の内にその起源をもっているかのようにみえながら、実はそうではなく、他者や、他地域の人々によって「合わせ鏡」のなかでかたちづくられたものなのだ。2006年度の「よさこい祭り」で出演していたあるチームは、そのことを象徴的に表現していた。そのチームは香川のチームであったが、徳島の阿波踊りの振りつけをしながら、高知で「よさこい」を踊っていたのである。

　このように、現在、観光の文脈においては、「地域アイデンティティ」が転移して現れるケースが数多くみてとれる。たとえば奈良の古都の夜をろうそくで照らすイベントとして、「なら燈花会」というイベントがある。これは、1999年に始まった、8月初旬から中旬にかけて行われるイベントである。これによく類似したイベントとして、奈良と同じく「古都」イメージで売っている京都でも、古都の夜を、ろうそくを模し

た電灯で照らし出していく「京都・花灯路」というイベントが行われている。これらは両者とも、いまや地域住民のなかにさえ、昔からあった「伝統」行事なのだと認識している人も少なからずおり、その意味で、これも「創られた伝統」であるといえるのだが、それにとどまらず「伝統の転移」の事例ともなっている。これら二つのイベントはまるで「合わせ鏡」のなかにみずからの地域アイデンティティを映すかのように、それぞれが〈古都らしさ〉をアピールしているのである。

　以上みてきたように、観光においては「伝統」が新たに創造されたり、それとの関連で「伝統の転移」が生じ、地域アイデンティティが「合わせ鏡」のなかに映るように形成されたりする場合がある。観光では、こうした「オリジナルなき世界」が、あちらこちらで広がっているといえよう。われわれはともすれば、それが「偽りの世界」であって、「"本来"あってはならない世界」だとネガティブにとらえてしまうことがある。だが、はたして、そのように考えてしまってよいのだろうか。そう考えてしまうことで、「こぼれおちてしまうもの」がないか。このことを、もう少し丁寧に考えてみてもよいだろう。

　観光は、伝統を創造し、転移させ、そのことを通じ、みずからの「アイデンティティ」を形成するに至っている。そうだとすれば、みずからの内側からわき起こってくる「アイデンティティ」、すなわち、みずからの内に起源（オリジン）をもつような「アイデンティティ」が"本来"存在している（はずだ）というわれわれの思考のほうこそ徹底的に問い直してみるべきだろう。他地域（他者）との「合わせ鏡」のなかに乱反射しながら映し出されてくる「鏡像」を、したたかに、そして柔軟に「アイデンティティ」として利用していく——そんな「ポストモダン」風のふるまいから、われわれはもっと多くを学ぶべきではないだろうか。

**【読書案内】**
遠藤英樹（2007）『ガイドブック的！　観光社会学の歩き方』春風社。
安村克己・堀野正人・遠藤英樹・寺岡伸悟編（2011）『よくわかる観光社会学』ミネルヴァ書房。

# 第4章
# ディズニーランド化

須藤　廣

## 1．リアリティの人工化とディズニーランド

　観光とは、日常とは異なる非日常の時間を一時的に経験し、日常を再活性化する行為である。そして、日常と非日常との境界のあり方や非日常の時間を過ごす意味は、歴史的、社会的につくられるものである。このような観光の構造は、伝統社会においては、宗教や伝統といった超越的な次元で、あらかじめ決められていたのだが、近代以降は国家が決めるもの、または具体的な組織や集団が決めるもの、さらには個人が決めるものへと、しだいに人為性、人工性を強めていった。この極北にディズニーランドがある。とくに、日本人にとってディズニーランド（ここではウォルト・ディズニー・カンパニーがライセンスをもつテーマパークを「ディズニーランド」と表現する）が表象する文化は「歴史性」が薄く、リアリティが非常に人工的である。また、人々は、ディズニーランドが表象するリアリティが人工的なものであることを知りつつ、それを楽しみに行く。「嘘（虚構）」であることがむしろ歓迎されているのである。ディズニーランド観光は宗教など、超越的次元によって決められた「自然」あるいは「宿命」としての非日常文化を経験するものではなく、完全に「人工」としての非日常文化を経験し楽しむという態度をわれわれに教える。われわれは期待する「もっと、もっと嘘（虚構）を！」と。
　ディズニーランドのもつ人工的現実創造のテクノロジーは、ショッピングモールへ、あるいは町の景観づくり、さらには都市計画そのものへと応用されている。ディズニーランドは「外」を巧妙に排除しつつ（閉鎖性）、内部において「外なるもの（他者性）」を人工的に取りいれる独特の手法（＝疑似開放性）をもっている。この特徴こそ、消費者や従業員を参加させ、動員し、駆り立てる魅力となっているのではないか。

## 2．アメリカのディズニーランドと日本のディズニーランド

　W・ディズニーがアメリカロサンゼルス近郊、アナハイムのオレンジ畑を買い取り最初のディズニーランドを開園したのは1955年のことである。現在では世界中に五つあるディズニーランドの原型であるこの娯楽施設は、童話を「卑小化」、「無菌化」──A・ブライマンが「ディズニフィケーション」とよんだものだ（ブライマン2008）──させた世界の3次元的表現とともに、中西部の開拓者の子として苦難の少年時代を過ごしたウォルトが、みずからの個人史とアメリカの歴史とを重ねて表現するノスタルジーとナショナリズムの世界を目指すものであった。

　1950年代、消費の時代の興隆と西側のリーダーとしてのアメリカ的ナショナリズムの沸騰といった背景のなかで、原型としてのディズニーランドが開園した。アメリカ大陸開拓の苦悩を克服しアメリカ大陸の外側へ、さらには宇宙の果てまで続くフロンティア拡大へと向かおうとする自負と気負いを、アナハイムの初期ディズニーランドはもっていた。初期ディズニーランドは、人工的で演技的な遊興施設であるものの、当時の歴史的現実からそれほどかけ離れたものではなく、かなりイデオロギー教育的な意味合いをもっていたのである。

　アメリカ的ノスタルジーを消費するこの娯楽施設が、ウォルト・ディズニー・カンパニーとライセンス契約を交わしたオリエンタルランド社によって日本に移入され、浦安の埋め立て地に開園したのは1983年のことである。アメリカ・アナハイムにおけるディズニーランドの開園がアメリカの戦後経済成長前期にあたる時期であったのに対し、日本における開園は経済成長後期、高度成長が終わり安定成長をどうにか続けようとしている時期であった。バブル経済突入前夜の状況で開園した東京ディズニーランドは、アナハイムのディズニーランドの初年度入場者数約400万人の2倍を上回る約1000万人の入場客数を記録した（アトラクションの数がまったく違うので比較にならないのかもしれないが）。消費社会の欲望開発の重点がモノの機能性から記号性へと、さらにモノの消費から虚構の消費へと移っていったまさにそのときの開園は、ベストタイミングであったといえよう。アナハイムのディズニーランド開園と東京ディズニーランドの開園は、両国の消費社会がつくり出した欲望の最前線にあったことは間違いないが、東京ディズニーランドのほうが、時代

的にディズニーランドのもつ「虚構性」の追求により適合的であったのではないだろうか。成長社会末期の日本は、人々の行為の基準点となる「伝統的」文化を喪失し、またそれに代わる「発展」や「平等」といった基準点も霧散しつつある時期であり、「大きな物語」を代替する新たな「物語」が、人々に求められていたのである。こういった時代に、日本国民にとっての新たなる人為的な「求心力」を提供したものこそ東京ディズニーランドであった。

　日本人にとってディズニーランドとは、「歴史」に拘泥するノスタルジーともナショナリズムともほとんど無縁のものであり、明治期以来トラウマとして抱える「海外」に対する屈折した憧れの延長線上にある「エキゾティシズム」への執着の到達点だったのである（有馬 2011）。

## 3．消費社会のシステムとしてのディズニーランド

　ディズニーランドの環境コントロールの特徴は外部世界の遮断であることがよくいわれている。外部世界を塀や盛り土で遮断して、ゲスト（入場客）にみえないように隠す対象は「現在」であり、「日本の日常」であり、コントロールできない「自然」である。裏方の仕事や移動はすべてバックヤードに隠すか、あるいはトンネルを使って行われている。童話をもとにしたディズニーのアニメーション作品のなかでは、暴力や性のような完璧なコントロールが難しいものは、ストーリーを改変し排除するという操作が行われていることもよく知られている（有馬 2011）。アニメーションの浄化と排除の思想はテーマパークの空間にも応用されている。ディズニーランドの空間は文化的な「ゲイテッド・コミュニティ」（犯罪や異文化を排除するために塀で囲まれた居住地）なのである。

　アナハイムのディズニーランドがもつこのような排除のパターンは、フロリダのディズニー・ワールドの隣にある実験未来都市 EPCOT、あるいはセレブレーションとよばれるシニア向け分譲地にも生かされている。ディズニー社の意図に対し肯定的な文脈でもって速水健朗が述べるように、この町が目指すものは「移民の問題を都市問題と接続させ」、「都市間の出入りを制限し、その出入りのチェックすることで犯罪ゼロを目指す」ことにある（速水 2012）。その根底にあるのは、「暴力」、「性」、「死」を、ゲートの外、あるいはバックヤードへと隠し排除するという

「夢」であり、この発想はディズニーランド、あるいは W・ディズニーの思想とも通底している。

ディズニーランドの構造における、このような外部からの遮断、内部への自閉化の構造に加えて、大澤真幸は外部の周到な内部化を指摘する（大澤 2008）。ディズニーランドにあっては「外部」が「内部」によって拒絶されているのではなくて、「外部はすでに内部の一部として組み込まれているのであり〔中略〕馴致され去勢された外部に変換されている」（大澤 2008）のである。ジャングルクルーズではワニが船のすぐそばに姿を現すが、けっして襲いかかることはない。大澤がここで強調していることは、現代社会において「超越的な次元」が欠落しているがゆえに起こる、外部の消費化であり、外部から供給される「他者性」の摩耗、消耗である。

同様に、『マクドナルド化する社会』のなかで消費社会の「合理化」、「脱魔術化」の問題を提起した G・リッツアは、それに続く著書のなかで、ディズニーランドにおいては「マクドナルド化」が「脱魔術化」に向かうのではなく、「再魔術化」に向かうことを指摘している（リッツア 2009）。すべてが機械仕掛けで動く「オーディオ・アニマトロニクス」を駆使したディズニーランドにおいては、合理化、機械化が「脱魔術化」を招くのではなく、合理的な「再魔術化」をもたらすのである。ただし、テクノロジーとシステムによってもたらされたディズニーランドの「魔術」は、人々が消費へと向かうように「合理的」にコントロールするものであり、「魔」のない「魔術」なのであるが。

## 4．ディズニーランドシステムと観光者の解釈

観光社会学がディズニーランドに注目するのは、ディズニーランドのシステムが、さまざまな観光地に応用されていることばかりでなく、ショッピングモール（たとえば、東京お台場にある、17 世紀のヨーロッパの街を模した、ビーナスフォート）、さらにはレストラン（たとえばテーマレストラン「レインフォレスト・カフェ」）に至るまで、消費社会全域に拡散しているからである。

観光地はディズニーランドのシステムが指し示すような「環境管理」を推し進めることにより、合理的に消費者の欲望を引き出そうとするだ

ろう。また、ディズニーランドの「パフォーマティブ労働」（ブライマン2008）のシステム（ディズニーランドの働き方については膨大な数の書籍が出ている）からわかるように、長い訓練によって規範を内面化しつつ訓育される労働者ではなく、比較的簡単な訓練と報奨（懲罰も含む）制度によって、みずから進んで自己承認を求め、システムに適応する低賃金労働者群を生み出すかもしれない。サービス産業におけるディズニーランドのシステムの純化、普及はさらに進むと思われる。

　しかしながら、観光者（あるいは従業員）が求めるものは、システムを受けいれつつも、それを超えてしまうこともある。D・マキァーネルがいうように、観光者は観光に深さを求める「巡礼」なのである（マキァーネル2012）。マキァーネルは観光には、観光者に提示される「表舞台」と、観光者には隠される「舞台裏」が存在するという。観光者（あるいはホスピタリティ産業従業員一般も）は「表舞台」から「舞台裏」をみようと（あるいは演じようと）する。観光者（従業員）はシステムに受動的に適応する存在であるばかりではなく、システムを利用しつつ、偶有性を求め、システムの必然を超えようとする存在でもある。「外部」を「内部」化してしまったディズニーランドにおいては、真の「舞台裏」はゲスト（あるいはキャスト）が探し出す、あるいは創作してゆくほかにない。ディズニーランドのゲストやキャストたちは、システムを単に消極的に受けいれているだけではない（ブライマン2008）。

　リピーターたちは、アトラクションよりもショーやパレードを盛り上げる役目を引き受ける。ショーやパレードのダンサーの熱烈なファンも多く、ダンサーもファンの存在を意識している。多少逸脱気味ではあるが、20代の若者たちが高校時代の制服を着て来園するという「制服ディズニー」を楽しんでいる。ディズニー社側の意図とは別に、ゲストは独自のリアリティをつくろうとする。SNSをはじめとするデジタル・コミュニケーションの普及がその傾向を加速させる。

　もちろん、ディズニーランド側も、逸脱するものは排除しつつ利用できるものは利用し、「外部」の一部を「内部」化しようとするだろう。園内の装飾にミッキーをかたどった「ヒドゥン（隠れ）・ミッキー」を探すファンのために、ディズニーランド側からそれを仕掛ける。「春のキャンパスデーパスポート（春キャン）」のCMに、制服を着たミニーマ

ウスが制服の若者たちに囲まれている写真が使われ、今では「制服ディズニー」も「公認」のものとなっている。先回りするゲストたちは、積極的に「外部」をさらに探し出す、あるいはつくり出すだろう。ゲストの「参加」、あるいは「動員」は外部を内部化しようとするシステムと「鬼ごっこ」を続けるだろう。ゲストは期待された「以上」を遊び、キャストは期待された「以上」を働く。ゲストもキャストもディズニーランドの隠れたルール「以上」のもの、その「余剰」に魅せられている。

　A・ブライマンがいうように元来ディズニーランドの消費形態は、大量生産-大量消費型の画一的なフォーディズムによるものではなく、ポスト・フォーディズム型の「特化した消費」にもとづくものである。「参加」（あるいは「動員」）こそ、「夢の国」の消費の形態にふさわしい。そういう意味においては、ディズニーランドの文化はゲストに（あるいはキャストにも）開かれているのである（ブライマン 2008）。

　とはいえ同時に、園内におけるゲストの行動は独特の環境操作によって誘導されていることも見逃せない。また私服の警備員によって監視されてもいる。従業員（キャスト）の行動も、スーパーバイザー、あるいはキャスト同士のまなざしによってチェック、監視され、報奨（懲罰）システムによって誘導されている（中島 2011）。文化消費社会におけるある種のモデルとでもいうべき、環境コントロール・テクノロジーを駆使した閉鎖性から抜け出ることはきわめて難しいことも事実である。

　ディズニーランドは閉鎖性と開放性、「表舞台」から「舞台裏」へと向かう力とそれをコントロールする力といった両義性をもっている。これは、現代の観光一般が向かっている構造と同型であり、ディズニーランドの文化を研究することは観光一般における文化のあり方を研究することへとつながっている。

【読書案内】
能登路雅子（1990）『ディズニーランドという聖地』〈岩波新書〉岩波書店。
ブライマン、アラン（2008）『ディズニー化する社会――文化・消費・労働とグローバリゼーション』能登路雅子監訳、森岡洋二訳、明石書店。
リッツア、ジョージ（2009）『消費社会の魔術的体系――ディズニーワールドからサイバーモールまで』山本徹夫・坂田恵美訳、明石書店。

# 第5章 メディア

山口　誠

## 1. 観光とメディアの関係を問う

　観光とメディアの間には、本質的なつながりはない。いうまでもなくメディアと無関係な観光の現象は、古くから数多く存在している。

　そのうえで、新聞や雑誌などの活字メディアに加え、ラジオやテレビなどの電子メディア、さらにインターネットや携帯電話などのソーシャルメディアが急速に発達してきた20世紀後半以降の近代社会において、観光はメディアと密接な関係を取り結ぶようになった。そして21世紀の現在、メディアとまったく関係を取り結ばない観光の現象は、その事例を探すのが難しいほど、両者の関係は密接で多様なものに変容しつつある。なかでもアニメ聖地巡礼やパワースポットめぐりのように、メディアと関係をもつことではじめて現象する観光の事例が増えており、それらに着目した研究もさかんに取り組まれている（➡Ⅳ・4）。

　そうした観光とメディアの関係を問う研究のうち、もっとも長い歴史と豊富な蓄積をもつのが、映画観光（フィルムツーリズム）の研究である（➡Ⅳ・3）。19世紀末から20世紀初頭にかけて欧米で誕生し、瞬く間に世界中へ広まった映画という視聴覚メディアは、それまで長らく主流だった新聞をはじめとする活字メディアとは水準の異なる、文字どおりの「イメージ」を人々に提供した。やがて観客を物語の舞台地やロケ地などへ誘うことを意識した作品が登場し、戦前の日本でもいくつかの観光映画が製作されている。

　さらに不朽の名作とされる映画のなかには、結果として観光映画として機能し、多くの人々を舞台地へ誘った映画がいくつもある。たとえば『カサブランカ』（1942年）や『ローマの休日』（1953年）は公開直後から映画の舞台地をめぐる観光者を生み出し、それぞれの映画で提示された「イメージ」はカサブランカまたはローマにおける観光のあり方に大き

な影響を与え続けている。いまもローマでは、スペイン広場の階段近くでアイスクリームを食べ、「真実の口」に手を入れて記念撮影をする観光者が絶えないが、はたして『ローマの休日』を実際に鑑賞した人は、そのなかにどれほどいるだろう。映画の「イメージ」は時代や世代を超えて流通し、そして気づかれないほど根底から観光のかたちを規定することさえある。

　こうした映画の「イメージ」が観光を誘発する事例は、日本国内にも多数ある。また映画にかぎらずテレビドラマやアニメやマンガなどのメディア全般に視野を広げれば、メディアと観光が関係を取り結んで生じる「メディアツーリズム」の現象は増加する傾向にあり、それだけに研究テーマも豊富である。ただしここには問題もある。

## 2．ブーアスティンと「残された問い」

　メディアと観光の関係を探究した古典的名著に、D・J・ブーアスティンの『幻影の時代』(1964) がある。原題は *The Image* (1962) であり、メディアが流通させる「イメージ」の社会的機能を中心に考察した書であることが読み取れる。そのなかでブーアスティンは「擬似イベント」という概念を提起し、メディアが捏造する「偽」の出来事（イベント）が近代社会を席巻して、人々の行動を変化させていく様子を描いた。そうした擬似イベントのもっとも顕著な事例の一つとして観光に着目した彼は、次のように論じている。

> われわれの興味の大部分は、われわれの印象が新聞・映画・テレビに出てくるイメジに似ているかどうかを知りたいという好奇心から生まれる。〔中略〕われわれは現実によってイメジを確かめるのではなく、イメジによって現実を確かめるために旅行する。（ブーアスティン 1964）

　おそらくこの文は、観光研究においてもっとも頻繁に引用されてきた論の一つであり、このほかにも同書は示唆に富む記述に満ちている。たとえば「われわれは自分が期待しているとおりの所へ行く。〔中略〕われわれは見るためにではなく、写真を撮るために旅行する。他の経験と同

じように旅行も同語反復となる」（ブーアスティン 1964）など、今日の観光とメディアの関係を考えるうえで参考となる指摘の数々を、半世紀以上も前に鮮やかに記している。

ただしブーアスティンの擬似イベント論は、批判の対象として言及されることが多く、その問いを批判的に継承して発展させる試みよりも、否定して乗り越えるべき対象として切り捨てる議論が主流となっている。とくに批判が集中するのは、近代以前の自然発生的な旅（travel）を「真」の旅行とし、近代以降のメディアの「イメージ」に浸食された人工的な観光（tourism）を「偽」の旅行として対置し、前者の失われた価値を懐古しつつ後者の大衆性を嘆くブーアスティンの素朴な真偽二元論であり、大衆文化批判の姿勢である。たとえばG・ドゥボールやD・マキァーネル（マキァーネル 2012）などによるブーアスティン批判は貴重な知見をもたらしたが、一方では「乗り越えられた」ために放置され、十分に検討されないまま残されてしまった重要な問いもある。

その一つが、なぜ多くの人々は擬似イベントとしての観光に魅力を感じ、わざわざメディアの「イメージ」によって現実を確かめるために移動するのか、という問いである。いいかえれば、観光という形式での移動（観光的移動）を駆動する要因として、なぜメディアの「イメージ」は強力に機能する場合があるのだろうか。それはブーアスティンが前提視したように、観光客は文化的な「まぬけ」ばかりで、メディアに踊らされやすい大衆だからだろうか。

そうしたエリート主義の大衆文化批判を注意深く取り除き、改めてブーアスティンが提起した擬似イベント論と向きあう必要があるだろう。なぜならこの「残された問い」は、現在もかたちを変えて未解決なまま放置されており、ときにかたちを変えて繰り返されているためである。

## 3．反転された前提と繰り返される問題

冒頭で述べたように映画観光をはじめとする観光とメディアをめぐる研究は、英語圏で1990年代ごろから、そして日本語圏でも2000年代以降に増えている。その背景には新しいメディアツーリズムの現象が多数登場したこと、また観光そのものの社会的価値が変容したこと、などが考えられる。とくに日本では「観光まちづくり」（➡Ⅲ・12）の方法とし

てメディアツーリズムへの期待が高まり、映画やテレビドラマの舞台地、アニメの聖地、あるいはパワースポットなどの「イメージ」を獲得することで、観光による経済振興や住民アイデンティティの再生を期する自治体や地域団体が急増したことが挙げられる。1990年代初頭のバブル経済の崩壊とそれに続く自治体の財政悪化に伴い、従来の公共事業よりも安価で即効性を期待できる「観光まちづくり」の手法として、2000年代の日本の各地でメディアツーリズムが脚光を浴びた。その結果、それらに着目した観光研究の成果も数多く産出されている。

ただしここにも問題がある。とくに近年の日本語圏におけるメディアツーリズムの研究のなかには、（1）「観光まちづくり」の特効薬としてメディアツーリズムを「良きもの」と前提する、（2）その観光者を先駆的で能動的な主体として称揚する、（3）観光資源となるメディア・コンテンツの文化政治性を問わない（ジェンダー・バイアスやステレオタイプなど表象の権力が観光に及ぼす作用を分析しない）、などのいずれか、またはすべてが該当するものが少なくない。

メディアツーリズムの作動原理を不問にしつつ、その経済的・社会的効果を「良きもの」と前提視して「観光まちづくり」を推進する観光研究は、前節でみたブーアスティンのエリート主義的な大衆文化批判の視座を反転させた、ポピュリズム的な大衆文化礼賛の視座に立脚している。そのため、なぜ多くの人々がメディアの「イメージ」を確かめるために観光するのか、その体験にはどのような社会的意味があるのか、という「残された問い」を解くには至らない。

ブーアスティンの古典を再読すれば明らかなように、2000年代以降にさかんになったメディアツーリズムの研究では、分析事例は新しくなり記述スタイルも批判から礼賛へ反転したものの、「残された問い」は解決されないまま繰り返されている。そこに1960年代の擬似イベント論を大きく超え出る学術的知見の産出は期待できないだろう。メディアツーリズムを「良きもの」と前提視せず、その社会的意味と作動原理を解明する研究は、いかにして可能だろうか。

## 4．観光とメディアの新たな研究に向けて

D・クローチによれば、観光研究とメディア研究はよく似た、いわば

パラレルな関係にあるものの、双方の接続は必ずしも成功していないという（Crouch 2005）。たとえばメディア研究の伝統的な図式では、メディアの送り手と受け手の二項を想定し、両者の間のメッセージのやりとり（コミュニケーション）を分析するのに対し、観光研究でも同様にホストとゲストの二項を想定し、両者のコミュニケーションを考察することがある。

　ただし、このような硬直的で静的な二項対立の図式は、1980年代以降のカルチュラル・スタディーズや「文化論的転回」などの影響から相対化され、より多層的で動的な分析モデルが提唱されている。たとえば送り手／ホストと、受け手／ゲストの間には、協調的で好意的なコミュニケーションばかりが生じるわけではなく、ときに誤解や不理解や争い、そして没交渉などのさまざまなズレも生じる。さらに両者の役割は固定的ではなくつねに可変的であり、ときに受け手／ゲストだったはずの観光者の「まなざし」が、送り手／ホストだったはずの観光地住民の意識を刺激し、新たな観光的交流の創出を誘引する場合もある。もちろんそこには、反観光の住民運動を引き起こす場合も含まれる。

　こうした古い図式を超え出る学術的知見は、メディア研究ならびに観光研究の双方で広く認知されて久しいはずだが、しかし上述したメディアツーリズムをめぐる近年の研究では十分に活かされていない。このほかにもメディア研究と観光研究の間には接続されていない知見は多い。その一方で「オーディエンスの能動性」や「読みの多様性」や「抵抗の快楽」（フィクス 1998）など、断片的な知見を都合よく援用する論考もある。

　このような現状を打開するため、これから研究に着手する読者への参考として具体的なテーマを例示したい。たとえば、（1）アニメ聖地巡礼の「成功例」ばかりに着目せず、その「失敗例」や「意図せざる結果を招いた例」などに着目し、メディアの「イメージ」が観光的移動を誘発しないメカニズムを考察する。（2）映画観光のブーム期ばかりに注目せず、たとえばブーム後の地域社会の動向、さらにのちの「イメージ」の変容や消滅の過程にも注目し、映画観光の正負それぞれの社会的効果を考察する。（3）メディアツーリズムをきっかけに生じた反観光の運動に着目し、そこで議論されている争点を具体的に明らかにするこ

とで、メディアの「イメージ」が作動させる政治性を問う、などである。このほかにも研究すべきメディアツーリズムをめぐるテーマは無数にあるだろう。

　観光とメディアが密接に結びついて生じるメディアツーリズムの現象は増加している。インターネットや携帯電話、さらに新たなメディアが続々と登場し続けるかぎり、この傾向は変わらないだろう。それは観光の一ジャンルが拡大することにとどまらず、現代社会における観光のかたち、そして現代社会そのものの変容と連動した現象である。

　そのためメディアツーリズムの研究も、観光研究の一領域にとどまらず、広く現代社会そのものを問うテーマとして構想することができる。このとき観光研究とメディア研究を理論的に接続し、両者の学術的知見を援用して事例分析に活用した研究、そして二つの研究領域を化学反応させて独自の知見を産出する新たな研究が求められている。

【読書案内】

ブーアスティン、ダニエル・J（1964）『幻影の時代――マスコミが製造する事実』星野郁美・後藤和彦訳、東京創元社。

遠藤英樹・松本健太郎・江藤茂博編（2013）『メディア文化論』ナカニシヤ出版。

須藤廣（2012）『ツーリズムとポストモダン社会――後期近代における観光の両義性』明石書店。

# 第6章
# 観光経験

橋本和也

## 1. 真正性と観光経験

　E・コーエンは、観光者を「気ばらし型」、「レクリエーション型」、「体験型」、「実存型」の4タイプに分類する（Cohen 1988、橋本 2011）。現代の観光者は疎外を感じる度合いによって真正性（➡Ⅲ・2）を求める度合いが異なり、それが観光経験に反映するという。疎外に意識的な知識人はより厳格な度合いの真正性を求め、一般的観光者はあまり厳格ではなく、「わざとらしいもの」をも「真正なもの」として受けいれるという。4タイプでは、「気ばらし型観光者」は退屈な日常からの憂さばらしを求め、真正性についての問題意識さえもたない。「レクリエーション型観光者」は娯楽を求め、心身の疲労を癒し元気を取り戻そうとするが、真正性に対する基準は広くゆるい。「体験型観光者」は他者の「真正なる生活」を体験しようとし、真正性に対する自分なりのかなり「厳格な」基準をもっている。「実存型観光者」は近代性から距離を置き観光対象に本来の真正性を見出そうとし、その「真正なる世界」に入り込んでいくが、マキァーネルのいう「演出された真正性」の餌食になりやすいという。この四つの型は「観光経験」の型でもある。

　以上のようにコーエンは観光者が客観的な「真正性」を求めていることを前提にしているが、今日の観光者は民族文化などが本来の文脈から切り離されて観光の場に提示された時点で、「真正」ではないことを認識しており、偽物でも「よく知られたもの」であればまなざしを向けるのである。しかし観光者はみずからの観光経験が「真正」であることは求めている。問題は、観光者の求める「真正なる観光経験」がもはや観光対象の客観的真正性にはもとづかないという事実から始まる。「演出された真正性」との判定が下されたものでも、多くの観光者が満足し「豊かな観光経験」（真正なる経験）になったと評価される現実がある。

このような一筋縄ではいかない複雑な「観光経験」について考える必要がある。

## 2．ゲスト・ホストにとっての観光経験

少し自覚的な観光者は、事前にそれぞれ自分なりの期待や「ものがたり」を描き、観光地に赴く。そしてさまざまな経験をして、帰宅し、思い出を語る。出発前から帰宅後の思い出話までを含めて観光経験となる。またホストにとっても観光者との交流はみずからの観光経験となる。

大衆観光（マスツーリズム）は「よく知られたもの」を「確認」に訪れる観光者に、新たな発見のない画一的な観光経験を提供する。その大衆観光からの離脱を考えて、これまで多くの「もう一つ別の（alternative）」観光形態が提案されてきた。エコツーリズム（➡Ⅳ・1）はその代表例であるが、理想が実現されているとはいえない。そこで筆者は、個々の観光者が地域の人々と出会って交流し「新たな発見」へと導かれ、そこでの個々の観光経験に焦点をあてる観光の創出が必要であると考えている。それは、コーエン流に言い換えると（前述した彼の真正性についての前提には異論があるが）「気ばらし型」、「レクリエーション型」観光経験から、「体験型」、「実存型」観光経験への転換を図る新たな観光の提案になる。

近代産業社会とともに始まった大衆観光の大きな特徴は、真正性を失った対象にでも、「よく知られたもの」であればまなざしが向けられることである。観光学は、対象が観光現場にいかに提示されるようになったかの過程を構築主義的視点から明らかにした。偽物を楽しみ、完全なフィクションでも観光のまなざしが向けられる現実を、さらには真正かどうかさえももはや問題にしない状況をポストモダン主義的視点から明らかにしてきた。観光の現場では対象の「客観的な真正性」が問題になることはほとんどない。しかし観光者にとっての「真正なる観光経験」は、どのような状況下にあっても求められている。観光者がみずからの観光経験をどのような「ものがたり」に紡ぎ上げていくか。すなわち期待した観光が実現できたか、満足のいく観光であったかという評価は、「真正なる観光経験」にとってはつねに重要な問題である。

## 3. 観光と「コミュニタス」経験

「観光経験」にまなざしを向けると、観光者と観光者、観光者とガイド、観光者と地域の人々との間に出現する「実存的なコミュニタス」が、まずは観光人類学の考察対象として浮かび上がる。V・ターナーの提示するコミュニタスは以下のような特徴をもつ（ターナー 1981）。伝統的社会の通過儀礼においては、新入者は一定期間これまでの身分・地位から切り離され、集団で隔離された「リミナリティ」（移行・境界領域）状況下で、新たな身分・地位を獲得するためにさまざまな呪術的儀礼を受ける。そこでは聖なる価値を開示されるとともに、新入者同士の間で高い情緒的連帯を経験し、人間性にもとづく人間と人間との平等で純粋な関係を体験する。これを「コミュニタス」的人間関係というが、新たに統合された日常世界において互いに地位や身分・所属が異なっても、儀礼を受けた者同士を支えあう具体的な生きる力となる。

N・グレイバーンは観光と伝統的社会における通過儀礼を同様なものととらえ、観光の空間・時間を通過儀礼における「リミナリティ」とみなした（Graburn 1977）。彼は、観光者が出自や身分、地位から離脱した生の人間同士が出会う空間で、「本当の生」以上に「本当」である「別の生」を経験できると考えた。それゆえ観光者は、通過儀礼を終えた新入者のように身分・状態が更新され、新たな生を迎えるという。観光研究の当初には、このように「伝統的」な部族社会で厳粛な通過儀礼を迎える新入者と、日常からほんの少し離れるだけの観光者とが同一視されるという大ざっぱな議論が行われていた。そのため、これに対する批判は、現代社会の日常を離れた場所で経験される「コミュニタス」のあり方についての新たな議論から起こった（橋本 1999）。

ターナーは『象徴と社会』のなかで、先に紹介したような伝統的部族社会でみられる「リミナリティ」と、産業化により社会経済的な階級が出現する資本主義社会における「リミノイド」（擬似リミナリティ）とを分けることを提案した（ターナー 1981）。決まった年中行事や祭り、成人儀礼、社会構造のサイクルをしるす儀礼に関連する集合的な特徴をもつものが「リミナリティ」である。それに対して、伝統的な社会的紐帯から個別的な契約へと変化したより複雑な構造をもつ社会で、人々の自発的な関係が余暇の領域で結ばれ、機能組織の周縁や裂け目で発展するも

のが「リミノイド」である。通常の観光者が観光の時間・空間で経験するのは「リミノイド」的経験である。クルーズ観光などでは長時間行動をともにするため、観光者同士や従業員との密接な出会いが演出され、「リミノイド」的空間・期間が出現する。

　江口信清は『観光と権力』でカリブ海でのクルーズ観光を紹介する（江口1998）。観光地で、奴隷制時代の従者としてふるまう従業員にかしずかれ主人のように扱われて気持ちよく過ごす観光者は、日常的な地位や身分・肩書きから一時的に離れて、「本来の」自分を取り戻し、「他者」との「コミュニタス」的関係を構築・経験できたように感じる。しかしそれは一時的な幻想にすぎず、観光の時間を終えて日常生活に戻ると、ここでの関係は霧散すると指摘する（江口1998）。

　このようなクルーズのショータイムでは、カリブの情熱的なダンスに熱狂し、観光者同士、観光者と上演者との垣根を越えて楽しむように演出された「擬似リミナリティ」における「擬似コミュニタス」が出現していたのである。それがターナーのいう「リミノイド」である。観光では束の間の「リミノイド」的空間・期間が現出し、そこでの夢気分の観光経験は観光の終了とともに幻想として消え去るのである。

　以上のような多少とも長期の「リミノイド」的経験が提供される観光では、「伝統的」社会での「リミナリティ」・「コミュニタス」経験と比較した分析が可能となる。しかし同じ方法が、圧倒的多数を占める大衆観光者、すなわち「通過型観光者」の特徴を分析する場合に適応されえるであろうか。観光研究で陥りやすい失敗は、この大多数を占める「通過型観光者」の特徴を見落とすことである。彼らが観光の空間と短い期間においてどのような経験をしているのかを明確にする必要がある。

## 4．「通過型観光者」の観光経験

　自宅を出発し、よく知られた観光地を訪問し、話題の店で昼食をとり、みやげものをみて帰宅する「通過型観光者」もまた、自分の観光経験が満足のいくものであることを欲している。このような観光者が圧倒的多数を占めているにもかかわらず、彼らの観光経験についての考察がおろそかになっている現実がある。研究者は旅における「自己」や「本来の生」の発見という経験にばかり注目する傾向がある。しかしほとんどの

観光者が経験するのは、このような「通過型観光」の経験である。

　よく知られた観光地を通過するだけの観光者の経験を明らかにすることは、「観光の現実」を知る手がかりになる。筆者は観光を「（観光者にとっての）異郷において、よく知られているものを、ほんの少し、一時的な楽しみとして、売買すること」と定義した（橋本1999）。これは圧倒的多数を占める大衆観光者を研究対象に設定し、その特徴を明確にするための戦略的な定義であった。30分ほどの演目鑑賞、1時間か2時間の散策など、どれも「ほんの少し」の楽しみとして供されるのが「大衆観光」であり、深い満足とは無縁で、よく知られているものを「垣間見る」ことを特徴としている（橋本1999）。この特徴を典型的に体現しているのが圧倒的多数を占める「通過型観光者」である。

　では、この通過型観光者はどのような観光を「良い（真正な）観光経験」として評価するのであろうか。日帰りの観光では、費用がかからぬ散策や気分転換、目の保養といった「ちょっとした楽しみ」が目的となる。しかしまたこの通過型の観光者も自分なりの「良い（真正な）観光経験」を望んでいることも確かである。ではそれはどのように実現されるのだろうか。通過型の観光者の場合には、断片だけの漠然としたイメージを頭の片隅に描いて何となく出かけることが多い。しかし現場に近づくにつれ漠然としたイメージが徐々にかたちになり始め、自分が期待しているモノやコトに改めて気づくのである。通過型観光者にとっての「良い（真正な）観光経験」は、漠然とした期待が適度に満たされることで得られる。通りすがりの地域の人や店員に道を尋ねたときの対応、入館料や飲食費、接遇・サービスなどが適切であることがまず最低条件である。それに"プラス・アルファー"が加えられてはじめて「良い観光」になる。通りすがりの地元の人が笑顔で道を教えてくれ、さらに「観光ですか」と一言添えられただけで観光者は地域に歓迎されていると感じる。飲食店で名所について質問をしたとき、答えのなかに店員の個人的なお勧めの場所が一つ加わるだけで、地域の人の地元への愛情を感じとり、良い観光地に来ていると実感し満足するのである。

　このような通過型観光者の個々の観光経験は、あまりにも「軽薄な」現象と考えられるために、これまで問題とされてこなかった。そのような一見「軽薄」とみられるような通過型観光者のあり方であっても、そ

れを詳細に検証する必要があるのである

## 5．「地域文化観光」の経験 ——「観光」から「発見の旅」へ

　地域の人々が地域の文化資源を発見・創造し、観光資源に育て上げて「売りもの」とし、観光者に提供するのが「地域文化観光」である（橋本2011）。まなざしがその文化資源の提供者である地域の人々にも向けられる観光である。この現場では「ほんもの」かどうかが取り沙汰されるべきではなく、提示されたものがいかに受けとられ、楽しまれ、経験されているかという議論こそがふさわしい。地域の人々が提示するものは、けっして「伝統的」なものばかりではない。観光振興のために考案された新規の商品が全国的にあふれているが、地域の「特産品」として認められ定着しているものは少なく、結果だけをみれば観光振興で成功している事例は多くない。しかし「地域文化観光」においては、地域の人々が関係者を少しずつ巻き込みながら観光者に発信していく活動そのものに、すなわちその「過程」に注目することが重要である。

　「地域文化資源」は地域の人の説明を受けてはじめて理解し、納得するものである。地元の人の説明によって、誰がつくり、どんな味で、どう使うのかがイメージできるようになる。そしてそれではぜひ買ってみようと手を出す品物である。帰宅後、地域文化観光者は地域の人々との交流を思い出し、みやげものをよすがとして、地域の人々の語りをみずからの「ものがたり」として編成し直すのである。大衆観光が「よく知られたもの」を確認し消費するだけの観光経験を提供するとしたら、「地域文化観光」は地域の文化資源を「発見する経験」に導く。ここで、地域の人々が地域の言葉で語る「ものがたり」に出会い、「旅における発見」と同等な観光経験が可能になるのである。それは観光者を「旅人」に変換する契機になると考えられる。このような過程を経て「地域文化観光」が構築されていくことを筆者は期待している。

### 【読書案内】

江口信清（1998）『観光と権力——カリブ海地域社会の観光現象』多賀出版。
橋本和也（2011）『観光経験の人類学——みやげものとガイドの「ものがたり」をめぐって』世界思想社。

# 第7章
# パフォーマンス

森　正人

## 1. 観光とパフォーマンス

　「パフォーマンス」（performace）をオクスフォード英語辞典で調べると、演劇やコンサートなど、客の目や耳を楽しませるために何かエンターテイメントを演じることがその意味であることがわかる。たしかに観光地では客を喜ばせるためのさまざまなショーが演じられ、その娯楽性が観光客をよび込むために大きな役割を果たしている。たとえばインドネシアのバリ島ではバリの伝統舞踊が伝統音楽とともに演じられ、その内容が観光客の経験をかたちづくっている。辞典はそのような娯楽だけでなく、仕事や任務を遂行する行為やプロセスという、より一般的な実践もパフォーマンスの意味であると伝える。したがって、観光の出し物として演じられるパフォーマンスだけでなく、観光がつくり上げられていくプロセスそのものも、パフォーマンスとしてとらえられる。

　ある場所が観光地として成立するためにはさまざまな仕掛けと演出が必要となる。社会を劇場や舞台のようなもの、そこに生きる人々を俳優・役者であると同時に観客でもあるとすれば（ゴッフマン 1974）、観光地でわれわれが目にするのは、観光地という舞台で演出されたパフォーマンスである（須山 2003）。

　その端的な例をディズニーランドにみることができる（➡Ⅲ・4）。年間 1300 万人を集め、そのうちリピーターが 95% を超えるともいわれる東京ディズニーランドは敷地内のあらゆるものをテーマショーと考え、従業員は「キャスト」とよばれ、来園者たる「ゲスト」をもてなして楽しませる。このように観光地で観光客（ゲスト）に供与される娯楽は観光地側の人々（ホスト）によってつくり出されていることがわかる。まずはホストが演じる伝統文化について考えてみよう。

　観光地で伝統文化として演じられる演劇や歌謡のなかには、昔から存

在したものではなく、ある時代にその場所の名物としてつくられたり、再構成されたものが多くある。観光用につくられたものもあれば、国家や地方のアイデンティティ創出と強く結びつきながらできたものもある（ホブズボウム／レンジャー編1992）。

先に挙げたバリ島は、かつては悪霊が住むおどろおどろしい、前近代的な島という否定的なイメージでヨーロッパ諸国にとらえられていた。しかし、オランダとイギリスによる植民地支配が始まると、ヨーロッパの人々が抱くアジアのイメージが投影されながら、1920年代には伝統文化の息づく神秘の島という肯定的なものへと変化していく。現在の観光客が楽しむバリの伝統舞踊や伝統歌謡は、この時代に、モスクワ生まれの画家のW・シュピースが大きな役割を果たすなかでつくり出されたものである（山下1999）。

## 2．ホストのパフォーマンス

楽園イメージや本物の民族（俗）文化を求めてやって来るツーリストのために創造され演出される「伝統文化」は、観光という特別な時間と空間のために演出された「擬似イベント」（ブーアスティン1964）と批判されてきた。しかし、そうしたパフォーマンスを演じるホストの実践に注目すると、それが単純なものでないことがわかってくる。

日本の代表的なマリンリゾート地として挙げられることの多い沖縄県に、漁師（ウミンチュ）の仕事を体験することのできるツアーがある。ホストは漁船にゲストを乗せ、漁を披露し、とったばかりの海の幸を船上で調理してもてなす。農業が優勢だった沖縄県本島において漁師の社会的地位は相対的に低く、また日本本土から与えられてきた沖縄＝海とするステレオタイプは多様な沖縄県の姿を覆い隠してきた。二重に周縁化されてきた漁民たちではあるが、この体験ツアーを契機として海で生活をする漁民が脚光を浴び、相対的な地位の向上に結びついてきた。漁民たちは周縁的な労働をホストとして演じることで、自己を肯定的に認識するようになった（太田1998）。

また、柳田国男の『遠野物語』に代表される民話のふるさととして知られる岩手県の遠野市では、ゲストに対して遠野の古老たちが昔話を語る。『遠野物語』があまりに知られているため、ゲストは実際に古老た

ちが聞いてきたものではなく、あくまで自分たちのふるさとのイメージを投影した『遠野物語』を求めてやって来る。観光用に商品化された『遠野物語』がゲストから押しつけられるなかで、ホストたる昔話の語り部のなかには、自分が前の世代から受け継いだ昔話に観光客が求める「ふるさとイメージ」を取りいれながら、観光用の『遠野物語』を語っている者もいる（川森2001）。ホストは語るというパフォーマンスを通して、観光という支配的な空間を自身で操作できる対象につくり上げている。

## 3．ゲストのパフォーマンス

ゲストは遠野市にふるさとのイメージを求める。それは彼らが日々暮らす生活のなかでは得られないもので、非日常的な経験をもたらす時間と空間である観光に希求される。

日常的な社会的身分や規範から放たれ、次のステップに進み日常生活に再統合されるまでの移行期間を観光と位置づけることができる（スミス1991）。この移行期間は「リミナリティ」や「リミノイド」とよばれ、日常的な道徳観や社会的地位が意味を失ったり逆転したりする非日常的な状態である。旅の恥はかきすてという行為、あるいは旅先でたまたま出会った旅行者と身分や社会階級を超えて友人になるといった、通常の生活では経験されないような行為が観光の時空間では演じられる。

ゲストは日常生活のあからさまな非真正性に幻滅し、この移行期に「本当の」経験を求め、「伝統的」だと考えられる非西欧の国々を訪ねる（マキァーネル2012）。演じられる舞台の裏側に隠された真正性（➡Ⅲ・2）の希求は日本でも旅行の大きな動機だった。たとえば1990年代半ばに流行した「ひとり旅」は、贅沢を慎み、事前にきっちりとしたスケジュールを立てず、自由気ままに列車やバスなどで各地を訪れ、地元の人と交流し、あまり知られていない地元の食べ物に舌鼓を打つ。そうして人間を一回りも二回りも成長させるひとり旅や貧乏旅行は、冒険の一つ、自分探しの契機と考えられた。

このひとり旅は中高年世代と20歳代の男性の間で流行した。それをパフォーマンスとして考えてみると、貧乏旅行に魅せられた彼らは本当にお金がなかったわけではなく、あえて孤独や貧乏を演じたことが指摘できる。そして、1990年代のひとり旅は、60年代から70年代にかけて

みられたひとり旅ブームの再現でもあったことも重要だ。この時代、ひとり旅や貧乏旅行はフォークソングや反体制運動など、反権力運動と関係し、それに共鳴した若者たちが国内外を放浪した。この世代が中高年に達した90年代に再度、ひとり旅が流行したことは、若かりし日に体験したこと、したかったができなかったことの再演を彼らが欲したといえる。若い世代には小説やメディアを通してひとり旅というパフォーマンスが広がった。世界を放浪した沢木耕太郎の自伝的小説『深夜特急』は93年にJTB紀行文学大賞を受賞し、96年にはとあるテレビ番組が二人の若者のヒッチハイクによる香港からロンドンまでの旅の様子を追いかけ注目を集めた。海外をリュック一つで旅するスタイルは「バックパッカー」とよばれ、彼らは自分を探す旅の主役を演じた（森2010）。

しかし真正性の希求をツーリストの動機とする議論は、人間が何かを行うための能力の強さや動機の多様さを軽視している。人々が旅に出るのは単に日常生活の非真正性にうんざりしたからだけではない。しかも観光と日常生活ははっきりと切り離せないことを考えれば、ツーリストが旅先でみせる実践は単なる真正性の希求という非日常的実践であるばかりでなく、むしろ日常生活において無意識化され慣習化されている諸実践、複雑な社会的相互関係の産物だといえる。第二次世界大戦前では、旅行は近代的かつ合理的な思考様式、行動様式を涵養する契機と考えられていた。団体旅行は規律正しい集団生活を送り、道徳心を養うのに適していると議論されていた（森2010）。観光は訓練の場だった。

また、観光客のパフォーマンスは日常的な消費様式とつながっている。そもそもディズニーランドやユニバーサル・スタジオは、日常生活で視聴したキャラクターに出会うことのできる場である。そしてそのようなテーマ化された世界は、テーマパークを飛び越えてホテルやレストラン、ショッピングモールなどにも存在している（森2006）。ディズニーが提示するゲストへのホスピタリティの精神は、日常生活で出会う多くの企業理念に取り込まれている（➡Ⅲ・8）。

消費と旅行の例は、1970年代に女性雑誌を片手に日本の伝統的な町並みを歩く「アンノン族」とよばれる女性たちにもみることができよう（原田1984）。その情報源は女性ファッション雑誌の『an・an』と『non-no』であり、雑誌で紹介された最新のファッションに身を包み、旅の経

験を消費する都会の女性旅行者は、観光とファッションの融合を示していた。旅先で気に入って購入する雑貨は、普段に購入する商品と似通っているし、気に入った国で目にした家具や雑貨を取り扱う国内の店舗に足を運んで、それで自宅をデコレートしたりアレンジしたりすることもある（森2009b）。観光は非日常的な消費の場であるばかりでない。日常の消費が非日常的な観光の延長になっている。

## 4．事物のパフォーマンス

このようなゲストのパフォーマンスを支えるのが、多様な技術でしつらえられた空間である。ぴかぴかに磨かれたフロア、掃除された道、音楽や家具といった事物はゲストに特定の行為をとるよう促している。

ゲストのパフォーマンスに深遠な影響を及ぼす人間あらざる事物のなかでも、カメラと写真はとりわけ注目される（➡V・4）。ガイドブックや観光パンフレットに掲載されている写真は、観光客にどのような角度や距離で風景を楽しむのかを教える（➡V・8）。たとえばインドの一大観光名所であり、世界文化遺産でもあるタージマハールを訪れた観光客が撮影する写真は、ガイドブックやパンフレットのそれと、角度や構図が驚くほど似通っている（Edensor 1998）。1960年代後半より日本に出回った小さく軽いコンパクトカメラは、あらゆる人がカメラマンになることを可能にした。しかし、軽量小型のカメラとともに手にしたはずの撮影の自由は、同じアングルから撮影された写真の大量生産に行き着く（森 2010）。

家族旅行の場合、かつて写真撮影は父親の役目だった。カメラの操作やメンテナンスは今よりももっと工学的な知識を必要としたからである。妻と子供を適切な場所に立たせて行われる家族写真の撮影は、一家が長たる父親を頂点とし、団結していることを確認する儀式だった（Bærenholdt *et al.* 2004）。小型カメラやビデオカメラの開発と普及は女性による撮影を可能にしただけでなく、家族間のジェンダー役割を変えたといえるだろう。また、写真の出来をそのつど確認できるデジタルカメラの普及により、撮影は納得のいくまで何度もやり直されるようになった。撮影技術の質的変化は写真撮影の重要性を以前よりも押し上げた。写真、カメラという人間あらざるものと人間が出会ったときに構成され

るパフォーマンスは、つねに変化する社会的な過程のなかにある。

　撮影された写真はパソコンでのみデジタルで鑑賞されるもの、現像されるものに分けられ、さらに現像されたもののなかでアルバムに貼られるもの、写真フレームに納められ部屋に飾られるものに振り分けられる。写真は過去の自分の経験の確認であり、忘れていた記憶さえもこれによってよび起こされる。しかし、同じようにして鑑賞される写真などなく、その提示、展示、陳列のされ方によって、どの過去をどのように思い返すのかは異なる（Crang 1999）。しかもこのプロセスで、特定の経験はほかのものよりもデフォルメされる。写真撮影、保存、現像、陳列の一連の実践こそが、観光の出来事を自宅でつくり上げる。自宅で繰り広げられる旅行後の実践が、過去のはずの観光の時空間に入り込んでいくのだ。

　みやげもの（➡Ⅴ・3）もまた、自宅で封を開けられ、部屋に配置されることで、記憶を再構成する。それを買った場所の思い出は、みやげものを通してよみがえる（森 2009b）。そして国内で購入されたエキゾチックな雑貨や家具が、今度はどこの国に行こうかと欲求を刺激する。観光地と自宅をつなぐ役割もまた、写真やみやげもの、雑貨などの事物が演じているといえるだろう。

　観光とは人間と人間あらざるものの演じるパフォーマンスによって、つねにつくられている。そして観光には、内も外も、こことあそこも過去と現在と未来も存在しないのである。

## 【読書案内】

太田好信（1998）『トランスポジションの思想──文化人類学の再想像』世界思想社。
神田孝治編（2009）『観光の空間──視点とアプローチ』ナカニシヤ出版。
山下晋司（1999）『バリ　観光人類学のレッスン』東京大学出版会。
Bærenholdt, Jørgen Ole, Michael Haldrup, Janas Larsen and John Urry (2004) *Performing Tourist Places*, Ashgate.

# 第8章
# ホスピタリティ

堀野正人

## 1．観光産業とホスピタリティの概念

　ホスピタリティは英語の hospitality をカタカナにしたものだが、その語源は、「客」、「旅人」、「異邦人」、「客をもてなす主人」といった意味をもつラテン語の hospes にさかのぼる。そこから派生した、客人を歓待することを意味する hospitâlis を経て hospitality に至った。したがって、ホスピタリティは外からの来訪者を歓んで迎え入れることを意味している。古代ギリシャでは、最高神ゼウスに従い異邦人を保護することが市民に課された聖なる義務とされていた。その後、中世キリスト教社会では「隣人を愛せよ」という慈悲の心を根底に据えた言葉として用いられ、旅人を分け隔てなくもてなすことが求められた。

　現在、研究の領域でホスピタリティは、営利・非営利を問わずさまざまな分野で、対等な個人を前提に、良好な相互関係をともに創造し持続させるものとして説明されることがある（服部1996）。また、その基本的な性格として、自発性、個別性、無償性などが挙げられている（前田2007）。

　では、日本で広く用いられるようになったホスピタリティの直接的な由来はどこにあるのだろうか。第二次大戦後、アメリカのホテル・レストラン産業において、機能的、均質的なサービスを超える、情緒的な高い満足をもたらす人的応接をホスピタリティとよぶようになった（前田2007）。つまり、従業員の個人的で人間味のある対応のよさによって顧客を確保することを狙った企業の差異化戦略として、ホスピタリティが重要視されるようになったのだ。現在、日本でも宿泊・飲食をはじめ、サービス産業の拡張と競争が激化し、ホスピタリティが経営成功の一つの鍵としてみなされているが、ビジネス用語としてのホスピタリティは、比較的近年の産物であり、いわば「再発見」されたものなのである。

# 第8章　ホスピタリティ

　ホテル、航空、レストラン、テーマパーク、旅行業などの観光産業ではとくに接客が重要な位置を占めており、その質の良し悪しが企業の売り上げや顧客のリピート率に影響を及ぼすため、ホスピタリティの必要性が強く認識されるようになっている。観光業などのサービス産業におけるホスピタリティは、便宜的に、いくつかの要素によって構成されるものとして説明することができる。まず、提供するサービスに確実に基本的な働きが備わっていて安全・衛生的であるといった機能的要素が求められる。そのうえで、人間的要素として、臨機応変に相手の欲求を先読みする気配り、思いやり（精神的な側面）や、笑顔、丁寧な言葉遣いやお辞儀、適切な立ち居ふるまいや身だしなみなど（表現的な側面）がなければならない。また、客をもてなすためには施設・設備やその場の演出などの環境的要素も重要である。これらの要素が統合されることでホスピタリティが成り立つことになる。

　従業員にホスピタリティのある接客をしてもらうには、顧客の満足が従業員の満足でもあるという相互関係の理解を基礎に、つねにホスピタリティを向上させる意欲と努力を引き出すマネジメントが不可欠である。そこには、ホスピタリティの理解と習得を徹底する人材育成のシステムだけでなく、企業内部における日ごろの上下・同僚間のホスピタリティのある関係や、ゆとりと潤いのある労働環境も要件として含まれる。

　ホスピタリティを十分に発揮させる経営でもっとも注目されてきたのがディズニーリゾート（オリエンタルランド社）である。そこで働く人は従業員ではなくキャストとよばれる。キャストはパークのなかで「役」を演じることでゲストを楽しませると同時に、みずからも楽しむ存在である。キャストの人材育成はシステム化されており、従業員の9割を占めるアルバイトも正社員と区別されず教育プログラムを受けている。新人研修ののちも、キャストによる相互の仕事ぶりのチェック、すばらしいパフォーマンスの発揮を評価する表彰制度とインセンティブの付与など、さまざまなかたちでみずからのキャリアアップや向上心を促す巧みなシステムが用意されている。また、キャストはマニュアルにはなくとも自分の意思と判断で、直面する個々の客のニーズにもっともあった行動をとること、すなわちホスピタリティを意識することがつねに求められる（福島 2011）。東日本大震災の際に、ゲストの安全を図るためにキャ

スト個々人がとった行動は、メディアでも取り上げられて社会的に注目されたが、日ごろの意識の高さを再認識させることになった。

ところで、観光などのサービス産業において、ホスピタリティは、「おもてなし」として表現されることが多い。むしろ、日本的な精神性、慣習などを強調するのであれば、外来語のホスピタリティよりも的確ということになろう。いまや、「おもてなし」は一種のソフトとしてとらえられ、一つの輸出商品にさえなりつつある。とくにアジアでは、日本文化への関心の高まりや、日本企業の進出を背景にして、日本流の接客を基本に据えた宿泊業の展開がみられるようになった。たとえば、老舗旅館の加賀屋は台湾に進出し、現地採用の従業員に日本的な「おもてなし」ができるように徹底した教育を施している。また、日本人利用者を見込んでアジア進出を進めるホテルも、従業員に日本語での応接や、お辞儀、笑顔を基本に日本的な接客法を習得させている。さらに、宿泊業だけでなく、化粧品の対面販売、飲食店チェーン、宅配サービスなど、さまざまな分野で、日本流のホスピタリティが輸出されているのである。

## 2．サービスとホスピタリティ

先に述べたように、ホスピタリティが本来は報酬を求めない自発的な行為だとすれば、企業による指揮命令のもとに経済的利益の実現を図る従業員の行為とは相容れないことになる。それは商品としてのサービスであり、本来のホスピタリティとは無縁とする解釈も可能である。

両者の違いや関係をもう少し考えてみよう。一方のサービスは無形の経済財のことであり、具体的利用者に対して顧客満足のため他律的に提供する「もてなし」を意味する。奴隷を意味するラテン語のservusに由来するserviceは、権利・義務的な主従関係を基本に置く、一方向の行為である。他方、ホスピタリティは、他者、とくに来訪者や異国の人に、歓待の精神をもって接遇すべきであるという人間の価値規範なのであり、つまりは"人間としてのあり方"を示す当為の原理としてとらえられる。行為主体が誰にでも親切にする、自律的、自発的な実践そのものに意味があり、当然ながら無償のものとなる。このように両者を明確に区別するならば、たとえ個別的な気配りが加わっていようとも、サービスをホスピタリティとはよべないことになる。

とはいえ、実際の経済社会では、もはやサービスにホスピタリティを付加する、あるいは内包させることは当然視されている。情緒的な満足を実現する高度のサービスとしてホスピタリティという言葉が通用してしまっている現実を、どう理解したらよいのか。

　ホスピタリティが自主的で非営利的なものだという性格は、個々の従業員の労働における意識と実践のなかでは成り立つはずだ。実際、客に少しでも心地良く、楽しく過ごしてもらおうという気遣いは、サービス労働に従事する多くの人々に共通しているからである。しかし同時に、企業は戦略的に、そうした従業員の個別的で質の高いサービスを武器に競争に打ち勝たなければならないので、個人の自主性から発せられるホスピタリティを商品化していく。かくして、一方で、従業員個人の仕事に対する高い自覚や意欲が他人（客）に対するホスピタリティとして表れ、他方では、それが企業のサービスの高品質化を実現し、売り上げと利益に貢献するということになるわけである（福島 2011）。

## 3．ホスピタリティの社会的問題

　際限のないホスピタリティの追求が顧客の満足を高め、その反応や評価が従業員の満足となって彼らの意欲をさらに高めるという「好循環」が、つねに成立するのであれば問題はないだろう。つまり、自発的な行動規範と高品質化し続けるサービスという二つの異なる次元のホスピタリティが予定調和的に共存ないし統合できる場合は良いが、実際にはいろいろなゆがみや矛盾が生じてくる。経営者は、温かみある個人的応対を無償の付加的行為として提供するように従業員に求める。すると、ホスピタリティは義務化され、その実践はマニュアル化されていくことにもなる。他方で、ホスピタリティの提供がサービス産業で一般化すればするほど、客側はそれを当然のものとして受けとる意識が高まるだろう。

　こうしてホスピタリティの向上が過熱し、より質の高いもてなしを当然のように要求する客のふるまいが広まってくると、それと結びついて、いわゆる「お客様」社会の様相が現れてくる。現代社会では、企業や店員に受け身で依存する人々である「お客様」が増えていることが指摘されている（森 2001）。「お客様」はけっして不快にさせてはならないし、可能なかぎり欲求をかなえてあげるべき存在である。「お客様は神様」

という社会的風潮が強まれば、自分のことを何でも聞いてくれるという思い違いをした客が出てくる。店員や企業の側が、懸命にホスピタリティを発揮することが、結果として、傲慢で受け身で寛容さに欠けた人間を生み出すことになる。

　サービス産業においてホスピタリティがますます必要不可欠とされる状況は、客に接する従業員の側にも影響を与える。ホスピタリティを感じられるか否かは、先に触れた、笑顔、挨拶、アイコンタクト、礼儀正しさといった要素が深く関与する。そして、現実の仕事ではつねに笑顔で臨機応変に客のニーズに応え、クレームを迅速に処理しなければならない。たとえ、それが理不尽なクレームや非礼な言動を伴っていても自分の本来の感情を押し殺し、礼儀正しく明るくふるまうことを求められる。そこから来る精神的疲労は、単なる休憩・休暇では回復できないため、慢性的にストレスがかかり、心身の不調をきたすこともある。

　このような仕事は「感情労働」とよばれ、その遂行にあたっては、肉体や頭脳だけでなく感情の抑制、鈍麻や心理的な緊張、忍耐などが不可欠になる。つまり、表情や声や態度でその場に適正な感情を演出し、高度にコントロールすることが必要とされるのである。現在では、旅客機の客室乗務員、ホテルのフロント係、ツアーコンダクター、旅行業のカウンターなど、観光業をはじめとする幅広い職種が感情労働に該当する。

　感情労働の大きな問題の一つは、本来売買されるはずのない感情が、演出されたサービス商品となることである（ホックシールド 2000）。感情の表出を伴うホスピタリティの評価は、受け手＝消費者である客が一方的に決定する。とくに観光に関連するサービス産業でのホスピタリティは、実際には客が主観的に「ある」と感じたときにあることになる。働く人は、客の意に沿って感情を巧みにコントロールするよう求められるだけでなく、無意識にわいてくるはずの自分の感情が、つねに客や、さらには企業の評価にさらされることになる。

## 4．ホスピタリティの相対化

　現在、国・地方自治体など観光促進の施策に関わる公的機関が、地域住民にホスピタリティを身につけ発揮することを推奨するようになっている。そこでも、ホスピタリティは目の前にいる来訪者のためという思

いや行為としてあったはずなのに、いつの間にか、地域の観光振興のための手段に転化してしまう可能性は否定できない。

冒頭に記したように古代ギリシャにおける来訪者への歓待の精神は、現在のホスピタリティの原型として語られることが多い。だが、現実には外部からの来訪者が敵になる可能性もあったわけで、こちら側に敵意のないことを示し、争いのリスクを回避するためには歓待の精神＝ホスピタリティが有効な手段だったのである。また逆に、異邦人との接触は、自分たちのコミュニティを停滞させないために、外の世界から新しい知識、産物を導入するための大切な機会でもあった。いずれにせよ、ホスピタリティは見返りを求めない純粋無垢の行為ではけっしてなく、むしろ国家・都市などの実利や法に制限された条件つきの歓待であった（神田 2013）。

観光をはじめとするサービス産業のみならず、行政、研究者が唱えるホスピタリティでさえも、過去の事象や記述から抽出、再構成された概念であって、その意味では一定の社会的条件に制約された相対的な性格のものなのである。ホスピタリティは「良いもの」だから、とにかく実践しようという短絡的な発想に陥らず、さまざまな矛盾やひずみを抱えている現実や、背景にある経済社会の構造を考察するためには、こうした視点をもつことも重要であろう。

**【読書案内】**
青木義英・神田孝治・吉田道代編（2013）『ホスピタリティ入門』新曜社。
前田勇（2007）『現代観光とホスピタリティ』学文社。
山上徹（2008）『ホスピタリティ精神の深化――おもてなし文化の創造に向けて』法律文化社。

# 第9章
# 遊び

遠藤英樹

## 1．「遊び」の社会理論

　これまで「遊び」は、「余暇」（レジャー）というカテゴリーでくくられてきた。「仕事」は大切で「遊び」は大切でない、「仕事」は本質的で「遊び」は付随的だとされてきたのである。こうした「仕事vs余暇」の二元論が、経済至上主義的な近代社会を維持する仕組みの一つとなってきた。だが「遊び」は今後ますます、われわれが生きていくうえで重要な役割を果たすようになるのであろう。そうだとするならば、「遊び」を「余暇」つまり「（仕事が終わったあとの）あまった暇な時間」としてとらえていくのではなく、別のものとしてとらえていく必要がある。われわれは、「遊び」における文化＝社会的な創造性（creativity of play）にもっと光をあてていく必要があるのだ。
　これについて、オランダの歴史家であるJ・ホイジンガは、「遊び」こそが人間にとって本質的な活動であることを指摘している。彼によれば、「遊び」は、けっして、つらい仕事のストレスに耐えるための休息としてあるのではない。また果たすことができなかった欲望に代わって、ひとときの夢をみせてくれるためにあるのでもない。「遊び」が行われるのは、それがただ「楽しいもの」、「おもしろいもの」、「歓び」だからである。そういうものとして、「遊び」は文化を創造し、人間を人間たらしめてきた。人間はその本質からして、「ホモ・ルーデンス」（遊ぶ人）なのであると、ホイジンガはいう。
　さらにフランスの社会学者であるR・カイヨワは、『遊びと人間』という著書のなかで、こうした主張を発展させた。彼は、「遊び」を六つの点において定義する（カイヨワ1990）。
　①自由であること：誰からも強制されないからこそ、「遊び」は楽しい。

②場所と時間が限定されていること：出発点と終着点（場所）、そして、はじまりと終わり（時間）が決まっているからこそ、人は思いきり遊ぶのである。

③結果がわからないこと：結果が未確定でどうなるかわからずに、ドキドキ、ハラハラするからこそ、「遊び」はおもしろい。

④非生産的であること：何かの「役に立つ」という功利性を超越していることが、「遊び」においては大切である。

⑤ルールがあること：ルール・規則が何もない状態だと、「遊び」はおもしろくなくなる。

⑥虚構であること：「遊び」には、実際の日常生活にはないものがある。

カイヨワはこのような定義を行ったうえで、「遊び」を以下の四つにタイプ分けする。

①アゴーン：サッカーや野球、チェスや将棋などの「競争の遊び」。

②アレア：ルーレットや宝くじといった運だめしなどの「偶然の遊び」。

③ミミクリー：コスプレ、演劇、カーニヴァルなどの「模倣の遊び」。

④イリンクス：ジェットコースターなど安定した知覚を崩すような「めまいの遊び」。

実際の「遊び」は、四つのタイプを組みあわせ混合したものである。このように、カイヨワは、ホイジンガの議論を精緻なものにしていこうとする。

## 2．「遊び」としての観光の可能性

観光もまた「遊び」を形成する活動の一つである。観光において、人は思ってもみなかったような街のおもしろさを発見したり、テーマパークで心の底から笑ったり、食事をかこんで悦びを分かちあったりする。観光における「遊び」の要素がもつ文化＝社会的創造性に目を向け、観光という「遊び」の社会理論を構築していくことは、今後、観光研究にますます求められるようになるだろう。

もちろん、そうはいっても観光は、これまで、人々が近代的な資本主義社会のもとで生きることが快適に思えるような、幻想の快楽をつくり

出す社会的装置として機能してきた。D・J・ブーアスティンの「擬似イベント」論（➡Ⅲ・5）も、D・マキァーネルの「演出された真正性」論（➡Ⅲ・2）も、観光が提供する楽しさ、快楽が想像的（イマジナリー）な幻想の快楽にすぎないことを指摘したものであった。観光のこの側面について無視することはけっしてできないであろう。そのため観光研究はこれまで、近代的な資本主義社会のもとで仕組まれている観光の幻想性に照準をあて考察を展開してきたのである。

だが同時に、観光は、「遊び」の一つとして、快楽を自己目的化し、純粋な「遊び」＝「戯れ」を現出させる可能性を内在させてもいるのである。たとえそれが仕組まれたものであれ、徹底的に快楽を自己目的化し消尽することで、観光は資本主義社会を維持するための単なる社会的装置であることをやめる。「ただ楽しいから」、「ただそれが快楽であるから」という理由で「遊び」が行われるとき、既存の経済システム、政治体制、イデオロギー的幻想、常識的枠組み等々を維持・存続させることは困難となるのである。なぜならば既存の経済システムなどの「現実的な世界」は「目的－手段」の無限の連鎖から成り立っており、たとえば"一所懸命にふたたび働けるようになるため一時の快楽を求める"という風に、快楽も何かの手段として位置づけられなくてはならないからである。近代的な資本主義社会が生み出した理性的な思考、すなわち〈近代的な知〉にとっては、「後に来る時を予測してそこに到達しようとするのではなく、この時それ自体として価値づけられる部分〔中略〕は、考えようのない異質性」となる（湯浅2006）。フランスの思想家G・バタイユはこれを「非知」とよんでいる。

バタイユの「非知」のごとく、快楽がただ快楽であるという理由だけで求められるならば、「現実的な世界」の意味は奪われ、無－意味化する。理性は揺らぎ、非－理性が浮かび上がる。「現実的な世界」を維持する真面目さはしりぞき、不－真面目さが前景化する。快楽を求めることは、無－意味で、非－理性的で、不－真面目な、ただの「遊び」＝「戯れ」となってしまう。だが、だからこそ、この純粋な「遊び」＝純粋な「戯れ」こそが、「現実的な世界」から生み出されるものの外部に向かって、新たな社会を構想しうるような跳躍地点、契機となりうるのである。

観光は、このような「自己目的化した遊び」を顕在化させる可能性を

もっている。このことを考えるために、一つの事例を取り上げてみよう。それは、アメリカフロリダ州オーランドにある「ギブ・キッズ・ザ・ワールド」という施設である。ここは、難病におかされ明日の命も知れない子どもたちとその家族が一週間をすごす非営利のリゾート型宿泊施設で、かつてフロリダのホテルをいくつも経営していたH・ランドワース氏が1986年に私財をなげうって建設にふみきった場所である。

　子どもたちやその家族は食事をふくめ無料で、「ギブ・キッズ・ザ・ワールド」に宿泊することができる。それだけでなく、そこで催されるさまざまなイベントを楽しめる。また、彼らはオーランドにある多くのテーマパーク（ディズニーワールドやユニバーサル・スタジオなど）や遊園地（シーワールドなど）に無償で行き、優先的にアトラクションに乗ることができたりする。さらに「ギブ・キッズ・ザ・ワールド」には、ミッキーマウス、ミニーマウス、ドナルドダックが出向いて来てくれて、子どもたちを抱きしめてくれるのだ。

　難病をかかえる子どもたちは愛する家族と、もしかすると最後になるかもしれない、大切で楽しい一週間を過ごす。彼らには次の旅行はないかもしれない。しかし、多くの家族たちは病院から離れ、治療の苦しみからほんのわずかの間解放され、彼らの記憶にずっと残る日々を送るのである。この一週間で親たちは、自分の子どもたちが心の底から笑い楽しむのを見る。ここにいる間、家族たちにとって大切なのは、病気をいかに治療するかではなく、次に何のアトラクションに乗るのか、ミッキーマウスに会ったら何をしてもらうか、どんなイベントが待っているのかを考えるということだけである。そうした一週間を過ごすことによって、ときに奇跡のような出来事が生じることもある。たとえば、ある親は「ギブ・キッズ・ザ・ワールド」訪問中にふと窓際に目をやると、病気におかされ立つこともままならない状態だった子どもが立って遊んでいたと言っている。

　「ギブ・キッズ・ザ・ワールド」訪問中、子どもたちやその家族がもっとも楽しみにしているのは、何といってもディズニーワールドであろう。園内のミッキーマウス、ドナルドダックといったディズニーキャラクターたちに会ったり、アトラクションに乗ったりしているときには、子どもたちは病気のことを忘れて笑いさざめく。そうだとすれば、この

第9章　遊び

Ⅲ　観光学のポイント

153

事例には、観光の幻想性を分析的に明らかにするだけでは収まりきらない要素が確実に存在しているのではないか。

子どもたちや家族は、観光の幻想性のなかにありながら、同時に（あくまで二重かつ同時に）、それを介して実現されている快楽を自己目的化してもいる。彼らは、将来の治療が楽になるという理由で楽しむのでもなく、最後の思い出をつくるという理由で楽しむのでもない。結果的に治療が楽になったり、思い出が残ったりすることはあるが、そのことを目的に「ギブ・キッズ・ザ・ワールド」を訪れているわけではないのである。そうではなく、彼らはただ楽しむことだけを目的として、ここを訪れている。将来の治療という「未来」を志向するのでもなければ、思い出となっていく「過去」を志向しているのでもない。彼らはただ、「現在」という時間を徹底して楽しんでいるのだ。だからこそ、ここには、はじけるような子どもたちの「笑い」が充溢している。中沢新一が述べるように、バタイユの「非知」のごとく、「ことばの外、意識の外にあるなにものかの力がわきあがってきて、人間という生き物の「底」に触れ、それを押し上げようとするとき、笑いが生まれる」のである（中沢 2005）。

快楽が自己目的化し、純粋な「遊び」＝「戯れ」となったなかで、ミッキーマウスの柔らかなぬいぐるみに触れるとき、アトラクションに逆らって吹く風を感じるとき、シーワールドでイルカのヒレに触るとき、その快楽は一瞬、原初的な自然に触れ、「笑い」を誘う。このような「遊び」＝「戯れ」の要素を、観光はもっているのではないだろうか。

## 3．観光のコンヴィヴィアリティ

このように「遊び」を軸として社会構想の議論を展開していこうとする場合、観光の「コンヴィヴィアリティ」（conviviality）が重要な概念になる。「コンヴィヴィアリティ」とは「陽気であること」、「宴会好きであること」という意味の英語だ。社会学者・哲学者であるI・イリイチはこの言葉を軸に社会批評を展開している。イリイチによれば、「コンヴィヴィアリティ」とは、「自律的で創造的な交歓」による「人々がお互いに支えあいながら実現される個々人の自由」を意味している（Illich 1973）。

人々が観光を徹底して楽しみ、快楽を消尽することで、その瞬間を共有する人間たちが異なる価値観をもったまま交わり笑い騒ぐ。エコツー

リズムでイルカのヒレに触れたり、ディズニーランドでミッキーマウスの柔らかなぬいぐるみに抱きついたりしながら、お互いが微笑みあい話しかける。その一瞬人々は「遊び」＝「戯れ」の楽しさを通して、陽気で暖かみのある「人間的な相互依存関係」を形成することもある。それは、次の瞬間になると、はかなく消え去ってしまうような関係性であり、G・バウマンが否定的に述べる「クローク型共同体」（バウマン 2000）なのかもしれないが、こうした「自由な人間の相互依存関係」を何度もあちらこちらに織り込んでいくことで、新しいかたちの社会を形成していくこともできるのではないか。

そうやって構想される社会は、けっして等質な価値を有するアイデンティティに支えられた「共同体」になるのではない。そうではなく、異質な価値を有する人同士が異質な価値をもったままで（切断したままで）、対等な立場で話し、つながりあう場となるはずである。哲学者 J・リオタールの言葉を用いて言い換えるなら、われわれは、社会の成員を一つにまとめる「大きな物語」ではなく、分裂した「小さな物語」を生きている（リオタール 1986）。そうであるなら「小さな物語」を否定し「大きな物語」を構築し直すのではなく、分裂した「小さな物語」のもとで「他者」を慈しみ、いとおしみ、赦し、ともに生きる（切断しながら同時につながる）ことを理念としていくべきであろう。「遊び」＝「戯れ」のなかで現れるコンヴィヴィアリティは、そのことを可能にするのかもしれない。

**【読書案内】**

千葉雅也（2013）『動きすぎてはいけない――ジル・ドゥルーズと生成変化の哲学』河出書房新社。

安村克己・堀野正人・遠藤英樹・寺岡伸悟編（2011）『よくわかる観光社会学』ミネルヴァ書房。

# 第10章
# ジェンダー

吉田道代

## 1. ジェンダーの視角からみた観光研究

　人々の観光への関わりは、性別によって異なる。こうした性による違いを意識して観光現象を分析することで、何がみえてくるのだろうか。

　観光におけるこのような研究関心の基底にあるのは、ジェンダー (gender) という概念である。ジェンダーは、一般的には性別を意味し、生物学的器質・身体・精神・行動に表れる性のありようを指す言葉である。しかし、フェミニズムは、ジェンダーを文化・社会・心理的性別とみなし、生物学的性別 (sex) から区別することで、生来的な性質ではなく社会的に構築されるものととらえた。

　両性の関係、性役割、性差の実態およびその構築過程に注目するジェンダーの視角はさまざまな分野に浸透し、観光研究にも影響を及ぼしている。たとえば、1980年代には、男性団体旅行者によるいわゆる「セックスツアー」への批判が高まり、観光と性サービスの結びつきと、ここにみられる男女の非対称な関係に学術的な関心が寄せられた。1990年代半ばには、後続の観光研究に大きな影響を及ぼす三つの論文集 (Kinnaird and Hall eds. 1994, Swain 1995, Sinclair ed. 1997) が刊行されている。それぞれの論文集は、地理学、社会学、経済学など社会科学の幅広い分野から執筆者を迎え、観光をめぐる諸関係をジェンダーの概念で読み解くことで、両性間の公平性に照らした際の観光現場の問題や研究上の課題を浮き彫りにした。こうした研究に触発され、日本でも2003年に「観光とジェンダー」をタイトルとする論文集 (石森・安福編 2003) が刊行されている。以後も、フェミニズムの理論を観光研究に接合しようとする試み (Aitchison 2005) や、ジェンダーの視点にもとづく実証研究の蓄積が進んでいる。

　観光におけるジェンダーに着目した研究においては、性的欲望やこれ

に基づく性的関係もまた観光現象を構成する重要な要素とみなされる。そして、これらの要素を分析するための概念としてセクシュアリティ（sexuality）の重要性が認識されるようになった。セクシュアリティとは、人間の性に関わる欲望と観念の集合であり、ジェンダーと同様、社会的に構築されるものと考えられている。

　観光と関連したジェンダーとセクシュアリティの結びつきは、たとえば、先に挙げたセックスツアーにおいて、男性観光客による旅行先の女性への性的欲望の投影、性的サービスを享受する男性と提供する女性という男女関係の非対称性として立ち現れる。一方で、女性旅行者が旅行先で主体的に関わる性的関係や恋愛に焦点をあてた研究も増えており、「主体としての男性／客体としての女性」という構図に疑問を呈している（Bauer and McKercher eds. 2003, Jacobs 2010, Frohlick 2013）。

　こうした動向をふまえ、以下では、観光現象におけるジェンダーに焦点をあてて論じていきたい。

## 2．女性旅行者と女性観光労働者

　かつて、日本における旅行の主役は男性であった。たとえば、1968年の国内宿泊観光旅行の参加率をみると、男性は約60.2％で女性は44.0％であり、男性が女性を大きく上回っていた（工藤 2003）。しかし、その後女性旅行者が増加し、参加率の性差は小さくなっていく。1994年には女性の参加率が60.3％となり、はじめて男性の参加率を超えた（工藤 2003）。海外旅行もかつては男性中心であったが（山下 2011）、全海外旅行者に占める女性の割合は、2003年以降は45％前後で推移し、2012年現在では45.5％となっている（国土交通省観光庁 2013）。

　このように数字のうえでは旅行者における性差はおおむね解消しているが、旅行の動機やスタイルには旅行者が所属する社会のジェンダーが大きく反映している。たとえば、島村麻里は、日本の若い女性の海外旅行は、男性中心に構成された職場社会において周辺的な位置に置かれたことにより拡大したと指摘した（島村 2007）。経済的余裕をもちつつも、こうした職場での位置づけによりできた時間的余裕が、日本の若い女性の海外旅行の増加につながったというのである。また、20代・30代の女性の観光においては、女性向けファッション誌の影響も見逃せない。

1970年に創刊した『an・an』、翌年創刊の『non-no』の旅行記事は、1970年代以降の20代女性の旅行者数の増加を促し（工藤2003）、女性特有の旅行スタイルの形成に関わった（岡田2003）。
　女性の観光参加率の上昇は、旅行のスタイルを多様化させただけでなく、「ゲスト－ホスト」の関係性も変容させることになった。ツアーや宿泊における女性のためのプランといった女性向けサービスの提供に限らず、「ゲスト＝男性」を前提にした接客のあり方も見直されてきている。また、日本人女性の海外旅行者の増加に伴い、旅行先の地元の人々との恋愛や結婚につながるケースも多く出てきており（山下2011）、研究対象としても注目されうる。
　次に、観光に従事する労働者について、ジェンダーに関わる特徴をみていこう。観光業における業種は、交通輸送、宿泊、飲食、販売、娯楽サービスと多岐にわたるが、職種でみると接客の分野で女性の割合が高い。たとえば、航空会社においては、会社の経営・管理、飛行機の操縦や機体の整備に関わる仕事には男性、受付や客室乗務員には女性が多い。また、宿泊関連の仕事には男性に比して女性が多く従事する傾向がある（安福2004）。とくに旅館では、女将・仲居といった女性が接客の中心的役割を担っている（高橋2009、姜2013）。
　接客の分野で女性の割合が高いのは、この職種において、きめ細やかさや気配り、柔らかい物腰といった「女性らしい」特質が期待されているからである。さらに、接客に従事する労働者は、顧客の際限のない要求にも応える「おもてなし」の心をもつよう求められ（神田2013）、相手の理不尽なふるまいに対しても自分の感情を抑制して明るく対応しなくてはならないとされる（ホックシールド2000）。これらの献身・従順といった態度は「女性らしさ」に通じるとされ、接客は女性に向いているとみなされている。
　接客において「女性らしい」特質に価値が置かれることは、観光における女性労働者の参入を促す力にはなるが、これによって必ずしも女性が男性よりも有利な条件で雇用されるわけではない。観光業界は、季節性の高さと時間の不規則さによって短期労働やパートタイムが多く、そのなかでもより不安定な雇用形態、未熟練職種、低賃金の職業において女性の割合が高い（安福2004）。

このような問題はあるものの、観光業が女性労働者にもたらす影響についての見解は、否定的なものばかりではない。とくに開発と女性をテーマとする研究分野においては、貧困を打開する方策として観光業に対する期待は高い。観光が女性の雇用や現金収入の機会を創出し、これによって女性が貧困から抜け出し、彼女らの社会的地位も向上すると考えられている（online ILO）。しかし、観光開発がもたらす影響が女性にとって不利にならないようにするためには、地域社会や家族内における決定権の所在や収入の分配など、男女間の権力関係にも留意する必要があり（植村 2003）、こうした点への配慮は、研究にも求められる。

## 3．旅行者の性的欲望と他所・他者イメージ

　観光の目的はさまざまであるが、旅行者が日常では得られない官能的な経験およびそうした気分を盛り立てる異国情緒あふれる舞台を希求することは珍しいことではない。こうした欲望を抱く旅行者は、その対象をどのようにまなざすのだろうか。

　観光の広告やガイドブック（➡Ⅴ・5）、旅行小説に描かれる場所や人のイメージには、対象となる場所や人への「観光客のまなざし」（➡Ⅲ・1）が投影されている（メータセート 2010）。そこで、男性向けのガイドブック『夜のバンコク　マップ＆ガイド』をみてみると、バンコクでの遊興（とくに女性からの性的なサービス）にかける男性の意気込みと期待を汲みとった、次のような文章が書かれている（夜のバンコク制作委員会編 2013）。

　　せっかく日本を離れてタイにやってきたんだから、
　　なにかスペシャルな体験をして帰りたい！
　　そんなあなたの欲望を、きっとバンコクの夜は叶えてくれる。
　　日本じゃ料金が、あるいは敷居が高くてできない遊びも、この街ならば大丈夫。〔中略〕
　　趣向を凝らしたさまざまな店が、天使たちを揃えて待っている。
　　タイならではのめくるめく夜を味わってしまったら、もう日本には帰れない？

ガイドブックの表紙には、「南の夜にはじける」という白抜きの文字が中央部分を占め、その背景にカラフルな下着姿で微笑む女性やゴーゴーバーのステージで踊る女性、街の風景の写真が配置され、男性旅行者を迎え入れる準備が整っていることが示唆される。そして、上の引用文は、読者の男性に対する語りかけであるが、それはそのまま読者の声の代弁であり、読者が抱く旅行先のイメージだといえる。

　こうした映像や文章は、男性旅行者による性的欲望を織り込んだ自分に都合の良い他所・他者のイメージに沿うものであるが、このような性的欲望に満ちたイメージの投影は男性から女性に対してだけでなく、その逆もみられる。たとえば、韓国男性スターへの日本人女性のまなざしがこれに該当する。

　2003年に放映を開始したペ・ヨンジュン主演の韓国ドラマ『冬のソナタ』は、日本人女性が韓国人スターに「目覚める」きっかけとなったといわれる。これに続く韓流ブームのなかで、年配の日本人女性の間で韓国スターのファンが急増し、ドラマの撮影現場めぐりやスターと交流するファンミーティングへの参加などを目的に訪韓する女性が増えた。日本国内では、新大久保のコリアタウンに、韓国人のポップ・グループのパフォーマンスが見られるライブハウスや韓国ドラマ『コーヒープリンス1号店』の世界を再現した「イケメン韓国人店員」が給仕するカフェが登場し、人気の観光スポットとなっている（アークコミュニケーションズ編2013）。

　北原みのりは、上野千鶴子との対談において、こうした現象の基底には日本人女性のこれまで抑圧されてきた性的欲望があると指摘し、「女の欲望にはじめて具体的に応えてくれたのが韓流」（北原2013）と述べている。これに対して上野は、日本人女性が韓流スターを「相手の母国語に何のコンプレックスも感じる必要がなく、思うさま消費して使い捨てできる〔中略〕便利な消費財」（北原2013）として扱っていると批判する。

　韓国に出かける日本人女性は、目当てのスターや地元の男性に直接的な性的関係を求めているわけではない。しかし、これらの日本人女性は、上記の上野の発言で指摘される「欲望の対象を、コンプレックスを感じないで都合よく消費して使い捨てる」という点において、バンコクでの「はじける」夜を妄想する日本人男性と変わらない。自分の性的欲望を

優しく受けとめてくれる相手を、なぜ日本でも欧米でもない、アジアの国に求めるのか。これを考えたときに、両者に共通する、西欧から差異化されつつもアジアでは頂点に立つという帝国主義的な秩序を内面化したオリエンタリズム的（➡Ⅲ・11）な「観光客のまなざし」が浮かび上がってくる。

## 4．ジェンダーの多様性と観光研究

　ジェンダーの視角は、観光への関わりや観光の影響における性差、観光を通じて構築される両性間の関係性といった、これまでみえてこなかった観光の側面を照射してきた。こうした研究の重要な成果の一つは、観光との関わりにおける女性の不利な立場や搾取の実態を明らかにしたことである。しかしながら、近年の研究では、観光におけるジェンダー関係は、単純に女性が周辺化・客体化されるといったものではなく、旅行する側と受け入れ側の地域間の歴史的・経済的関係やそれぞれの地域社会および家族内での権力関係、人種、エスニシティ、経済力などと結びついて、複雑な様相をもつことが示されている。

　また、本章では、異性愛を前提としたジェンダー関係のみを取り上げたが、人々の性的指向性は一様ではない。観光業界では男性同性愛者の高い観光意欲と独特の行動が注目され、学術研究の対象にもなっている（Hughes 2006, Waitt and Markwell 2006, Johnston 2009）。

　このようなさまざまな要素と複合して構築されたジェンダーの複雑さや多様性を認識することで、観光研究は、今後さらなる広がりをもつと考えられるのである。

## 【読書案内】

岡田章子（2003）「女性雑誌における東アジア観光都市のイメージ──三重化するオリエンタリズムとグローバル化の交錯」『マス・コミュニケーション研究』62号、82-97頁。

Bauer, T. G. and B. McKercher eds.（2003）*Sex and Tourism: Journeys of Romance, Love and Lust*, The Haworth Hospitality Press.

# 第 11 章
# ポストコロニアリズム

藤巻正己

## 1. 国際大衆観光の興隆

　国連世界観光機関（UNWTO）によれば、1990年に4億3900万人であった国際観光者数は、2012年には10億3500万人に達したという（UNWTO 2013b）。先進国の大衆のみならず、経済成長著しい中国やインド、中東、東南アジア諸国の富裕層・中間層の国際ツーリズムへの参加は、ますます国際ツーリズムの大衆化を促すであろうことは想像にかたくない。

　国際マスツーリズムの展開あるいはマスツーリズムのグローバル化が顕在化するようになったのは、1960年代以降であるといわれる。欧米など先進国における大衆の所得水準の向上と余暇時間の拡大、大型旅客機の就航に加え、「安心・安全・快適」で安価なパッケージ・ツアーが登場するようになったからである。このような時代状況の変化に伴い、ツーリストの国際的移動のパターンの基調は先進国間相互のものだけでなく、自然環境が豊かで物価も安く、エキゾティシズム（異国情緒）あふれる途上国を観光目的地とするツーリストの移動も顕著な現象となった。世界銀行による融資や先進国からのODA、国際観光資本の観光開発が結びつくことにより、独立以降も植民地時代のモノカルチャー経済を引きずっていた新興の途上国が、先進国の大衆にとって「安心・安全・快適」なツーリズム空間へと大きく変貌をとげるようになったからである。こうした大衆観光のグローバル化を後押ししたのが、1967年に「国際観光年」を制定し、「観光は平和へのパスポート」をスローガンにかかげ、異文化への共感が民族間の理解を促進し、世界平和の伸張に寄与するものであるとして、観光振興に関する国際協力の必要性を提唱した国連であったことに留意すべきだろう。

## 2．国際大衆観光をめぐるネオコロニアリズム批判

　しかし 1970 年代に入ると、ツーリズム空間の拡大の舞台となった途上国における大規模な観光開発による環境破壊、ツーリストの大量流入が引き起こす環境汚染などの「観光公害」が表面化するようになった。そして熱帯の「処女地」と表象された手つかずの自然が蕩尽、収奪されたばかりでなく、新たに生産された観光地にツーリストを奪われ、衰退の一途をたどる「南の楽園」すら出るようになった。また、途上国の観光開発は雇用の創出、地元経済の浮揚契機となる「貧困克服のためのツーリズム」(高寺 2004、清水 2012) と期待されたが、観光地で生み出された富が国際資本により搾取、収奪されるという意味において、途上国の観光開発は「新植民地主義」(ネオコロニアリズム) に支配されていると厳しく指弾されるようになった (オグレディ 1983)。新植民地主義とは、第二次世界大戦後、植民地支配から脱却し、政治的独立を果たしたものの、新たな世界経済体制のもと、新興途上国は旧宗主国など先進国との間の支配‐従属的関係を解消できないまま、富の収奪、搾取が維持、強化されていく新たな植民地体系を意味している。

　国際マスツーリズムへの批判は、もてる先進国(「北」)からの観光者によるもたざる途上国(「南」)での傲慢なふるまいや、買春の横行に象徴される「倫理感」の欠如にも向けられた。「北」の観光者が「ゲスト」であることを「南」の社会(「ホスト」)に強いる態度は、「北」の「南」に対する経済的優位性、「北」と「南」の新植民地主義的支配‐従属関係を反映した優越意識の表れであると批判され (松井 1993)、観光者の観光目的地に対するまなざし、倫理的観光あるいは観光者の責任ある行動をめぐる議論が観光研究の主要テーマとなった。

## 3．国際マスツーリズムとポストコロニアリズム批判

　1980 年代以降、マスツーリズム批判と「持続可能な開発」論とが結びついた「持続可能な観光」を志向する動きに伴い、エコツーリズム (➡Ⅳ・1) やエスニックツーリズム (➡Ⅳ・9)、グリーンツーリズム (➡Ⅳ・2) などオルタナティブツーリズムと称される新たな観光形態が登場するようになった。その一方で、1990 年代以降、政治経済論的アプローチだけでなく、観光現象の文化論的解釈や、表象・言説分析による文

化政治論的観光研究が人類学や社会学、地理学の分野で取り組まれるようになった（➡Ⅱ・1〜3）。こうした観光研究の新たな展開を「文化論的転回」とよぶ（神田 2012）。その契機となったのは、E・W・サイードの著作『オリエンタリズム』（1978 年）（サイード 1986）を端緒とするポストコロニアリズム批判であったといわれる。

　ポストコロニアリズム批判とは、植民地主義からの脱却後も途上国の社会・文化に旧宗主国のヘゲモニーあるいは植民地主義的な遺制や装置が深く、巧妙に織り込まれている状況を暴き出し、そうした状況に対抗しようとする立場を指す（本橋 2005）。批判的観光研究は、ポストコロニアリズム批判に依拠しながら、観光現象を〈西洋・旧宗主国・富める「北」・自己〉／〈東洋・旧植民地・貧しき「南」・他者〉という対照的構造関係あるいは権力関係を見出し、ポストコロニアルな状況を読み解こうとする（Carrigan 2012）。

　ポストコロニアルツーリズムのシーンにおける自己とは「北」からの観光者の側（ゲスト）であり、他者とは観光目的地である「南」の側（ホスト）を含意している。前者の後者に向けられる「観光のまなざし」（アーリ 1995）は、植民地を訪れた宗主国の有閑層・富裕層と同様、〈文明／未開〉という二項対立的対比関係のなかで自文化の異文化への優越意識が投影されたものであり、断片的な観光経験を通して「北」では経験できない熱帯的なるもの（トロピカリティ）が消費され、「南」の「心象地理」が実感、内面化される。あるいは、宗主国がもち込んだ「言語や食が現地化＝クレオール化する状況を「交流」や「混淆」と呼んで面白がって消費する感性も、植民地支配の過程で造られた建造物（政庁や駅舎やホテルなど）や町並みを歴史的景観として懐かしがって消費する感性もまた、ポストコロニアリズムに特有のものであろう」（葛野 2011）と解釈される。

　他所としての「南」を訪れる「北」からの観光者は、訪れた先の観光化された風景に感嘆し、エキゾティシズム、ノスタルジア（郷愁）、レトロ（懐古）、癒し（ヒーリング）、ファンタジー（空想）などの非日常的気分に浸りながら余暇を過ごす。そして、エキゾチックなローカルフードを愉しみ、旅の思い出にその土地のイメージを記号化したみやげもの（➡Ⅴ・3）を購入したりする。つまり、そうした観光行動は、植民地観

光の時代から観光産業や観光メディア（➡Ⅲ・5）によって生産・再生産されてきた「南」の他所イメージや他所の心象地理の確認と消費そのものを意味している（神田 2012a）（➡Ⅲ・1）。

一方で「北」が失った「南」の無垢な自然や、自己の対蹠者(たいせき)としての秘境に暮らす少数民族（未開性）、他方では「北」によって飼い慣らされた「南」のピクチャレスク（絵画的）な風景、植民地主義の遺物ともいうべき建造物や町並みと植民者がもち込んだ習慣（コロニアリティ）、文明（「北」）と未開（「南」）とが融合しあった異種混淆文化（ハイブリディティ）……。こうした他者表象は、観光メディアによるガイドブック（➡Ⅴ・5）やパンフレット、インターネット（➡Ⅴ・7）などを通して、観光者の他所の心象地理に投影される（神田 2012a）。そして、観光者は観光の現場においてエキゾティシズムやノスタルジアなどといった審美的言葉で語られる他所イメージに浸りながら、「南」という「場所を消費する」（アーリ 2003）。「南」を舞台とするこのような状況をはらんだ観光は、ポストコロニアルツーリズムと解釈される。

マレーシアのペナン島の北東部に位置するジョージタウンでの標準的観光を例にとってみよう。1786 年に、ケダー州のスルタンからイギリス東インド会社によって租借されたのち、イギリス直轄の自由貿易港として発展し、香港やマニラと同様「東洋の真珠」と称賛されたペナンの旧市街地ジョージタウンは、マラッカとともに 2008 年に「マラッカ海峡の歴史的都市群」としてユネスコ世界遺産に登録され、ヘリテージツーリズム（➡Ⅳ・8）を通して同国有数の国際観光地としての地位をよりいっそう高めつつある。この旧英領植民都市は、ガイドブックなどでは常套句的に「東洋と西洋のクロスロード」、「東西文化が融合する街」として紹介されてきたが、実際、旧市街地の遺産地区とその周辺地域にはヨーロッパ、マレー、中国、インド、アラブ、シャム、ビルマなどの多種多様な民族文化が凝縮されている。異国情緒あふれる熱帯の旧植民地都市を訪れる観光者は、ガイドブックなどの「微表」(マーカー)（マキァーネル 2012）に誘われ、1885 年開業の「サマセット・モームやヘルマン・ヘッセというヨーロッパの文豪も宿泊した熱帯のコロニアル様式の白亜の」E＆Oホテル（写真 1）に宿泊し、「王侯貴族や富裕層の気分」に浸りながら、アフタヌーンティーを愉しむ。そして、トライショー（人力三輪車）に乗

写真1　ジョージタウンのコロニアルな表象景観
撮影：筆者

写真2　プラナカンの豪邸（ジョージタウン）
撮影：筆者

りながら、コーンウォリス砦、白亜の旧植民地政庁、セントジョージ・キリスト教会、観音寺、カピタンクリン・モスク、マハマリアマン・ヒンドゥー寺院、プラナカン（中国からマラッカ海峡に移住してきた中国系移民の末裔）の豪邸など（写真2）を遊覧し「東洋と西洋との出会い」に想いを馳せる……。こうしたガイドブックが推奨する定型化された観光を実践し、生きられた「遠い風景」（滝波2005）としてのコロニアルなジョージタウンの消費に耽る観光こそ、ポストコロニアルツーリズムであると批判的観光研究は解釈する。

## 4．ポストコロニアルツーリズム論再考

　しかし、国際ツーリズムの沸騰に伴い、集客の戦場と化している今日の「南」のツーリズム空間では、これまでの紋切型で固定観念的な「ポストコロニアルツーリズム」論だけでは解釈できない動きがみられるようになりつつある。主体性を奪われたとみなされてきた「南」の側（たとえば政府観光局）自体が、他の観光地との差異化を図り、観光者の飽くなき他性（otherness）や場所イメージの消費欲求に応えるべく、コロニアリティをよりいっそう強調するイメージ・キャンペーンを展開するなどの「したたかな観光戦略」に注目すべきであろう。

　たとえば、ジョージタウンでは、ヘリテージツーリズムを契機に、旧宗主国と旧植民地との権力関係を表象する政庁やキリスト教会、中国廟、モスク、ヒンドゥー寺院など外来の移民集団がもたらした多彩な建造物からなる異種混淆的な町並みが、イギリスによる植民地支配を物語る

「負の遺産」としてではなく、「イギリス・コロニアルをいまに伝える、西洋と東洋の文化の融合」、また「多民族・多文化が調和し、共生してきた類(たぐい)まれなる社会」として読み替えられようとしている。誤解を恐れずにいえば、今日の「南」を舞台とする観光現象は、「北」が「南」の観光を支配するといった一方向的権力関係のなかだけでとらえられるべきではない状況がみられようとしている。

　加えていえば、「南」の観光はトロピカリティやコロニアリティといった他性・他所性だけを観光資源とする時代から、新たなツーリズム・シーンに移行しようとしている。すなわち、観光者の再訪、長期滞在を促すべく、エコ、農業、農村、医療、スポーツなどさまざまな名称を冠したツーリズムの打ち出しや、これまで看過されてきた観光資源の新たな発掘（宝探し）、さらに、その土地の履歴に関わりのない「没場所的」（レルフ1998）な観光アトラクション（ブーアスティン1964）のつけ加えなど、多様な観光戦略が展開されつつある。

　こうして、「観光立国」を目指す「南」における観光現象を解釈するにあたっては、ポストコロニアルツーリズム論を参照枠組みとするだけではなく、観光の現場に身を置き、現前する生の現象をさまざまな視点からとらえ直し、「南」の側による観光のポリティックスの企図を読み解いてゆくべきであろう。

【読書案内】
江口信清・藤巻正己編（2010）『貧困の超克とツーリズム』明石書店。
オッパーマン、マーチン／ケー・スン・チョン（1999）『途上国観光論』内藤嘉昭訳、学文社。
藤巻正己・江口信清編（2010）『グローバル化とアジアの観光──他者理解の旅へ』ナカニシヤ出版。

# 第12章
# 観光まちづくり

堀野正人

## 1．旧来型観光開発の行きづまり

　1980年代後半のバブル経済期に、全国的に展開されたリゾート開発ブームは、地域と観光のあり方を考えるうえで重要な意味をもつ出来事であった（➡Ⅴ・10）。当時、日銀の過剰な資金供給のもとに、中央の銀行や不動産・建設企業は大都市圏の外にも新たな投資（投機）先を求めた。一方では、過疎問題に悩む各地方の自治体が、所得や雇用の創出の機会としてリゾート開発事業に飛びついた。また、1987年に制定された総合保養地域整備法（リゾート法）は、そうした動きを後押しし、全国に波及させることになった。この法律は規制緩和や各種補助をてこにした民間活力による大型施設整備を内容としたが、実際の開発は資金と運営のノウハウを地域外部の大企業に依拠するものだった。開発の主たる内容は、ゴルフ場、スキー場、マリーナといった定型化された施設をはじめ、テーマパーク、温浴施設、ミュージアムなどの箱物施設の整備であった。また、広範な市場からの来訪客を見込んだ過大な需要予測のもとに計画がなされた。つまり、この時期のリゾート開発は、規格型の大量消費的なマスツーリズムに対応するものであったといえよう。

　しかし開発後、実際に施設の運営を開始した所では、多くが経営難に陥り、倒産に追い込まれた事業も珍しくない。リゾート法適用第一号であった宮崎の「シーガイア」の経営破綻は象徴的な出来事であった。国民のゆとりある余暇生活を実現するという同法の理念とは裏腹に、リゾートブームはバブル経済の破綻とともに終焉し、自治体の多額の債務や自然破壊など、地域に深刻な禍根を残すことになった。

　リゾート開発の頓挫と並行するように、高度経済成長期を通じて拡張してきた既存の観光地もまた苦境に立たされた。団体、慰安、男性を対象とする、囲い込み型の大型旅館を林立させてきた温泉観光地に代表さ

れるように、多くの国内観光地において観光客の減少がみられるようになったのである。

　規格化された大量消費に対応する旧来型の観光開発が低調になっていった背景には、バブル経済の破綻だけでなく、観光行動の社会的な変化がある。それまでの、見る、食べる、癒す、買うといった行為に、参加・体験・交流することや学ぶことが加わってきたといわれる。観光の主体についても女性の個人客が重要な位置を占めるようになり、文化的な体験や個性のある食や商品への志向が強まった。つまり、観光は有名スポットをめぐる画一的で管理された団体旅行だけではなく、個人の趣味や関心にもとづいた多様な活動へと広がりをみせるようになったのである。こうした動向は、観光目的地の選択にも大きな影響を与えた。

## 2．観光まちづくりの展開とその理念

　冒頭にみたような動きとは対照的に、地域の個性を活かした観光のあり方を提示して、地道に発展を遂げてきた地域がある。たとえば、小樽、小布施、三州足助、長浜、奈良町、境港、琴平、内子、湯布院、綾などでは、各々の地域の素材を活かした個性的なまちづくりが、観光と密接に関わりあいながら進展をみてきた。

　まちづくりとは、その地域の住民、行政、諸団体が主体となり、協力して地域の生活環境を改善していく活動のプロセスである。それは、地域の自然、文化、産業、生活、イメージなどの顕在的・潜在的な資源を十分に活かして地域を活性化することでもある。まちづくりの大きな意味は、その働きかけのなかで地域内外の人々の多面的な結びつきをつくり出し、心の豊かさやゆとりを感じられる地域で生活を送ることにあろう。

　まちづくりの過程では、人々が地元地域に対して興味・関心を抱き、地域資源を発掘して磨き上げ、新たな文化の創造をすることで魅力を発信していく。そのことが、外部の人の共感をよんで交流人口の増加につながり、結果として観光の発展をみることになるし（西村編 2009）、地域住民のアイデンティティの形成を促すのである。

　実際、上に挙げたような地域では、観光をまちづくりの推進力として取り込み、役立てる動きが生じてきた。まちづくりへの着目は、従来の

観光が経済的効果や産業振興を優先した結果、地域住民と連関せず、自然・居住環境とのバランスがとれなかったことへの反省でもあった。そのため、観光まちづくりでは、必要な資金やノウハウを外部の資本に依存して大規模な開発をするのではなく、地域の行政・企業・住民が相互の人的・産業的ネットワークを形成しつつ、主体的、内発的に観光の展開を図っていく。また、既存の施設や文化遺産などを活用して自然・社会の環境許容量に適合した規模の事業を目指すことになる。こうした特徴は、いわゆるサステナブルツーリズムの概念とほぼ重なりあうものといえる。

## 3．観光まちづくりの戦略

現在、観光まちづくりにとって実践的に応用しうる理論的枠組みが求められるようになっている。というのも、2000年代に入ると多くの地域が観光まちづくりに取り組むようになってきたが、実際には容易に成果があがらないからである。たとえば、観光の魅力となる地域の資源を発掘して磨き上げることには熱心でも、それが外の観光客に伝わらず、どのような評価を受けるのかもわからないということがある。あるいは、単発のイベントは開催できても、恒常的に観光客を招きいれて経済効果を発生させるシステムがつくれないといった状況がある。

こうした実状に対して、敷田麻実らは、より戦略的に観光まちづくりを進めていくための議論を展開している（敷田ほか編2009）。ここでは彼らの提唱する、観光まちづくりの欠点を補う手法について概略を述べていくことにする。

敷田らは、現在の多くの地域では、まちづくりが内向きにとどまり、個々の努力が観光には結びつかず空回りしているのであり、それでは地域外のニーズや情勢が目に入らない、自己中心的なまちづくりに陥ってしまうという。また、「まちづくりはボランティアが基本で、営利を目的とした組織は認められない」、「まちづくりは組織ではなく、結局は人だ」といった、まちづくりに独特の認識も足かせとなっているという。

そして、問題の核心はブランディングとマーケティングのノウハウが不足していたことであるとし、地域の内部をまとめ上げ、外部とのつながりをつくって観光を実現するための働きを担う中間システムの重要性

を説いている。その具体的な組織形態は各地域のまちづくりの経緯や条件によって異なり、観光行政、観光協会、商工会、NPOなど、さまざまなパターンが考えられる。

地域で考えたコンセプトを具体的なメッセージにすることで商品やサービスがつくられるのであり、これが地域ブランディングである。地域ブランドは、地域資源の価値が地域内の生活者、関連組織に共有され、それが地域外に発信され、定着することによって構築される。強力なブランドを構築しようとするためには、中間システムが「地域の理想像」を描いて明確な「ビジョン」を内外に示し、定着させることが重要である。そうすることで、地域にあわない商品やサービスは生まれにくくなる。また、観光客は事前に地域イメージをもってやって来るので、みずからの価値観と地域のそれとを「共鳴」させられる。また、地域ブランディングに取り組むことで、バラバラであった地域の各活動主体を結びつけて協働と合意のネットワークを形成できる。

構築された統一的なブランドイメージのもとに生み出された商品やサービスを流通させ、観光客の共感をよんで購買してもらうためにはマーケティングが必要となる。かつて、情報発信と商品流通の方法は、大手旅行会社を中心とした外部組織に依存する間接的マーケティングであった。しかし、中間システムが知識やノウハウを獲得することで、インターネットを活用し、地域の商品の魅力を主体的に観光客へ訴求する直接的マーケティングも可能になる。

さらに進んで、まちづくりが観光と連結して相互の活動が循環するようになれば、環境・資源の維持や人材育成のための投資が可能となり、持続可能な観光まちづくりを実現できるというわけである。

## 4．構築過程としての観光まちづくり

以上のように、観光まちづくりの研究や分析は、先行する事例を参照しつつ、歴史的背景や意義、基本理念を示すだけでなく、より実践的・戦略的な技法の探求へと深まってきている。しかし一方で、観光まちづくりの現実的な過程とそこで生じる問題に着目し、実践主体の立ち位置からいったんは距離をおいて考察することで、その背景や構造を解き明かすことも重要である。観光まちづくりの戦略は、けっして予定調和的

に実現するものではないからである。

　たとえば、まちづくりに連動した観光といえども、これまでの観光の主流であるマスツーリズムと無縁ではなく、つねにそのなかに回収される傾向にあることが指摘できる。湯布院のように観光客数が増加し、メディアに取り上げられ、「成功」したとみなされる地域も例外ではない。

　もっとも大きな問題は、観光による商品化の事実である。観光まちづくりでは、地域の生活、自然、文化などのあらゆる観光対象に値段がつけられ売買され、「まち」全体が観光の商品となる（安村 2006）。つまり、まちづくりのなかで地域住民のアイデンティティの拠りどころとされるものが、余所との差異を示す商品となり、観光客の消費の対象となっていくのである。また、人気の観光地となるにつれ、外部資本の参入や観光客の過剰入れ込みが起こり、没個性的なグッズや店舗が登場し、従来の雰囲気が失われ、いわゆる俗化が進行する。

　有名観光地化とともに一時的滞在の客が増すが、その多数は、一時の非日常の楽しみを求めて訪れ、消費をするのであって、必ずしも共感や交流を主目的として来るわけではない。そこに双方向的な人間関係の成立を期待するのは難しくなる。

　そして、観光まちづくりによって生み出された魅力あるものも、メディアが表象する、美しい町並み景観、レトロな雰囲気、人々の素朴さや温かみ、といった一連の「地域らしさ」の記号へと還元され、外部に繰り返し提示されていく（堀野 2004）。かくして、ひとたび形成された地域ブランドのイメージや記号は、観光客に消費され、消耗していく。

　まちづくりを担う側の問題もある。過疎化の進行する地域や衰退する商店街の再生と結びついているような場合では、文化や交流よりも経済的な動機が強く働く。また、現実のまちづくりでは地域が一枚岩となって進むわけではなく、事業者と一般住民という立場、個々人の価値観などの違いや、経済的な利益をめぐる対立・競合といった当事者間の複雑な関係が存在する。

　また一方で、まちづくりのなかで見直されたり、創出されたりする地域の観光文化も、かつての共同体に内在していた、いわゆる「伝統」とは次元を異にする。それはつねに当事者によって意図的に操作されつつ継承されていくものであり、不安定さを免れない。全国にあふれかえっ

たB級グルメやご当地キャラクターのように、地域同士の文化をめぐる競合も起こりうる。

　このように、資本主義経済、メディア社会、地域間競争といった構造的な環境要因に規定される側面があることも、観光まちづくりの現実として認識しなければならない。複雑に関与しあう主体間の、あるいは外部環境との力学のなかに観光まちづくりはある。交流や文化創造を通して地域の人々の心の豊かさやゆとりを実現し、アイデンティティの拠りどころとなる地域をつくることと、地域を売れる商品として市場に提供し経済的に活性化することを、どのようにして整合させコントロールできるのか。この現実問題は、つねに理念や戦略にフィードバックされ、その妥当性や実効性を問い直し、再構築を迫ることになる。われわれは、こうしたダイナミックなプロセスとして観光まちづくりをとらえる必要があるだろう。

【読書案内】

敷田麻実・内田純一・森重昌之編（2009）『観光の地域ブランディング――交流によるまちづくりのしくみ』学芸出版社。

西村幸夫編（2009）『観光まちづくり――まち自慢からはじまる地域マネジメント』学芸出版社。

安村克己（2006）『観光まちづくりの力学――観光と地域の社会学的研究』学文社。

# 第Ⅳ部

# 観光の諸相

# 第1章
# エコツーリズム

須永和博

## 1. エコツーリズムとは何か

　1980年代後半から、マスツーリズムへの批判が高まり、自然環境や地域文化に配慮した新たな観光のあり方が模索されてきた。エコツーリズムとは、こうした流れのなかで登場した観光形態・理念の一つである。

　エコツーリズムという用語にはさまざまな定義があるが、もっとも一般的な定義の一つとしてE・ブーによるものが挙げられる。ブーによれば、エコツーリズムとは、①保護地域のための資金をつくり出し、②地域社会の雇用を創出し、③環境教育を提供することにより、自然環境の保全に貢献するような自然志向型の観光である（Boo 1990）。

## 2. エコツーリズムの窮状

　しかし、エコツーリズムの現場では、その理念とは裏腹に、これまでさまざまな問題点が指摘されてきた。

　たとえば、マレーシアのボルネオで調査を行った山下晋司は、エコツーリズムの対象となっている森が、プランテーションに向かないがゆえに残された土地であることを指摘している（山下・吉見2000）。ボルネオでは、これまで商品化の対象とはなりえなかった領域を、エコツーリズムの名のもとに新たに開発の対象としており、その意味でエコツーリズムとは森の最終的な収奪形態であるという（山下・吉見2000）。エコツーリズムを自然保護のための万能薬として無批判に礼賛することは、「自然保護」というレトリックのもと、エコツーリズムもまた既存の資本主義的開発の一形態であるという現実を隠蔽することにつながる（橋本1999）。

　また、エコツーリズムにおいては、地域コミュニティの参加（community involvement）の重要性が強調されるが、実際には、生活向上という

恩恵を受けるどころか、資本主義システムとしての観光産業に経済的に従属していく状況も生じている。たとえば、エクアドルの熱帯林では、そこに暮らす先住民の人々が、エコツーリズムの運営に積極的に関わっている。しかし、エコツアーを運営している都市部の旅行会社主催のガイド養成講座を受講したり、ツアーに必要な船外機を購入したり、エコツーリズム運営に必要な資本投下をみずから行う必要があり、ひとたび資本が投下されると、それを回収し、さらには利益をあげるために積極的にエコツアーに関わるようになり、エコツアーから離れられない構造が生じている（千代2001）。さらには、ツーリストが頻繁に訪れる村とそうでない村との間に経済的格差が生まれ、それが村落間のコンフリクトの要因にもなってしまっている（千代2001）。

　上に紹介した二つの事例からわかることは、「環境にやさしく」、地域住民の「生活向上」にも寄与するとされるエコツーリズムが、結局のところ資本主義的開発の一形態にすぎないということである。もしそうであるとすれば、ローカルな人々のエコツーリズムへの参加が、グローバルな市場経済との不平等な連続を生む危険性も有しているということに、十分自覚的になるべきであろう。

　しかし、ローカルな人々はこうした状況に対して、ただ受動的に対応してきたわけではない。外からやってくる開発に巻き込まれつつも、ときにはそれに抗したり、あるいは利用したりするといった社会的・文化的交渉のなかで、柔軟に彼／彼女らの生活世界を再編してきた（須永2012）。次節では、こうしたホスト社会側の主体性に着目しながら、エコツーリズムの可能性について考えてみたい。

## 3．エコツーリズムのなかの先住民

　エコツーリズムにおいては、自然環境のみならず、先住民をはじめとする自然と深く関わる人々の生活文化もまた資源化される。1990年代以降、自然保護思想の流れが、「原生自然」の厳格な保護を希求するものから、先住民をはじめとする自然と深く関わる人々の生活や生業を視野にいれたものへと変化するなかで、先住民らの「在地の知恵」（local knowledge）に注目が集まっていったのである。しかし、「自然と共生する人々」といった先住民イメージは、先住民の人々を近代とは異なる

「伝統に生きる人々」として固定化する。そして、このようなまなざしには、エコツーリストを「文明」の側に、先住民の人々を「野生」の側に位置づけ、両者の関係を固定化するというオリエンタリズム的な構造がみられる。そのため、「自然と共生する人々」といった先住民表象は、「伝統的なるもの」と「近代的なるもの」が複雑に絡みあった現実世界への思慮を欠いた、先進諸国に生きる人々の身勝手なロマンティシズムにすぎないという批判もある（橋本1999）。

　しかしその一方で、「自然と共生する人々」といった先住民表象を、外部者によるロマンティシズムとして切り捨てることのできないような現象もみられる。つまり、「自然と共生する人々」という外部者によるイメージを、先住民みずからが戦略的に受容するといった状況が生まれているからである。たとえば、国家や資本による自然環境の開発と利用に反対する先住民の人々が、その反対運動を展開するなかで、「自然と共生する人々」といったイメージを戦略的に利用するといった状況は、世界のさまざまな地域で起こっている。そして、このような状況は、エコツーリズムの現場においてもみられるようになってきている。

　一例として、筆者がこれまでフィールドワークを行ってきた北タイの山地民カレンの事例を紹介しよう（須永2012）。筆者が調査を行ってきた地域のカレンの人々は、焼畑耕作を主たる生業としてきた。焼畑とは、森を切り開いて焼いたのち、そこにさまざまな作物を植える熱帯地域に広くみられた伝統農法である。筆者の調査村では、1年耕作したのち、7～10年ほど休閑させ、森林が十分に回復したのちに、ふたたびその森を切り開いて耕作を行っている。森を焼いて畑にするというと、破壊的な農法と思われがちだが、十分な休閑期間を置くかぎりは、持続可能な農法である。また、焼畑の作物の多くが在来品種で、実は生物多様性の保全にも貢献している。さらには、農薬や化学肥料なども使う必要がないため、環境にもやさしい。しかし、タイ政府は、これまで焼畑を、「森林破壊を助長する」として禁止するとともに、山地民の人々を「森林破壊者」として位置づけ、さまざまな政策的介入を行ってきた。

　こうした状況に対して、一部のカレンの人々は、焼畑や山地民についての偏ったイメージを是正するために、焼畑を含むカレンの生業や「在地の知恵」を見学するエコツアーを地元NGOと協働で運営している。

そのツアーでは、ガイドとなった村の人々は焼畑の持続可能性や生物多様性について熱心に語り、焼畑がカレンの文化であることを強調する。カレンの人々の間では、エコツーリズムを媒介として、もともとは単なる生業であった焼畑がカレンの民族文化として意識化されてきている。そしてこのことは、タイ社会のなかで広まっている「森林破壊者＝山地民」という言説に対抗し、「森林保護者としてのカレン」という新たな自己成型の過程でもある（須永 2012）。このように、カレンの人々にとってエコツーリズムは、これまで否定的に位置づけられてきた「山地民」、「焼畑」といったものを肯定的にとらえ直し、新たなアイデンティティを練り上げていくための社会運動的な側面をもっているのである。

これまでみてきたように、エコツーリズムは、先進諸国の環境主義者と世界システム（ウォーラーステイン 1981）の周辺地域の人々との結びつきを生む。それは一方では、両者の政治経済的な不均衡を背景として、中心から周辺へと圧倒的な影響をもたらすものである。しかしその一方で、自文化を外部に向けて発信し、みずからをエンパワーする積極的な契機ともなりうる。そのため、エコツーリズムという現象を理解するためには、それに関わるさまざまなアクター間の交渉や協働を含む、複雑な社会関係を注視することが重要であろう。

**【読書案内】**

エコツーリズム推進協議会（1999）『エコツーリズムの世紀へ』エコツーリズム推進協議会。

須永和博（2012）『エコツーリズムの民族誌――北タイ山地民カレンの生活世界』春風社。

橋本和也・佐藤幸男編（2003）『観光開発と文化――南からの問いかけ』世界思想社。

# 第2章
# グリーンツーリズム

寺岡伸悟

## 1. グリーンツーリズム（GT）とは

　グリーンツーリズム（GT）とは、農山漁村地域を訪ねてその自然や産物、文化などを楽しむ余暇活動のことである。

　グリーンツーリズムはドイツ・フランス・スイス・オーストリアなどで1970年代に提唱され始め、80年代に普及をみた。フランスではツーリズム・ベール（緑の旅行）、イタリアではアグリツーリズモとよばれている。安村克己は、その背景として都市居住者の脱都会志向、マスツーリズムの問題性の顕在化、農業・農村保護政策の展開などを挙げている（安村2001b）。日本でも、都市と農山村が交流することで農山村を活性化する手法として「グリーンツーリズム」という言葉が提唱されたのであるが、それは、1992年度に農林水産省が打ち出した「新農政プラン」と称する方針に端を発する。そこでは農業・農村の多面的機能の重要性が謳われたが（青木1998）、その背景には、80年代後半から全国の地方で進められ、90年初頭のバブル崩壊によって頓挫したリゾート開発への反省があるとされる（➡Ⅴ・10）。

　国内でのGTのはじまりは、大分県宇佐市安心院町の「会員制農泊」に求められる。安心院では、法律上有料宿泊の難しいなかで、農家が「会員による農村文化体験（農泊）」という名目で滞在者を受けいれる方法を考案、やがてこの「農泊」方式が旅館業法簡易宿所の業務として認められるに至った（宮田2010）。のちにこれは安心院方式とよばれ、以後の日本国内でのGTの拡大に大きなインパクトを与えた。

　欧米ではツーリストが農村やリゾート地に長期滞在することがGTの一般的な姿とされる。しかし日本では長期休暇がとりにくい労働環境のためどうしても短期滞在が多くなる。日本人の生活文化に適したGTが模索されるため、あえて「日本型グリーンツーリズム」とよぶこともある。

国内の農村におけるGTは多種多様だが、ここでは農林水産省のホームページを参考にして、〈滞在期間の長短〉、〈地域との関わりの深さ〉の二つの軸から整理してみよう。

まず、まず日帰りなど滞在期間が短く、地域との関わりの浅いものとしては、農林水産物直売所での地元生産物の購入が挙げられる（後述）。もう少し地域との関わりをもつものとしては、柿狩り・芋掘りなど観光農園の利用が該当する。さらに地域との関わりが深まれば、農産物の加工体験や簡単な農作業体験が含まれてくることとなる。一方、宿泊を伴うような滞在型のGTの場合、農家民宿への宿泊がまず挙げられる。農家民宿に宿泊することによって、手作りの郷土料理を味わうことができ、その地域の歴史や文化についての話を直接聞く機会も増えてこよう。さらに地域との関係が深まってくると、1回だけの宿泊ではなく、棚田のオーナー制度などに参加することで、1年を通して農作業に参加し、当該の地域と継続的な関わりを深める観光者も出てくる。農業体験から農村生活体験というべき段階に入るのである。

## 2．世界に広がるGT

世界各国でGTは広がりをみせてきた。そうしたなかで、GTのクオリティを高めるためにたとえばイギリスでは、複数存在した宿泊施設の評価基準の統一化が1990年代にさかんに検討され、2000年度半ばに共通基準が設定された。ここには農家民宿のような小規模宿泊施設や自炊施設なども含まれることとなった。GTにおいても、宿泊施設としての高い質・アメニティを確保することで、その魅力を高めていこうという方針が示されているといえる（青木ほか2006）。またGTはアジアにも広がりをみせている。韓国では80年代から政府による農村観光（観光農業）の振興事業が開始され、「緑色農村体験マウル」、「伝統テーマ・マウル」といった名称を冠し、政府が農村開発の一環としての農村観光事業を推進している。中国でも、96年前後から「農家楽」とよばれるGTが全国的展開をみせているという（宮崎編2006）。

## 3．六次産業化とGT

近年、GTが、都市生活者にとってより魅力的なものとなり、かつ、

農山漁村の活性化や持続可能性に貢献するものとなるため、地元の産物を使用・加工し、地域の特産品をつくることの重要性が広く認識されてきた。これは、従来の第一次産業従事者に加えて、加工業者や流通、サービス業者が異業種協同を行うことで可能となるため、農商工連携や六次産業化とよばれている。六次産業とは第一次産業（農林水産業）＋第二次産業（工業）＋第三次産業（商業）の協同から名づけられた名称である。たとえば、栗で有名な長野県小布施町には食品加工・展示・研修室を備えた六次産業センターを設置し地域の利用を促しており、また千葉県南房総市の枇杷倶楽部では、特産の枇杷を核に据えた加工品（枇杷のピューレ、カレー、ソフトクリームなど）を考案・販売すると同時にギャラリーや観光農園も運営するなど、注目すべき事例は各地に存在する。GTの対象となりうる農山漁村は全国に多くあるなか、あえて自分たちの村にツーリストが目をとめ、さらに訪問（願わくば宿泊）してくれるためには、その地域にある資源（自然、産物、歴史など）をできるだけ多く「再発見」し、加工品開発などの魅力づくり、さらに地域内の異分野連携によって、その地域の「面的な」魅力をアピールしていくことが不可欠となる。その重要性に鑑み、政府や自治体も、農商工連携や六次産業化を促進するための各種の補助金を設定している。

　ただこうした試みには、地域の魅力の発信、そのすばらしさを住民自らが認識するといった面と、経済的利益の追求というビジネス的側面の両立という難しい課題がある。GTを語るときしばしば挙げられるキーワードに持続可能性（sustainability）があるが、村のありのままをただ素朴に呈示するだけでは、その多くが都市生活者であるツーリストは満足しなくなりつつある。かといって、加工品の売り上げ向上だけを考えれば、地元産にこだわらず大規模展開するほうが有利だという考え方も存在しうる。農村の持続可能性を高めるコミュニティ「ビジネス」としてのGTのバランスの取り方がいっそう問われることとなろう。

## 4．これからのGTとGT研究

　GTは、過疎・高齢化という課題を抱える日本の農山漁村の活性化・持続可能性の向上にとって重要な意味あいをもっている。それは現代ツーリズムの社会的意義を考える際にも重要な領域である。日本の地方の

行く末をとらえる一つの入口であると同時に、ツーリズムに対する認識を深める入口の一つとしてGTをとらえたいものである。

【読書案内】
青木辰司（2010）『転換するグリーン・ツーリズム――広域連携と自立をめざして』学芸出版社。
井上和衛（2011）『グリーン・ツーリズム――軌跡と課題』筑波書房。
日本村落研究学会編（2008）『グリーン・ツーリズムの新展開――農村再生戦略としての都市・農村交流の課題（年報村落社会研究43号）』農文協。
宮崎猛編（2006）『日本とアジアの農業・農村とグリーン・ツーリズム――地域経営　体験重視　都市農村交流』昭和堂。
宮田静一（2010）『しあわせ農泊――安心院グリーンツーリズム物語』西日本新聞社。

# 第3章
# フィルムツーリズム

中谷哲弥

## 1. フィルムツーリズムとは

　フィルムツーリズムとは、「映画やテレビドラマなどの映像メディアの撮影地となったところを訪れ、映像の世界を追体験する観光」である。映像メディアのロケ地となった場所を訪れるという観光行動は古くからみられたが、今日では日本でも全国各地にフィルム・コミッション（映画やドラマなどの撮影を地元に誘致し、撮影のための各種支援を行う機関）が設立されてロケの誘致が行われるなど、観光客誘致の動きが広がっている。

　なぜ映画などの誘致が集客につながるのか。その大きな理由は、たとえば「古都」、「ひなびた温泉地」など、それぞれの観光地がもつイメージが訪問先の選択に際して重要だからである。そして、ガイドブック、観光パンフレット、旅行番組など直接的に観光地を解説するもの以外にも、映画やテレビドラマなどの映像メディアによっても観光地イメージは構築されうる。2004年に公開された映画『世界の中心で、愛をさけぶ』は、それまで「石と魚の町」をアピールしていた香川県庵治町（現高松市庵治町）のイメージを「純愛の聖地」へと転換し、これによって新たな訪問客が訪れるようになった。海外では、ニュージーランドのような観光国でも映画を活用して新たな来訪者の獲得を進めようとしている。

　映画がヒットすれば、従来のイメージに加えて新たな観光地イメージが構築されるだけではなく、観光とはなじみのなかった場所が新たな観光地として出現する可能性すら存在する。このことから、フィルムツーリズムは新たな情報発信や観光振興の手段として注目されている。

## 2. フィルムツーリズムの観光経験

　フィルムツーリズムの観光経験の特徴は、観光地イメージとは何かと

いう問題と密接である。ここでいう観光地イメージとは「ある場所に対して、時の流れのなかで蓄積されてきた印象、信念、観念、期待、感情の総体」(Kim and Richardson 2003) を意味する。つまり単に頭のなかに浮かぶ図像的な風景ではなく、多層的な心理的要素の複合である点が重要である。だからこそフィルムツーリズムには独自の観光経験が伴う。

　まず、訪問者は漠然とロケ地を訪れるのではなく、映像における印象的なシーン、たとえば「二人で語りあったあのブランコ」のようなピンポイント的な場所やモノ（これらをイコンという）を訪れる。映像にはストーリーラインが存在することも特徴的である。人々は必ずしも映像でみた場所が景観的にすばらしいからではなく、その場所がストーリー展開のなかで重要ないし印象的であったからこそ、自分もその場に身を置くことで映像の世界を感情的に追体験したいと考える。さらに恋愛映画などでは追体験を超えて、映像で描かれる世界を自分の将来への期待や理想と重ねあわせ、映像の世界を内面化するような経験のあり方も存在する。ガイドツアーでは、ツーリストは「撮影秘話」をガイドから聞くことで、映像の舞台裏を楽しめることも魅力となっている。上述の定義からは外れているが、映画が撮影されたスタジオなど映像関連施設へのツアーも今日ではさかんであり、撮影セット、小道具、特殊撮影の解説など、ロケ地とはまた異なる追体験の機会を提供するものとなっている。

## 3．ハリー・ポッターとロード・オブ・ザ・リング

　ここでは海外の二つの映画に関連するフィルムツーリズムについて紹介しておきたい。まず、映画「ハリー・ポッター」シリーズは、2001年の第1作以降、7作品が公開され、ロケ地はイギリス全土に及んでいる。現地では『ハリー・ポッター・オン・ロケーション』という、150以上のスポットを詳細に解説するガイドブックが販売されている（Sperati 2010）。

　西欧諸国では日本よりもビジネスとしてのガイドツアーがさかんである。たとえばブリット・ムービー・ツアー（britmovietours）というロンドンの業者は、ハリー・ポッター関連だけでもロンドン、オックスフォード、レイコックをめぐるバスツアー、ロンドンのウォーキングツアーほか5種類のツアーを催行している。ロンドンのウォーキングツアーで

は、ロケ地の一つである地下鉄ウェストミンスター駅が集合場所となり、映画の小道具である魔法の杖をもったガイドと合流して、2時間半ほどかけて8カ所のロケ地をめぐる。各スポットでは該当するシーンの写真をガイドが見せながら、映像シーンと実際のロケ地の様子との違い（たとえば、映画中には存在する電灯が実際にはない）などについて説明する。

ガイドツアー以外でも、鉄道のキングクロス駅構内には魔法学校への急行列車が発着する「9と4分の3」番線ホームを模したプレートとカートが壁に埋め込まれ、記念撮影のスポットとなっている（第Ⅳ部扉写真参照）。2012年にはロンドン郊外に「メイキング・オブ・ハリー・ポッター」と銘打つワーナーブラザーズ・スタジオがオープンして多くの来訪者を集めている。

映画「ロード・オブ・ザ・リング」は2001年から2003年にかけて公開された3部作で構成され、さらに関連映画「ホビット」も3部作として順次公開が予定されている。撮影のほとんどは監督の出身国であるニュージーランドで行われ、ロケ地は全土に及ぶ。この映画に関しては、国を挙げてキャンペーンが展開されており、政府観光局はニュージーランドを映画に登場する「中つ国」として宣伝し、ニュージーランド航空は機体にホビットのペイントを施し、首都ウェリントンの空港では映画に出てくるゴラムという怪人の巨大なモニュメントが壁面から待合客を見下ろしている。

今日、ニュージーランド内のガイドツアー会社は35社を超え、150カ所ほどの訪問スポットが存在するといわれる（Buchmann 2010）。日帰りのツアーから四輪駆動車を駆って数週間をかけて各地をくまなくまわるようなツアーもある。たとえば、ウェリントン・ムービー・ツアー (Wellington Movie Tours) という業者の日帰りツアーは、8時間半のツアー時間のなかで7カ所のロケ地をめぐり、最後には同映画の特殊効果を担当したウェタケーブ（Weta Cave）というスタジオを訪問する。ツアー中は移動の車中で映像が流されるだけでなく、ロケ地でもパソコンで映像を流しながらガイドによる説明がなされる。さらには、衣装、弓矢、杖、つけ耳、調理道具など、さまざまな小道具が用意されていて、ツーリストは登場人物に扮することができたり、ツーリストたちがあるシーンを再現してガイドがそれを写真におさめたりと、体験型のツアー設定

がなされている。ロケ地のガイドブックも詳しいものが空港やみやげもの店など各所で販売されている。このようなかたちで、今日のガイドツアーではさまざまな仕掛けと工夫がなされている。

## 4．フィルムツーリズム研究

　最後に、主として欧米におけるフィルムツーリズム研究の流れについて触れておきたい。A・カルポビッチによれば、フィルムツーリズムが独立した研究分野として認識されるようになったのは1990年代半ば以降である。主要な二つのアプローチとしては観光・レジャー研究とメディア研究があり、前者は定量的な手法にもとづき、映像作品がいかにロケ地の訪問者数や社会に影響しているかなどを主要な関心としてきたのに対して、後者は定性的な手法で観光地の表象やツーリストの経験と真正性（➡Ⅲ・2）の問題を扱ってきた。近年では、定量的研究は観光を経済活動のみに還元しているとの批判もあり、定量的と定性的の両方のアプローチをうまく組みあわせて、観光経験について深く掘り下げたり、観光政策などのより広範なコンテクストと枠組みのなかで現象をとらえるような試みが生まれているとしている（Karpovich 2010）。

　S・ビートンも同様に、初期の研究はマーケティングや観光動機などビジネス関連の課題に集中していたが、今日では人類学や社会学分野での研究が進むとともに、文化交流や異文化理解などの視点を加えたり、ツアーガイドとツーリストとの感情的な紐帯に注目するなど、新たなアプローチも出現していると指摘する（Beeton 2010）。

　日本ではフィルムツーリズム研究は十分に着手されていないが、日本のフィルムツーリズムには、欧米のようなビジネス先行ではなく、行政も含めた地域づくりといった興味深い面もあり、今後の研究が待たれる。

### 【読書案内】

中谷哲弥（2010）「フィルム・ツーリズムにおける観光地イメージの構築と観光経験」遠藤英樹・堀野正人編『観光社会学のアクチュアリティ』晃洋書房、125-144頁。

Beeton, Sue（2005）*Film-induced Tourism: Aspects of Tourism*, Channel View Publications.

# 第4章
# アニメツーリズム

岡本 健

## 1. アニメツーリズムへの注目

　近年、日本のアニメを活用した地域振興や観光振興について、国や地方公共団体による取り組みがさかんだ。たとえば、2013年6月20日には、観光庁、JNTO（日本政府観光局）、経済産業省、ジェトロの共同行動計画「訪日外国人増加に向けた共同行動計画」が発表された。このなかには、アニメの聖地への来訪を促すための情報発信が含まれている。同27日には、観光庁が「「今しかできない旅がある」若者旅行を応援する取組表彰」でアニメ『ガールズ＆パンツァー』と連動した茨城県大洗町の取り組みに奨励賞を授与、同年9月には日本のアニメ聖地を英語で紹介するウェブサイトを立ち上げている。地方自治体でもさまざまな取り組みがなされている。埼玉県は、アニメを資源とする観光をアニメツーリズムとし「アニメツーリズム検討委員」を2009年に組織し、2013年10月には「アニ玉祭」という埼玉県におけるアニメを活用した取り組みをアピールするイベントを開催した。京都府では2013年5月29日に「映画・マンガ・アニメ聖地活用事業補助金」の募集が開始された。

　調査、研究も活発に行われている。公益財団法人日本交通公社の調査『旅行者動向』では、2010年の調査から、行ってみたい旅行タイプを問う選択肢のなかに「アニメツーリズム」が登場した。元来、映像作品を動機とした旅行や観光は、フィルムツーリズムとよばれて研究が蓄積されてきていたが（➡Ⅳ・3）、アニメを取り上げて論じた書籍はまだ少ない。アニメと観光についてまとまった知見を発表している書籍としては、2011年に山村高淑によって『アニメ・マンガで地域振興』（山村2011a）が出されており、13年には筆者が『n次創作観光』を出版した。

## 2. アニメ聖地巡礼の登場と展開

　アニメツーリズムが注目されるきっかけの一つであり、新たな観光の特徴がみられる現象としてアニメ聖地巡礼がある。アニメに描かれた背景のモデルとなった場所を探して訪ねる行為で、筆者の調査では90年代前半ごろからなされ始め、2000年代後半にさかんになっていった（岡本2009a、2011a）。アニメ聖地は主に開拓的アニメ聖地巡礼者が発見し、その情報をインターネットを通して発信する（➡Ⅴ・7）。これを見たファンが、舞台となった地域に足を運ぶ（岡本2010）。現地では次のような行動がみられる。まず、巡礼者はアニメの背景となった場所でアニメと同じアングルで写真を撮影する（➡Ⅴ・4）。そして、現地には巡礼者が訪れたさまざまな痕跡が残される。たとえば、アニメキャラクターを描いた「痛絵馬（イタエマ）」や、アニメグッズを地域の商店や施設に寄贈していくなどだ。さらに、アニメのイラストを貼りつけた自動車（➡Ⅴ・2）である「痛車（イタシャ）」や、キャラクターの扮装をするコスプレイヤーも訪れる。このようにして、アニメ聖地にはファンのさまざまな表現が集積していく。そして、これを見た人は写真や動画として撮影し、ネットで発信する。また、巡礼者がガイドブック（➡Ⅴ・5）をつくることもある。これには、アニメの聖地はもちろん、近隣の商店や名所旧跡なども詳細に記述されていることも多い。なかには海外から何度も訪れ、母国語と日本語を併記したものをつくって頒布する人もいる。

　つまり、アニメ聖地巡礼は、アニメをきっかけに、背景となった場所に人が訪れ、表現が蓄積されていき、聖地に関するさまざまな情報が個人によって発信されて、さらに人が集まる構造をもつ（図1）。マスメディアや地域、観光産業が行う体系的な情報発信がなくとも、旅客が情報を発信し、それらが情報空間上に集積することでボトムアップ的に観光情報が構築され、旅行行動が生まれたといえよう（岡本2011b）。

## 3. アニメツーリズム実践と研究の今後

　ただし、アニメ聖地巡礼に違和感を投げかける視点もある。神田孝治の調査によると、アニメに描かれた地域の住民から、アニメに描かれた自地域の風景についての違和感、および、アニメの背景となったことで訪れるファンに対しての違和感の表明があった（神田2012b）。

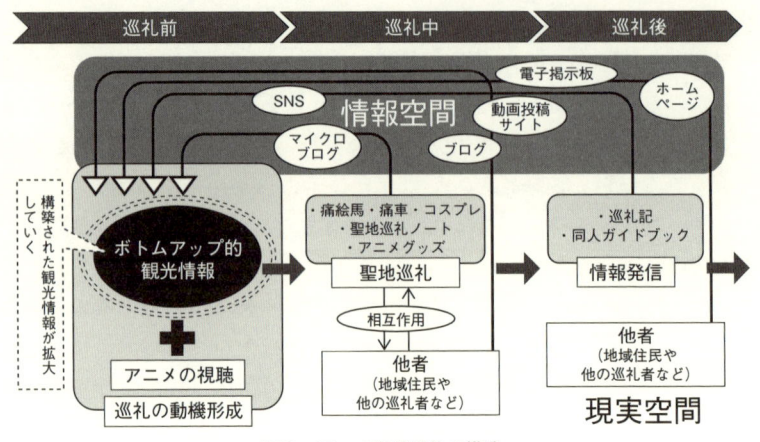

図1　アニメ聖地巡礼の構造
出所：筆者作成

　しかし、その一方で、アニメの背景になったことをきっかけにして、まちおこし的な展開をみせている地域もある（山村 2008、2011a）。そうした地域では、前述したファンによる表現の集積をはじめ、キャラクターの神輿が地域の祭りに登場したり、地域の祭りがアニメに描かれることによって再評価されたり、アニメで描かれた架空の祭りが地域住民の手によって再現されたりと、さまざまなかたちで地域文化とアニメ文化が混淆した観光文化がみられる（岡本 2013a）。そこでは、その真正性（➡Ⅲ・2）への拘泥より、その場にいる人々が楽しめることや、「遊び」（➡Ⅲ・9）がみられることが優先されている。また、こうした混淆文化は旅行者と地域住民をつなぐ機能をもち、アニメをきっかけに訪れたツーリストが、現地で同好の士や地域住民と偶然に出会い、関係性をつくり、結果的にその地に移住するケースもある（岡本 2013a）。地域住民も、アニメに描かれることで自地域の良さを再発見する場合や（岡本 2009a）、旅行者との直接的相互作用を経ることで当初の違和感が解消され協働に至る場合（岡本 2011a）、むしろ違和感を観光資源化し、地域住民もその非日常を楽しむ場合もある（岡本 2013b）。
　また、コンテンツ産業側からこれを仕掛ける動きも活発化している。『デジタルコンテンツ白書 2013』では「コンテンツを活かして"仕掛ける"　ポップカルチャーを活用した地域おこしに必要なこと」という特

集が組まれている（デジタルコンテンツ協会2013）。従来とは異なるコンテンツ展開のあり方として期待されるが（山村2011b）、重要なのは、作品や地域の取り組みの質だ。作品の質が低かったり粗悪なグッズをつくったりするとファンの不評を買い良好な関係が築けない。経済効果や地域活性は結果としてついてくるものである。

今回はアニメ聖地巡礼を中心に扱ったが、アニメツーリズムにはテーマパークや作者の記念館などの形態も含まれる。それゆえ、関わるアクターも多様だ。当該地域に居住する「地域住民」、訪れる「ツーリスト」、アニメに関わる「アニメ製作者」、行政や商工会、地域商店、旅行会社など観光振興を進める「観光プロデューサー」、そして、マスコミや個人を含めた「情報流通に関わるアクター」も関わる。アクターは明確に分けられない場合や、複数の機能をもちあわせている場合もある。今後、それぞれのアクターについての分析、アクター同士の関係性の分析、そして、社会的・文化的背景との関係についても分析が必要だ。

さらに、アニメ聖地巡礼という名称は宗教的な「聖地巡礼」が元になっている（➡Ⅴ・9）。無論、宗教的な巡礼と直接関係はしないが、ある地域を心のよりどころとして訪ねる点では機能的類似性を指摘できる。宗教的巡礼との本格的な比較研究も今後の課題だ（➡Ⅳ・7）（星野ほか編2012）。加えて、アニメを視聴することそのものの非日常性あるいは日常性、観光性についても分析が必要である。アニメツーリズムは実践、研究とも現在さかんになされており、海外からも注目されている。今後もさまざまな事例を、多角的な視点から丹念に分析して知見を蓄積するとともに、理論化を進めていくことが期待される。

【読書案内】

岡本健（2013）『n次創作観光——アニメ聖地巡礼／コンテンツツーリズム／観光社会学の可能性』北海道冒険芸術出版。

北海道大学観光学高等研究センター文化資源マネジメント研究チーム（2009）『メディアコンテンツとツーリズム——鷲宮町の経験から考える文化創造型交流の可能性』〈CATS叢書1〉北海道大学観光学高等研究センター。

山村高淑（2011）『アニメ・マンガで地域振興——まちのファンを生むコンテンツツーリズム開発法』東京法令出版。

# 第5章
# アートツーリズム

濱田琢司

## 1. アートとツーリズム

　1972年放映の『新日本紀行　倉敷川点景』は、ディスカバージャパン・キャンペーンのただなか、多くの観光客が訪れる岡山県倉敷市を扱ったものであった。ここで、観光の場となった倉敷の様子をシンボリックに描くのは、一つには、大原美術館という美術館施設に大挙して押し寄せる人々の姿であった（NHKソフトウェア1996）。それは、ツーリズムの対象としてのアートの一現場を示したものといえる。あるいは、戦後すぐに刊行された柳宗悦の『手仕事の日本』（柳1985）を挙げることもできる。これは、ガイドブックとしての意図も含んで書かれていたという。「手仕事」というアートをめぐる旅の指南書であったわけである。

　このように「アート的なもの」は、日本のツーリズムにおいて観光対象の一つとなってきた。先に紹介した大原美術館と『手仕事の日本』は、そのあり方を典型的に示すものでもある。大原美術館のようなアートのハコは、既存のものではなく、新たに創出された対象であり、それがある種の場所性を獲得し、地域の観光資源となったものである。対して、『手仕事の日本』は、地域に残存する「優れた」手仕事をピックアップし、新たな視点から価値づける動きである。前者を「創造型」、後者を「発見型」とするならば、その系譜は、現在にも受け継がれているといえる。同時に、現代的な傾向もある。一つはイベント化するアートにまつわるツーリズムであり、もう一つはアートを通したネットワーク・コミュニティの形成とそれにかかるツーリズムのあり方であろう。ここでは、こうした系譜と傾向をふまえつつ、近年のアートツーリズムとその周辺を簡単に紹介してみたい。

## 2．創造されるアートの空間——「協働」の場とツーリズム

　近年のアートをめぐる状況を象徴的に語るのが、各地で開催される大規模なアートフェスティバルである。日本でも、1990年代の後半から注目されるようになった、いわゆるトリエンナーレ、ビエンナーレの類(たぐい)である。こうしたイベントの特徴の一つは、特定の場所をふまえて設置される、場所に固有な、すなわち、サイトスペシフィックな現代美術（サイトスペシフィックアート）が中心となっていることである。それゆえ、作品を見るためには、それが設置されている現場まで出向くことが必要となり、ツーリズムとの親和性も高いものとなる。また、それらはしばしば、特定の観光資源をもたない地方において実施されるという特色もある。その結果、そうしたイベント自体やイベントに絡んで設置された現代アート（の一群）を対象としたツーリズムが発生することとなる。

　新潟県下の6市町村（当時）にまたがる越後妻有(つまり)地方で2000年に第一回が開催された「大地の芸術祭　越後妻有アートトリエンナーレ」は、その典型の一つであろう。公共スペースにかぎらず、田んぼ、池、空き家、廃校となった学校など、広域にわたる中山間地域に、アーティストが、それぞれの場所性をふまえ制作した作品を点在させている。50日ほどの期間中、30万人以上の来場者がある。トリエンナーレ終了後もほとんどの作品は設置されたままであるし、継続的にイベントも実施されているので、期間外にも一定の観光客をよび込むことに成功している。地域に点在するアートそれ自体が、ツーリストの第一の目的であり、観光資源である。こうした点から、このイベントによって喚起されるツーリズムは、文字どおり、アートツーリズムとして位置づけられうる。

　一方、それは単に目的としてのアートというわけではない。このイベントは、①現代アートを活用した（過疎）地域振興の成功例となること、②現代アートになじみのない地域住民に対し、その理解を促し、「協働」を実現するという、「コミュニケーションツール」としてのアートのあり方を示したこと、③アートを美術館の外側へと展開させ、「地域の問題に取り組み、地域のコミュニティとの協働によって新しい作品を生み出していく」というパブリックアートの可能性の一つを提示したこと、などの点において、重要なものであった（暮沢・難波編2008）。

　サイトスペシフィックなアート、ボランティア、地域住民、ツーリス

ト、それぞれの「協働」によって、地域が新たに意義づけられるという物語は、こうしたアートイベントにおいてよく語られる。このようなコミュニティやネットワークが、近年の「創造型」のアートツーリズムにおける、重要な要素となっているのは興味深い点である。

## 3．デザインツーリズム——新たな地域性へのまなざし

「越後妻有アートトリエンナーレ」では、アートによって、地域（の文化）が意味づけし直された、というような評価がよくなされる。少なくとも、多元的なまなざしを向けられる対象となったことは事実であろう。一方、近年、また別なかたちで、地域文化や地方文化に、ツーリズムと連動した新たなまなざしが向けられている。その一つが、「息の長く続いている、いいデザイン」を「ロングライフデザイン」とよび、インテリアや雑貨のリノベーションなどを手がけていたD & DEPARTMENT PROJECT が提示する「デザイントラベル」である。

D & DEPARTMENT PROJECT は、2009 年に『d design travel』というガイドブックの刊行を始めた。都道府県別に年数冊ずつ、10 年ほどで、47 都道府県を網羅しようという試みである。それは、「47 都道府県それぞれにある、その土地に長く続く「個性」「らしさ」を、デザイン的観点から選びだして、観光ガイドとしてまとめたもの」(online D & DEPARTMENT PROJECT) であるという。

「デザイントラベル」は、「デザイン」という視点から、既存の地域（文化）を、観光対象として捉え直そうとするものであり、それによって、新たなツーリズムのまなざしを喚起しようとするものである。同時に「デザインを適度にその土地に投入していくことで、若い観光客を増やしていける」という提言的な側面や、「その土地の伝えたいメッセージを持つキーマン」の強調など、新たな地域づくりへの視点が含意されているという特徴もある (D & DEPARTMENT PROJECT 2009)。ここでも、地域文化を活性化する、ネットワークやコミュニティが重視されており、それが「デザイントラベル」の重要な資源として位置づけられている。

## 4．アートと地域の文化とツーリズム

D & DEPARTMENT PROJECT による「デザインツーリズム」は、

「デザイン」や「アート」という視点から、既存の地域の文化を新たにとらえ直そうとし、トリエンナーレ、ビエンナーレに類するアートイベントは、アーティスト（や芸術監督など）によって解釈された地域性を受けて設置されたアートから、地域を再定位しようとする。それらは、「発見」と「創造」という二つの系譜に、およそ連なるものといえる。

こうした事例において興味深いのは、いずれも、（少なくともその主旨のうえでは）アート（やデザイン）によって、地域に光をあて、その振興を図ることを第一義としている点である。ツーリズムやツーリストは、いわば、それを経済的に後ろ盾する事象であり、存在である。そして、その存在も含めて、芸術家や地域の人々、ボランティアなどによる「協働」のもと、地域を再定位しようとする。このようにネットワークが重視されるところに、近年のアートツーリズムの一つの特色がある。宮本結佳が、直島を事例に問うているように、そこで「住民の主体的な対処」が可能となるかどうかについては、簡単に判断を下すことはできないだろう（宮本 2012）。とはいえ、このことは、地域文化の現在的な状況の興味深い一面を示すと同時に、ツーリズムの今後のあり方についても、何らかの示唆を与える事項となるはずであり、近年のアートツーリズムは、そうした視点を明示的に示してくれる事例となっているのである。

【読書案内】

暮沢剛巳・難波祐子編（2008）『ビエンナーレの現在——美術をめぐるコミュニティの可能性』青弓社。

宮本結佳（2012）「住民の認識転換を通じた地域表象の創出過程——香川県直島におけるアートプロジェクトを事例として」『社会学評論』63 巻 3 号、391-407 頁。

D & DEPARTMENT PROJECT（2009 - 2013）『d design travel 1 - 11』D & DEPARTMENT PROJECT。

# 第6章
# アーバンツーリズム

堀野正人

## 1. アーバンツーリズムの隆盛とその背景

　すでに近代の都市には名所旧跡・城郭などの歴史的遺産や有名な繁華街といったものが存在し、つねに人々を誘引してきたのであり、その意味ではアーバンツーリズム（都市観光）の歴史は古い。しかし、近年まで都市は観光研究の対象としてほとんど取り上げられてはこなかった。その理由には、観光者の数量的な把握が困難であること、観光と他の余暇活動との区別がつきにくいこと、観光が産業分類に表出しない不可視的な性格をもつこと、都市行政が産業政策の対象として取り上げる必要を認識してこなかったことなどが挙げられる。近年、狭義のアーバンツーリズムが着目され、研究も進んできた。その背景には、イギリスをはじめとする先進国の産業都市の再開発における、観光の諸効果への着目と政策的関与があった（溝尾2003、ロー1997）。つまり、アーバンツーリズムは、旧都心（典型はウォーターフロント）の再開発とともに顕在化してきた現象をとらえた、比較的に新しい概念なのである。

　アーバンツーリズムとは、都市の多様で複合的な機能を、あるいは人間の活動舞台としての都市空間を対象とする観光である。その目的を具体的に挙げれば、博物館や美術館への来訪、近現代建築物の見物、演劇や芸術の鑑賞、スポーツの観戦、イベントへの参加、高級品のショッピング、レストランなどでの飲食など、複合的に集積した都市の諸機能ということになる。また、かたちとしてはとらえにくい、都市のもつ雰囲気のような特質も重要な誘引力となっている。たとえば、多民族が集まる国際性や、文化・ファッションなどの情報の発信、つねに転変するダイナミズム、歴史と現代性のコントラスト、市場・盛り場・ターミナルに象徴されるにぎわいや祝祭性がそれにあたる。

　アーバンツーリズムでは、観光者は見物、娯楽、飲食、ショッピング

などの異なる目的のいくつかを、比較的に短期間の滞在によって達成できる。また、ビジネス、会議・催事などのコンベンションや、知人・親戚の訪問などを理由に都市を訪れる人も、都市内および周辺の観光を行うことが多い。このように、観光を副次的な目的とする「兼観光」の形態がアーバンツーリズムの重要な位置を占めている。

　都市空間の観光対象化は、現代資本主義における産業の高度化、あるいは消費社会化という大きな変化と密接に関わりあう構造的なものである。日本においても 1980 年代以降、旧都心のビジネス街や生産・物流基地であった空間が機能低下をきたし、従来の建築や構造物が陳腐化、不要化するなかで、それらは移転や用途変更を迫られ、商業（小売）、文化、芸術、娯楽ならびに観光への機能転換が行われた。その後、鉄道ターミナルや都心の住宅街の（再）開発においても商業を中心に複合的な機能の集積が進んだ。サービス産業の立地は都市経済を支えると同時に、多くの外部人口の流入を伴い、観光スポットを形成するようになる。神戸ハーバーランド、東京のお台場や六本木ヒルズ、福岡のシーサイドももち、横浜のみなとみらい 21 などの大都市開発において生み出されてきた、巨大な複合的商業空間はその具体的な姿である。

　これまで、アーバンツーリズムを対象とした研究の多くは、主に経済的効果を達成するための政策論的なアプローチによるものであり、地域資源の活用と魅力の差別化、計画・管理・情報発信のシステム化、インフラの整備、観光と他産業とのリンクといった実践的な課題に関心が置かれていた。しかし、アーバンツーリズムの推進戦略には、行政と大企業だけが関わるのではない。観光の現実的な単位は町の界隈や商店街、各種イベントなどにも及ぶのであり、市民や NPO などのまちづくりの活動とアーバンツーリズムを接続させる議論も活発になっている。

## 2．都市空間の演出と商品化

　消費の場としての都市機能への転換は、資本がそれらのサービスを提供するために空間そのものに諸々のイメージや記号を付与して演出を施し、商品化せざるをえないことを意味する。大都市の再開発とともに、ショッピングモール、ホテル、アミューズメント施設、国際展示場、ミュージアム、アリーナなどが建設され、その内部や周辺が装飾的なデザ

インや寓意的な記号で埋め尽くされていく。開発によって生まれる公園やプロムナード、そこに配されたオブジェも新奇な景観を演出する。

　消費のための演出は、さまざまな姿形をとって都市に浸透する。忍者屋敷や監獄をかたどった居酒屋ダイニングや、昭和レトロをモチーフにした飲食店街が随所に現れる。実物大に再現された歴史的な町並みはテーマパークだけでなく、お堅いとされてきた公共の博物館にも拡張していった。都市はこうして空間の観光化の先端を切り開いていく。

　観光化する都市のなかでは、保存される歴史的な文化遺産も観光と無縁ではいられない。近代の産業化の過程で形成されたビジネスビル、公館、工場、倉庫、ドックなども観光の空間的記号として動員されていく。それらは内部の改修と新たな用途への転換によってリノベーションされ、グッズ販売、レストラン、各種展示、ギャラリー、アトラクションなどの格好の入れ物へと生まれ変わるのである。

　現代資本主義のシステムのなかで、観光は都市を不断に更新し、新たな消費空間を生み出す一つの原動力でもあるが、それは空間と人との関係を変化させる。めまぐるしく転変していく観光の都市空間では、人々はその場所との歴史的な実定性のある土着的な(バナキュラー)関係を失っていく。観光化とともに場所にまつわる歴史のさまざまな「記憶」は単純化され、さらには脚色され、美化される傾向にある（堀野 2010）。

## 2．構築されるアーバンツーリズム

　アーバンツーリズムの現実をとらえようとするとき、メディアの働きを考えないわけにはいかない。消費志向の観光行動と連動して、「注目の新名所」、「お勧めスポット」、「隠れた名店」といった都市の表象が連日のようにメディアによって生み出され、人々はそうしたイメージを現実の都市空間で確認している。しかし、観光者は都市空間という舞台のうえでメディアの筋書きどおり演じるだけではない。彼らは受動的にその場所を読み解くだけではなく、演出された空間であることを知りつつ遊んでもいる。たとえば、街歩きをテーマとする観光はすでに1990年代から流行の兆しをみせていた。とくに東京・大阪の都心および周辺で、ビジネス街、商店街、市場、寺社、長屋、エスニシティなどの要素を内包しつつ発展を遂げてきた街が、レトロブームと同調しながら観光地と

して注目を集めてきた。具体的には、谷根千（谷中・根津・千駄木）、巣鴨、新大久保、築地、北浜、堀江、鶴橋、空堀などがそれにあたる。むろん、これとても街歩き系の雑誌やテレビ番組の用意する諸々のイメージから自由ではない。しかし、街という空間はさまざまな要素が隣りあい、混ざりあって構成されており、単一のテクストを抽出して解読することは難しい（江 2006）。つまり、観光者が自律的に解読することで楽しみを生み出し、予期せぬ出会いや発見ができる可能性のある場所ともいえるのだ。

近年、任意の生活空間を一時的に非日常化することで、アーバンツーリズムの対象が生み出される現象がみうけられる。フラッシュモブダンス、プロジェクションマッピングによる演出、各種のアートイベント、大道芸のような路上パフォーマンスなどは、商業、広告、文化といった、それぞれの文脈を背後に有しつつも、観客の参加抜きにして場が構成できないものである。もはや、われわれは、アプリオリに価値がある（と感じさせる）ような歴史や文化を担った場所を観光するだけでなく、みずからの関与によって都市空間を異化し、通常の姿や意味からずらすことで観光を生み出すようになっている。このようにみてくると、アーバンツーリズムは、資本や行政が手がけ、メディアが表象する都市空間によって一方的に規定されるのではなく、多様な目的と関心をもつ人々による都市への介入と解釈という実践によってもかたちづくられているといえよう。

**【読書案内】**

淡野明彦（2004）『アーバンツーリズム──都市観光論』古今書院。
都市観光を創る会監修・都市観光でまちづくり編集委員会（2003）『都市観光でまちづくり』学芸出版社。
ロー、クリストファー・M（1997）『アーバン・ツーリズム』内藤嘉昭訳、近代文藝社。

# 第7章 宗教ツーリズム

山中 弘

## 1．宗教ツーリズムとは

　近年、欧米のツーリズム研究において「宗教ツーリズム」という概念をみかけるようになってきた。ツーリズムを包括的に「日常環境の外にある国や場所に人々が移動する」現象ととらえるならば、ツーリズムに宗教という言葉を冠しても、概念上はおかしくはない。しかし、魂の救済や心の平安を与える宗教と息抜きや遊びの性格の強いツーリズムが一緒になると、語感のうえで違和感をもつ人も少なくないかもしれない。

　まず、宗教ツーリズムの定義を紹介してみよう。G・リンシードによれば、「その参加者が部分的ないし全面的に宗教的理由に動機づけられているツーリズムの類型」となる（Rinschede 1992）。この定義からすると、巡礼も宗教ツーリズムに含まれることになる。R・ブラックウェルは、もう少し詳細な定義を紹介している。①自発的で一時的な無給の旅、②宗教的動機、③その他の補助的動機、④目的地は宗教的場所である、⑤目的地への旅は宗教的実践ではない（Blackwell 2007）。この定義によれば、宗教ツーリズムは、巡礼と同じく宗教的動機から聖地に向かう旅でありながらも、宗教以外の別の動機も含む旅であり、途上での苦行や儀礼、旅の宗教的意義づけ、宗教的暦にもとづく旅の時期など、巡礼にみられる特質を欠いているとされる。

## 2．巡礼とツーリズム

　なぜ巡礼とは別に、宗教ツーリズムという少し紛らわしい概念が使われるようになったのだろうか。二つほどの理由を挙げたいと思う。一つは、伝統的な巡礼自体の変化である。近年のサンティアゴ・デ・コンポステラ巡礼の爆発的な人気に示されるように、何よりも聖地に向かう人々の激増、つまり巡礼の復興がある（➡V・9）。これはイスラームや

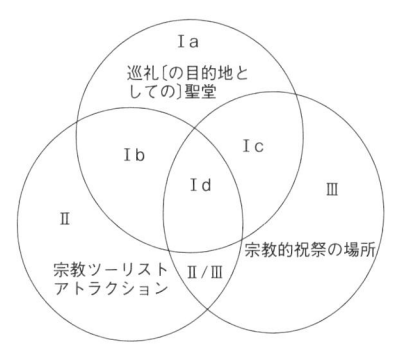

**図1 聖堂、宗教ツーリストのアトラクション、祝祭の場の関係**

Ⅰa：ツーリストのアトラクションとしては相対的に価値の低い聖堂　Ⅰb：ツーリストのアトラクションとしては高い価値の聖堂　Ⅰc：華麗な巡礼行事として主に有名な聖堂　Ⅰd：ツーリスト的意義、巡礼行事、信仰的価値をすべて兼ね備えた聖堂　Ⅱ 宗教ツーリストアトラクション　Ⅲ 宗教的祝祭の場所
出所：Nolan and Nolan（1989），p. 16.

ヒンドゥー教でも同じだが、世俗化の進むヨーロッパでの巡礼の活況は注目に値する。しかし問題は、この復興が宗教への回帰をそのまま意味しないということである。というのも、スポーツ感覚での巡礼路のウォーキング、旅の途上での観光や美食など、聖地を訪れる人々の動機には宗教的とはいえないものが多数含まれているからである。つまり、ここでは巡礼がツーリズムのなかへと拡散してしまい、両者の区別が曖昧になってしまうという状況が現れているのである。そのため、宗教ツーリズムという概念のほうが、宗教的実践と切り離せない巡礼という概念よりも、聖地を訪れる人々の幅広い動機を包括できるという意味で便利なのである。

　もう一つの理由は、これと表裏の関係にある聖地自体のツーリズム化の進展である。つまり、宗教に関連するさまざまな事物が、人々を惹きつける観光のアトラクションとなっているということである。西ヨーロッパの現代の巡礼を調査したM・ノーランとS・ノーランは、Ⅰ巡礼の目的地である聖堂、Ⅱ宗教ツーリストを惹きつけるアトラクション、Ⅲ巡礼行事や祝祭の場、という三つの領域を設定し、その三者から宗教ツーリズムの対象となるアトラクションの関係を図示している（図1）。これを参照すれば、聖堂も宗教的祝祭の場も、その建造物、行列、受難劇などでツーリストのアトラクションとなる要素を備えており、宗教ツー

リズムという概念は、これらの宗教的アイテムが改めて観光資源として注目されていることを示している。さらに、慰霊を含む悲劇的出来事の現場なども宗教的アトラクションに含めれば、その対象はさらに拡大することになるだろう（Raj and Morpeth eds. 2007）。

　もっとも近世以降の日本では、宗教ツーリズムという形態はそれほど珍しいことではなかった。伊勢参りや寺社参詣は、信仰を主な動機としながらも、その旅の途上で風光明媚な場所や食などを楽しむことが自明視されており、現在でも、四国などの霊場巡拝の目的として「信仰心と行楽を兼ねて」と答える人はかなりの割合で存在している（佐藤 2004）。したがって、この概念は、「聖」と「俗」が明確に区別されてきたユダヤ・キリスト教的伝統の文脈において、とくに大きな意味をもつものといえるかもしれない。

## 3．巡礼者とツーリスト

　研究史的にみると、1970年代あたりから人類学的な巡礼研究とツーリズム研究との学問的な交流が深まった。その動向の代表的なものは、V・ターナー、D・マキァーネルなどによって論じられた、ツーリズムを「真正性への探求」あるいは「聖なる旅」だとする解釈である（➡Ⅲ・2）。マキァーネルによれば、人々は現代社会で感じられる生活の断片化、非人格化から逃れて、よりリアルなものを体験したいという動機から旅に出る。そうした旅は、世俗社会のなかでの巡礼という性格を備えているとされるのである（マキァーネル 2012）。

　現代ツーリズムのあり方に関するこうした根本的な問題提起を受けて、巡礼者とツーリストをどのように規定するのかという大きなテーマが論じられるようになった。つまり、信仰の旅が巡礼で、行楽の旅がツーリズムだという、相互に交わらない二つの実体を想定することの妥当性が問われることになったのである。この問題に一つの回答を与えたのがV・スミスのモデルである。彼女は、連続する直線上の一方の極を「聖」として敬虔な「巡礼」を、もう一方の極を「俗」として世俗的快楽だけを求める「ツーリズム」を位置づけ、その中間部分に「宗教ツーリズム」を配当した（Smith 1992）。このモデルでは、宗教ツーリズムは聖と俗のいずれの方向性もとることのできる位置にあり、巡礼者とツーリストが

それぞれ別の実体ではなく、相互に移行可能な立場であることを明確にしている。

　しかし、スミスのモデルは、聖・俗という静的な二項対立的概念を使っているため、現代のように聖性が流動化し、これまで宗教とみなされなかったもの（サブカルチャーやスポーツなど）に、精神的癒しや解放感を感じる人々が増えているという状況をうまくとらえることができない。これに対して、E・コーエンは、巡礼とツーリズムの区別を、当事者の意識が向かうベクトルの相違として現象学的に考えている。つまり、巡礼が「中心への動き」であるならば、ツーリズムは「他者への動き」だとして、両者を反対向きの意識であるとしている（Cohen 1979）。ただし、この区別は巡礼を特別視しているものではないことに注意する必要がある。一つの例を出してみよう。カトリックでない日本人のなかには、徒歩でのサンティアゴ巡礼を繰り返し行う人々がいる。非信徒である以上、彼らの行為は宗教的意味での巡礼とはみなされない。しかし、彼／彼女の巡礼路への強いコミットメントは、巡礼路がその人にとっての心の「中心」となっているとみることができ、コーエン的には巡礼といえるのである。こうした「非巡礼の巡礼」という奇妙なあり方は、現代において聖性が既存の宗教制度に収まりきれていないことを象徴しており、この点で、宗教ツーリズムの概念は現代宗教を考えるうえでも大きな意味をもっているといえるだろう。

**【読書案内】**
門田岳久（2013）『巡礼ツーリズムの民族誌――消費される宗教経験』森話社。
星野英紀・山中弘・岡本亮輔編（2012）『聖地巡礼ツーリズム』弘文堂。
山中弘編（2012）『宗教とツーリズム――聖なるものの変容と持続』世界思想社。

# 第8章
# ヘリテージツーリズム

森　正人

## 1．ヘリテージとツーリズム

　2013年の夏季にJTBが行ったアンケート調査によると、夏の旅行目的の第7位に「史跡や名所を見て回る」が挙げられている。自然の風景や歴史的建造物のなかには、「遺産」(heritage)として登録されたり指定されたりしたものも数多く存在する。オクスフォード英語辞典によるとheritageとは、前世代から引き継いだ財産、歴史的建造物や文化的伝統のこと、また国民により保護、保存されたものを意味する。

　遺産の代表的なものに、ユネスコに登録された世界遺産がある（➡Ⅴ・12）。2013年11月の時点で、世界160の国に存在する759の文化遺産、193の自然遺産および29の複合遺産が登録されている。日本には13の文化遺産、4の自然遺産が存在する。

　文化的、自然的、あるいは審美的価値を認められた遺産は、観光客を惹きつける。たとえば、2013年6月に世界文化遺産に「富士山－信仰の対象と芸術の源泉」が登録されると、その登山者数が一気に増加した。

## 2．近代社会における遺産の生産と矛盾

　「ヘリテージ」と「ツーリズム」の結びつきはけっして単純なものではない。むしろそこには矛盾が存在する。

　近代観光の父とも称されるイギリスのT・クックが、労働者の健全な娯楽としてツアーを催行していったが、それに対して、それ以前に観光活動を謳歌していた知識人や貴族階級は眉をひそめた。鉄道の敷設、宿の建設など大衆化を促進する観光開発により、観光地の美しくも威厳ある歴史的な風景、あるいは自然の風景が損なわれると考えたからだ（森2011）。

　1895年にイングランド、ウェールズ、スコットランドの「歴史的名所

第8章　ヘリテージツーリズム

写真1　湖水地方の風景
撮影：筆者

図1　大鉄が発行した遺跡めぐりの栞

や自然的景勝地を守るためのナショナル・トラスト」の設立者たちがイギリスの代表的な保養地である湖水地方を開発から守る運動に従事していたことは、観光開発と遺産との関係をはっきりと示している。また、風景の保存を目的として1926年に設立された「農村イングランド保存協議会」も湖水地方の林業開発に対して根強い交渉を行い、さらにイギリス政府に対して国を挙げての風景保存を強く求めたこともあり、1929年、国立公園委員会が設立された（写真1）。

イギリスの遺産保護の歴史をみてみると、ヘリテージツーリズムの抱える矛盾がみえてくる。なぜなら観光客が増えれば増えるほど遺産やそれが醸し出す雰囲気は損なわれる可能性があるからである。世界文化遺産に登録された富士山に押し寄せる登山者と景観保全の問題はそれを端的に表している。

## 3．遺産化と歴史の具体化

イギリスの例とよく似て、日本では1911年に設立された史蹟名勝天然紀念物保存協会による民間での保護運動を受け、史蹟名勝天然紀念物保存法が1919年に制定された。第二次世界大戦後の1966年には「古都

における歴史的風土の保存に関する特別措置法」や「風土記の丘事業」をスタートすることで、伝統的な風景や建造物、町並みなどが保護・保存されてきた。

　ただし、失われゆくものの保護という単純な目的で、遺産が指定されてきたわけではない。遺産はある人々や団体・組織によってある時代に特定の価値や意味が見出された「遺産化」のプロセスのなかにある。それを読み解くことで政治や権力の物語として遺産をとらえ直すことができるだろう。

　遺産は特別な歴史的意義が認められた古い事物である。よく知られるように、歴史は過去の出来事の単なる記述ではなく、特定の目的で過去の出来事を取捨選択し、ある解釈を施して組み立てられた物語である（成田 2010）。遺産はその過去に対する特定の歴史解釈を物理的かつ視覚的に提示している。抽象的な物語を、みられるもの、触れるもの、感じるものとして具体化するだけでなく、われわれに過去や世界をどのように思考し、知り、見るべきかという基盤を与えることでそれを確約し、経験的な真実を与えるのである（Smith 2006）。それによって過去は現在に、すなわちわれわれの眼前によみがえる。

　しかも遺産は受動的なものでなく、それこそがわれわれの世界観、歴史観を基礎づける動的なものでもある。すなわちそれらは、現在の政治的結びつきのなかで過去を意味づける言説を立ち上げ、維持するという、社会構造やアイデンティティを支える文化的プロセスなのである。これを遺産の物質性という。

## 4．遺跡の力とツーリズム

　遺産がその力を発揮する契機がツーリズムである。遺産をめぐるヘリテージツーリズムは、特定の価値観や解釈を娯楽や快楽、そして身体の移動と接触を通してわれわれに伝える。最後にヘリテージツーリズムと身体、そして社会的包摂と排除について考えたい。

　近代期に天皇にその忠誠を示した象徴的人物として賞賛される、中世の武将、楠木正成が生まれ育った大阪府の河内長野には彼にちなむ遺跡が複数存在する。これらは、楠木正成の没後 600 年にあたる 1934 年に文部省によって楠木の物語と関連づけられ史蹟に指定されていった。

その翌年に国内の各所で開催された「大楠公六百年記念祭」には、国家だけでなく、楠木に関連する地方自治体、楠木の業績を称える半民間団体の楠公会、そして新聞社など多様な行為主体（エージェント）が積極的に関わった。たとえば大阪電鉄（現在の近鉄）は六百年祭に際して、自社の電車を利用しながら河内長野周辺の楠木の史蹟をめぐるキャンペーンを打ち出した。また、神戸市は楠木正成を祭神とする湊川神社での祭典にあわせて、同年の４月から５月末日まで神戸観光博覧会を開催した。博覧会は三つの会場で挙行され、楠木の功績を視覚的に示す展示のほか、日本の物産、風景なども置かれた（森2008）（図１）。

この二つの例は、特定の価値観や解釈が言葉や文字、さらには講釈だけでなく、視覚的、物質的な遺産という装置を通して伝えられていくこと、とりわけ娯楽であり余暇活動である観光はツーリストの身体の運動や快楽をとおしてそれを届ける重要な契機であることを示している。

一方、楠木をめぐるヘリテージツーリズムは、人々に国民の再確認をよびかける契機でもあった。たとえば神戸観光博覧会には植民地などからも児童が訪れた。博覧会はすばらしい過去の英雄の展示をとおして、日本人への同化を要求していた。先述のイギリスを代表する国立公園の湖水地方がもつ審美性は、白人、キリスト教徒、異性愛、中産階級の歴史解釈と国家観によって構成されたもので、異人種や異民族的背景をもつものがそこに参入することを拒んでいる（Hall 2005）。遺産の歴史的意義と美的な価値は、誰が国民として帰属し、しないのかをふるいにかけるのである。

本章は自明視されるヘリテージツーリズムを批判的に検討した。それによって、それが抱える諸矛盾だけでなく、事物としての遺産と、ツーリストの身体や感情の複雑な関係性もみえてくる。

## 【読書案内】

森正人（2011）『英国風景の変貌――恐怖の森から美の風景へ』里文出版。
Waterton, Emma and Steven Watson eds.（2010）*Culture, Heritage and Representation: Perspectives on Visuality and the Past*, Ashgate.

# 第9章
# エスニックツーリズム

鈴木涼太郎

## 1. エスニックツーリズムとは

　「エスニック」という言葉からは、どのようなものが連想されるだろうか。香辛料が刺激的な「エスニック料理」、あるいは幾何学模様の刺繍が施された「エスニック雑貨」などが浮かぶかもしれない。それらに共通しているのは、普段の食事やありふれた雑貨とは少し違った、風変わりな味やデザイン、いわば「異国らしさ」を強く感じさせてくれる点である。

　ツーリズムにエスニックという接頭辞がついた用語「エスニックツーリズム」もまた、「異国らしさ」を楽しむ旅行である。一般にエスニックツーリズムとは、みずからと異なる人々の生活習慣や文化を経験することを目的として行う観光形態として説明される。ただし、異国の文化を楽しむ旅行といっても、この用語は通常の文化観光とはやや異なる含意を有していることに注意が必要である。

　文化観光という用語には、世界遺産に登録されている歴史的建造物をはじめ、あらゆる文化的事物を対象とした観光行動が含まれる。それに対し、エスニックツーリズムの対象となる文化は、多くの場合、特定の国民国家内に居住する少数／先住民族の人々によって担われている。そこには、単なる「異国らしさ」のみならず、彼らを自然環境と調和した伝統的な暮らしを続ける人々と理想化する独特のまなざしが存在している（グレーバーン 1991）。

　異国の料理であっても、フランス料理やイタリア料理はエスニック料理に分類されず、北欧雑貨やアメリカ雑貨がエスニック雑貨として区分されることはない。エスニックツーリズムの対象となる民族文化には、しばしばエキゾティシズムや未開性が含意されているのである。

## 2．観光とエスニシティの商品化

　エスニックツーリズムでは、対象となる人々の暮らしの「独特さ」や「珍しさ」が観光客の興味関心を引く。観光客を受けいれるホストとなった人々は、みずからの民族集団を特徴づける性質、エスニシティそれ自体を観光客による消費の対象に、すなわち商品化しているのである。

　エスニックツーリズムを通じたエスニシティの商品化は、ホスト社会に経済的な利益をもたらす。とりわけ、国家内で辺境に位置する地域に暮らす人々から、数少ない経済開発の手段としてエスニックツーリズムの発展に期待が寄せられることも少なくない。

　ただし、観光客から得られる利益すべてが、観光対象となった人々に還元されるとはかぎらない。エスニックツーリズムにおいては、国家内の多数派民族が担う旅行会社やガイドが、観光客と観光対象となる人々を媒介する文化仲介者（ミドルマン）としての役割を果たし、観光から得られる利益の多くを手にしているという指摘もされている（van den Berghe 1994）。

　また、観光によるエスニシティの商品化が、担い手となる人々の文化にいかなる影響を与えるのかという疑問も存在する。観光による民族文化の変容を論じた観光人類学や観光社会学の初期の研究では、文化の商品化によって文化要素の形骸化がもたらされるとして批判されてきた（Greenwood 1977）。なぜならば、その場所を短期で訪れる観光客の興味関心に応えるために、民族文化の特定の一部分が過度に強調されたり、本来的な文脈とは異なるかたちで観光客に供されることがあるからである。さらに、エスニックツーリズムは、遺跡や建造物を眺める一般の文化観光とは異なり、実際に生活されている民族文化を直接的に体験することが期待される。そのため、観光客を受けいれることとなった人々は、生きた博物館のごとく観光客の好奇のまなざしにさらされる。

　このような点をふまえるのであれば、エスニックツーリズムによるエスニシティの商品化は、観光が内包する政治経済的な権力関係を表出させる場となっていることが理解されるであろう。

## 3．交渉の場としてのエスニックツーリズム

　しかし、観光を通じたエスニシティの商品化がもたらす問題点を指摘

するだけでは、エスニシティと観光の複雑で動態的な関係を十分に理解することはできない。たとえば、インドネシア・スラウェシ島南部では、主に山地に暮らすトラジャと平地に暮らすブギスという二つの民族集団の力関係が、観光を通じた経済的利益の獲得によって変化していることが報告されている（Adams 1997）。このように、エスニックツーリズムが民族集団の関係の再構成をもたらしている事例は他の地域でも指摘されている（van den Berghe 1994）。

観光が、民族集団の文化的アイデンティティを強化する場合もある。エスニシティを祖先や言語などの属性によって本質化するのではなく、政治経済的利益をめぐる交渉の道具としてとらえるのであれば、経済的利益獲得の機会である観光は、エスニシティが資源として動員される場として理解される。そこで、ある民族集団が観光客向けの「魅力」としてみずからのエスニシティを強調することは、結果としてみずからの伝統や文化を再認識し、その持続を強化することにもつながる。さらに、少数民族の人々自身が、主体的にみずからの文化を表象する場として、エスニックツーリズムを利用することも期待されるだろう（葛野 2007）。

観光がエスニシティのあり方それ自体を規定する要因であることも指摘されている（Wood 1998）。インドネシア・バリ島のように、近代以降の観光客との相互作用のなかで「バリ文化」が構築されてきた場所では、観光という要素を抜きにしてそのエスニシティを理解することはできない（Picard 1996）。観光によってエスニシティが商品化されるだけでなく、エスニシティそのものが、観光との関わりのなかで創出される、いわば現代においてエスニシティは、「観光的な」ものになりつつあるのである（Wood 1998）。

エスニックツーリズムは、単にエスニシティの形骸化をもたらす要素ではない。むしろそれは、民族文化が現代において創造される動態的な交渉の場、人々が観光という商業的文脈において自己の文化的アイデンティティを構築する場といえるだろう。

## 4．エスニックツーリズムからみえるもの

エスニックツーリズムは、旅行会社のパンフレットやサイトのキャッチコピーでは、遠く「辺境の地」に暮らす人々を訪ねる旅として紹介さ

れることも多い。しかしエスニックツーリズムの舞台は、必ずしもそのような場所に限定されるわけではない。

　その一例が、都市におけるエスニックツーリズムである。近年、都市に暮らす移民の人々の多様な文化を、街を訪れる人々に向けて商品化しようとする動きが世界各地でみられる（Hall and Rath 2007）。旧植民地からの移民が多く居住するイギリス・ロンドンや多民族国家シンガポールでは、民族文化の多様性が都市観光の魅力として宣伝され、いわばテーマパーク化した都市におけるテーマの一つとしてエスニシティが位置づけられている。日本においても、横浜や神戸の中華街、東京・新大久保のコリアンタウンは、類似した事例といえる。このような状況が示唆しているのは、われわれの日常から隔絶された場所に暮らす人々を訪ねる旅がエスニックツーリズムなのではなく、観光客や移民を含めグローバル化とともに加速する膨大な数の人の移動がもたらす新たな差異の創造とその商品化こそが、この観光形態の基礎にあるということである。

　エスニックツーリズムは、観光政策のみならず、移民政策や都市政策、あるいは多民族国家の統合をめぐる重層的な政治的経済的文脈のもとで展開されている。そこでは、民族文化をめぐる多様な権力関係が可視化されるとともに、われわれの「異国なるもの」の消費を通じてエスニシティが再編成されていく動態的なプロセスを垣間みることが可能なのである。

**【読書案内】**
スミス、バレーン・L編（1991）『観光・リゾート開発の人類学——ホスト＆ゲスト論でみる地域文化の対応』三村浩史監訳、勁草書房。
山下晋司編（2007）『観光文化学』新曜社。

# 第10章
# スポーツツーリズム

山口泰雄

## 1. スポーツツーリズム、スポーツツーリストとは

「するスポーツ」、「みるスポーツ」、「ささえるスポーツ」というスポーツ文化の広がりのなかで（山口編2004）、スポーツツーリズムに対する関心が高まっている。スポーツツーリズム（sport tourism）とは、「スポーツやスポーツイベントへの参加・観戦・応援を目的として旅行し、少なくとも24時間以上その目的地に滞在すること」（野川・山口2004）とされ、スポーツを主目的にした旅行を意味している。世界的な観光ブームのなかで、スポーツツーリストによる経済波及効果や、スポーツツーリストを集客することによる地域活性化への影響が注目されている。

スポーツツーリストとは、スポーツイベントやスポーツプログラムの参加や観戦を目的に、日常空間から離れた場所において観光行動をする個人や集団のことである（山口編2004）。スポーツツーリストは旅行目的によって、三つのタイプに分類できる。第一のタイプは、各種のスポーツイベントに参加することを目的にしたイベント参加者である。第二のタイプは、FIFAワールドカップやプロスポーツのイベントに、観客として参加することを目的にしたイベント参加者である。第三のタイプは、旅行中に愛好するスポーツ活動を実施するスポーツ愛好者である。

観光立国を目指すわが国では、2010年、観光庁に「スポーツ・ツーリズム推進連絡会議」が立ち上がり、2013年3月には、一般社団法人日本スポーツツーリズム推進機構（JSTA）が設立された。この背景には、「するスポーツ」としてホノルルマラソン（2012年）に参加する日本人ランナーが1万6283名と、3万1083名の全参加者の半数以上を占め、スポーツイベントに参加するアウトバウンド旅行者（日本から海外への旅行者）が増加したこと、また北海道や本州のウィンターリゾートにおいては、オセアニア地域と気候が逆になることから、オーストラリアやニ

ュージーランド、アジアからのスキーやスノーボードのインバウンド旅行者（訪日旅行者）が増え、経済波及効果が大きいことがある。「みるスポーツ」としては、夏季・冬季五輪やFIFAワールドカップ、およびプロスポーツの観戦ツアーなどが挙げられる。「ささえるスポーツ」としては、メガスポーツイベントや市民マラソンのボランティアが地元だけでなく、県外や海外からも参加している（山口編2004）。

## 2．スポーツツーリスト研究

　H・ギブソンによれば、スポーツ参加やスポーツ観戦のために旅をすることは、けっして最近のことではなく、紀元前900年の"古代ギリシャゲーム"（the Ancient Greek Games）に遡るという（Gibson 1998）。また、古代ローマ人は、観客の前でスポーツを演じるための訓練を受けていた。サッカーの試合のために隣の村へ旅をすることや、登山やスキーのために旅行することは、近代スポーツの誕生とともに欧米において始まった。

　スポーツツーリストの研究は、北米において1970年代からはじまり、90年代に入ると、ヨーロッパにおける山岳地域へのスポーツツーリズムの広がりや、FIFAワールドカップにおけるイベント観客の研究が報告されている（Standeven and De Knop 1999）。こういったスポーツツーリズムのマーケットの拡大と研究への関心の高まりから、1995年には、カナダでスポーツツーリズム国際委員会（Sports Tourism International Council, STIC）が設立され、研究誌（*Journal of Sports Tourism, Int. Journal of Sport Tourism*）が発刊され、研究知見が蓄積されている。

　わが国におけるスポーツツーリズムに関する研究は、市民マラソンやウォーキング大会などの参加者研究が、90年代から始まった（野川・山口 2004、Nogawa *et al.* 1996、山口 1996）。そこでは、イベント参加者の支出傾向や観光行動、継続参加の行動意図などに焦点があてられた。また、イベント開催地におけるホテル業や観光業への経済効果、スポーツボランティアの参加動機や継続意欲も実証的にアプローチされた。

　その後、スポーツツーリスト研究は、スポーツツーリストの目的地からの魅力誘因（pull factor）や旅行者の参加誘因（push factor）に焦点をあてたPush-Pull要因の研究（Yamaguchi 2002、山口ほか 2011）などが増

写真1　神戸マラソン2011のボランティア
撮影：勝木洋子

えている。また、スポーツマーケティングの観点から、スポーツツーリストの意思決定プロセスのモデルやマーケットなどが紹介されているが、本格的な実証研究はまだ緒についたばかりである（原田・木村編2009）。

## 3．スポーツツーリズムによる地域活性化研究

　近年、スポーツツーリズムの振興による地域活性化研究が期待されている。これは、スポーツ・ツーリズム推進連絡会議が発表したスポーツツーリズム推進基本方針が、「スポーツツーリズムは、日本の持つ自然の多様性や環境を活用し、スポーツという新たなモチベーションを持った訪日外国人旅行者を取り込んでいくだけでなく、国内観光旅行における需要の喚起と、旅行消費の拡大、雇用の創出にも寄与するものである」と強調しているからだ（onlineスポーツ・ツーリズム推進連絡会議）。

　山口泰雄は、全国の市区町村へのスポーツ・健康都市宣言調査の結果、351市区町村（10.7％）が宣言を行っていると報告した（山口1998）。さらに、宣言市区町村の事業を総合的に分析した結果、スポーツ都市の分類を提示した。それは、①イベント型（ビッグイベント型・地域イベント型）、②施設・キャンプ型（拠点施設型・スポーツキャンプ型）、③スポーツリゾート型（高原リゾート・海洋リゾート型）、④スポーツ種目型（競技スポーツ型・ニュースポーツ型）である。

　スポーツ都市のなかでも、地域活性化の影響が大きいのがイベント型と施設・キャンプ型、スポーツリゾート型である。ビッグイベント型の都市は、夏季・冬季五輪の開催によりその社会経済効果が高い東京都、札幌市、長野市で、ユニバーシアード（国際総合大学競技大会）の開催からは、神戸市、福岡市、アジア大会では広島市が挙げられる。天然芝グラウンドを多数保有する宮崎県では、Jリーグキャンプ数が2010年

には18クラブだったが、2012年には23クラブに増加した。こうしたスポーツキャンプ場に必要な施設・環境は、専用施設（グラウンドや芝生施設）、屋内練習場、トレーニング室だけでなく、宿泊施設や対戦相手の手配や調整を行う地域スポーツコミッション（地域レベルの連携組織）が必要である。

「観光立県」を目指す沖縄県は、スポーツツーリズムのもたらす「繁忙期と閑散期の格差の縮小と雇用効果の創出」「スポーツが持つ周期性による集客効果、経済効果の実現」などへの期待が強い。2013年2月には、日本のプロ野球10球団だけでなく、韓国プロ野球2球団もキャンプを実施している。秋吉遼子らは研究対象として、プロ野球キャンプを招致し、"ツールド・おきなわ"やウォーキングイベントなどの開催を通して、スポーツ観光都市づくりを推進している名護市に焦点をあてた（秋吉ほか2013）。市民の質問紙調査から、スポーツツーリストを受けいれる住民は、普段からスポーツを実施し、スポーツイベントに関わることでスポーツ観光の効果を認知し、地域愛着が強く、生活満足度も高いことを検証した。

スポーツツーリズムは、経済的効果や社会文化的効果が注目を集めてきたが、今後は環境面への配慮が求められる。スポーツリゾートを開発する際には、自然環境の保護や資源価値を承認し、社会文化的目標と経済的目標、および環境的目標のバランスを熟慮し、持続可能なスポーツツーリズムの発展を目指すべきである（Hinch and Higham 2009）。

このようにスポーツツーリズムのマーケットが拡大し、イベント参加者やイベント観戦者など、多様なインバウンド・アウトバウンド旅行者としてのスポーツツーリストが増加している。本格的なスポーツツーリズムに関する実証研究はまだ緒に就いたばかりで、社会学・経済学・心理学・地理学などによる研究の蓄積が求められている。

**【読書案内】**
笹川スポーツ財団（2006，2011）『スポーツ白書——スポーツが目指すべき未来』笹川スポーツ財団。
原田宗彦・木村和彦編（2009）『スポーツ・ヘルスツーリズム』大修館書店。
山口泰雄編（2004）『スポーツ・ボランティアへの招待——新しいスポーツ文化の可能性』世界思想社。

# 第11章
# ダークツーリズム

井出 明

## 1. ダークツーリズムとは何か

　ダークツーリズムとは、端的にいえば、「戦争や災害の跡などの、人類の悲しみの記憶をめぐる旅」を指す。この観光の概念は比較的新しいもので、20世紀末にグラスゴーカレドニアン大学のJ・レノンとM・フォーレーによって提唱され、2000年にはじめて体系書が出版された (Lennon and Foley 2000)。

　戦争や災害の跡を訪れるといえば、何らかの学習目的を感じるかもしれないが、ダークツーリズムの根本的定義では、目的については触れられておらず、単に対象が"戦争などの悲劇の跡"を訪れるとしか述べられていない。したがって、サンフランシスコに近いアルカトラズの旧刑務所見学といった非常に娯楽性の強い観光であってもダークツーリズムに分類されることがある。

　ダークツーリズムはイギリスで研究が始まったため、初期の研究は第二次世界大戦、それもナチズムの惨禍に関するものが多かった。しかし、2001年のアメリカ同時多発テロや2004年のインド洋津波の被害などもあり、ダークツーリズムの対象は拡大の一途をたどることとなった。アジア・アフリカ圏では、エリート層が旧宗主国に留学する傾向があるため、この概念そのものも急速かつ広範囲に広がることになった。いまや世界的に、ダークツーリズムという言葉はかなり一般的に使われるようになっている。

　ダークツーリズムの定義が先述のようであったとしても、その価値はどこにあるのだろうか。この点については、教育的価値を重視する論者もいれば、筆者のように死者に対する悼みや地域の悲しみの承継などに価値を見出す者もいる（井出 2013）。ただ、ダークツーリズムから導き出される価値は、相互に排他的なものではなく、併存しうるものである。

「あえて悲しみをめぐる旅」ともいえるダークツーリズムは、多面的な価値を有している。

## 2．ダークツーリズムをめぐる日本の状況

　このように世界的に認知が進んでいるダークツーリズムであるが、日本ではどのような状況であったのだろうか。日本にはじめてダークツーリズムが紹介されたのは2008年であり、広島大学のC・フンクが先鞭をつけた（フンク2008）。ただ、この論考は「学ぶ」という言葉がタイトルに入っていることからわかるとおり、ダークツーリズムの教育効果を重視したものであって、その後の日本での広まりは限定的であった。ダークツーリズムが大きな論点となるのは、東日本大震災以降である。拙稿「東日本大震災における東北地域の復興と観光について——イノベーションとダークツーリズムを手がかりに」は、ダークツーリズムを復興の方法論として前面に出したものであり、大きな論争を巻き起こした（井出2012）。観光学者や実務家のなかには「ダークツーリズムという言葉はイメージが悪いから使うべきではない」という論調をとる者もおり、学会や実業界でもこの用語への反発がわき起こったのである（大森2012）。

　状況が劇的に変化してくるのは、2013年の夏以降である。前出の拙稿を読んだ思想家東浩紀らが筆者の協力も得て、チェルノブイリ原子力発電所のツアー本として『チェルノブイリ・ダークツーリズム・ガイド』を発表した（東編2013）。本書は多くの支持を得るとともに、大手新聞・テレビなどで大きく紹介され、世間の耳目も集めた。その結果、ダークツーリズムという概念と言葉が一般社会に浸透することとなり、2013年の流行語大賞にノミネートされた。もはやこの言葉を使うか否かというレベルでの論争は収束したといえよう。

## 3．日本の優位性

　ダークツーリズム研究に関しては、日本は大きなアドバンテージを有している。というのは、欧米の教科書では自然災害についてもダークツーリズムの対象になるとは述べられてはいるものの、具体的な災害の中身についてはまったくといっていいほど触れられていない。これは相対的に欧米で自然災害が少ないからであろうが、災害大国である日本はこ

の分野のツーリズムを牽引できる可能性をもっている。とくに、1995年の阪神・淡路大震災からの復興経験に関しては、"人と防災未来センター"と名づけられた兵庫県の施設に知恵と知識が集約されており、国内外から多くの来訪者を集めるダークツーリズムポイントになっている。東日本大震災からの復興に関しては、今後リアルタイムの復興過程そのものがビジターを惹きつける観光資源として機能する可能性があり、これまでにないダークツーリズムの展開が期待できる。

　また、欧米であまりみられない観光対象であるが、日本におけるダークツーリズムポイントとして、環境汚染からの回復を遂げた地域は大きなポテンシャルを有している。とくに水俣市は、有機水銀中毒の"ミナマタ"として世界中に知られており、現在は先進的なエコタウンとして見事な復活を果たした。八代海の水銀濃度も自然の状態にまで下がり、非常に美しい海となっている。この地には、いまや環境問題に関心を寄せる人々が世界中から集まり、環境破壊とその回復過程を学んでいる。ここでは、自然環境が非常に壊れやすいものであると同時に、環境破壊が地域の一体性を崩壊させ、人間関係のネットワークにまで影響を与えかねないということを、実際のこの地での経験にもとづいて知ることができる。こういった環境関連の人類の負の記憶をめぐる旅も、当然ダークツーリズムの一領域を形成している。自然環境学習に関連する観光は、一般にエコツーリズム（➡Ⅳ・1）が担うべき領域であるが、欧米を中心に発展してきた従来のエコツーリズムでは、「未開の大自然」に赴くことがエコツーリズムの核心であると考えられがちであり、日常に近い自然環境の大切さを感じとるような旅はあまり顧みられてこなかった。水俣をはじめとする日本の公害とそこからの復興体験は、世界的にみても稀有で価値あるものであり、その地を訪れてはじめて得心のいくことも多い。こうした日本特有のエコツーリズムをダークツーリズムの文脈のなかで紹介することも日本にしかできない役割である。

　さらに、日本の戦争体験も日本独自のダークツーリズムに大きな意義を与える。先述のとおり、ヨーロッパのダークツーリズムの初期の研究は、ナチスドイツの蛮行に関するものが多く、"正義の連合国対悪のファシズム"という二元論的な構図が強調されていた。ところが、日本における第二次世界大戦の経験は、中国に対する侵略戦争の側面だけでは

なく、東南アジアにおいては解放戦争としての性質もあるため、その内実を一義的にとらえることは難しい（和田ほか1977）。同時に日本は"ヒロシマ・ナガサキ"の経験をもち、一般市民が原子爆弾という大量殺戮兵器によって犠牲になったという歴史がある。換言すれば、日本の戦争は多面的な複雑性をもち、けっして"善と悪"では説明がつかない。もちろんヨーロッパにおいても、たしかに戦争は単純には割り切れないが、さまざまな政治事情のため、日本のように戦争の肯定的な部分を評価することはいまだに難しい。日本も対外的な関係性に配慮すべきではあるが、ダークツーリズム研究を通じて、戦争のもつ多様な意味について独自の視点から発信することは、日本の責務であろう。

## 4．これからのダークツーリズム研究

さて、十数年前にヨーロッパで始まったダークツーリズム研究であるが、今後はどのような方向性に進んでいくのであろうか。人類の悲しみの歴史は、今もたしかに増大している。自然災害はいたるところで起き、テロや内戦の報道にも触れない日はない。大切なことは、われわれが経験した悲しみを大切な記憶として次世代に受けわたし、何らかの教訓を蓄積していくことである。そのためには、ツーリズムという体験は非常に意味のある営みであろう。

さらに、これまでダークツーリズムが典型的に対象としてきた戦争や災害に加え、この研究の対象は先住民弾圧、強制労働、社会差別、人身売買などに広がりをみせていくことが予想される。こうした対象を研究するためには、観光学者は政治学者、経済学者、法律学者などのこれまで観光学と縁が薄かった他分野の研究者と協力しなければならない。

加えて、ダークツーリズムは地域の悲しみを扱うため、地域の人々の願いや思いを大切にしていく必要がある。とくに近年注目を集めている"着地型観光"の方法論とダークツーリズムの接点を探り、地元NPOなどとの連携を軸にした展開を目指すべきであろう。

【読書案内】
東浩紀編（2013）『福島第一原発観光地化計画　思想地図β vol. 4-2』ゲンロン。

# 第12章
# ボランティアツーリズム

大橋昭一

## 1．ボランティア活動の位置づけ

　ボランティアツーリズムは、今日では簡単に、「ボランツーリズム」（voluntourism）といわれることがあるが、ボランティアツーリズムもしくはボランツーリズムは、一言でいえば、「ツーリストであって、ツーリズムの過程で何らかのボランティア活動に従事する者たち」のツーリズム行動をいうものである。

　ボランティア活動は、原則として、余暇時間で行われる、余暇活動の一形態である。ボランティア活動について考察を試みたものでは、R・A・ステビンスの所論が有名である。それによると、余暇は、「シリアスな」（serious：真剣な）分野と「カジュアルな」（casual：成り行きまかせ的な）分野とに分けられる。シリアスな余暇活動とは、何らかの目的意識的活動をいい、具体的にはアマチュア的活動、趣味活動、ボランティア活動の3種をいう（Stebbins 2004）。

　シリアスな余暇活動は、自己の何らかの専門能力や経験を生かしたもので、そうした能力の獲得・発揮・発展に関連した分野や事柄に従事するものである。これは、広い意味での修練・鍛錬・研究などののちに身につく能力や熟練を前提とし、努力が行われるものという意味において、一種のキャリア（career）の形成・発展・展開を内容とする。

　これに対しカジュアルな余暇活動は、特別なキャリアの形成や展開を目指すことなく、いわばその時々の欲求追求の思いのまま時間を過ごすだけのようなものである。シリアスな余暇活動は実体・実質がある活動であるのに対し、カジュアルな余暇活動は実体性・実質性が乏しい。

　次に、ボランティア活動では職業上で獲得した能力・技能を余暇活動時間でも発揮することができる。ボランティア活動の担い手には、プロ的・専門職的な人も含まれることになる。ただし、ボランティア活動は、

本来は、自己のためのものではなく、とにかく何らかの意味で他の人を助けたり、社会事業に尽くす行為であって、プロ的な人も、その能力や技能を他人のために行使するもので、利他主義的な精神のものである。

## 2．ボランティアツーリズムの経緯と現状

歴史的にみると、今日的意味でのボランティアツーリズム活動が、本格的に展開されるようになったのは、おおむね1990年代以降である。

ただし、現在では、ボランティアツーリストと名乗っている者たちのなかには、種々な理由で「観光ビザ」でとにかく入国することを目的としている者もある。その一方、「観光ビザ」で入国してはいるが、単なる観光客ではないというケースも多い。それゆえ、ボランティアツーリストは、入国・滞在の法形式からは、端的には「観光ビザで入国して滞在し、ボランティア活動を行っている者」をいうような場合もある。

だが、ボランティアツーリズムに対する関心は世界的にかなり高い。たとえばインターネット上で「海外でのボランティア活動計画」（volunteer projects abroad）にヒットしたものは、2009年8月すでに600万を数えた。世界における実際のボランティアツーリズムの規模は、2008年、年間、ツーリスト数にして160万人、経済規模にして16億6000万～26億ドルであったといわれる（Daldeniz and Hampton 2011）。

これまでのところ、ボランティアツーリズムがさかんであるのは、イギリスである。同国では高校卒業から大学入学までに一時的なブランクの期間がある。これはギャップイヤー（gap year）とよばれるが、この期間を使って海外旅行をする者が多くあり、そのなかにはボランティアツーリズムに従事する者が結構ある。このギャップイヤーを目当てにした事業は"ギャップイヤー・マーケット"といわれる。その規模は2005年に50億ポンドに達しており、2010年には200億ポンドに及ぶものと予測されている。もとよりギャップイヤー旅行者のすべてがボランティアツーリストではないが、種々な資料によると、イギリスの大学などでは在学中に、あるいは卒業後に、こうした海外でのボランティア活動を兼ねた海外旅行を希望する者が結構ある。

一口にボランティアツーリストといっても、その形態や期間は多様である。たとえば、期間でいえば、長期的で半年以上にわたり、ビザも更

新して従事する者もあれば、それが短期な者もある。また、ボランティア性に重点がある者もあれば、ツーリスト性に重点がある者もある。そこで、前者のボランティア性に重点がある者は"VOLUNtourist"（ここでは「ボ̇ラ̇ン̇ツーリスト」という）、後者のツーリスト性に重点がある者は"volunTOURIST"（ここでは「ボランツ̇ー̇リ̇ス̇ト̇」という）と区別される場合がある。他方、イギリスなどでは、「専門職的ボランティア」（professional volunteer）と、「ギャップイヤー・ボランティア」（gap year volunteer）に分けられる場合もある。

　専門職的ボランティアは、専門職的技能について本業として活動することを主たる内容とするもので、期間も１〜２年と長く、原則として報酬を与えられるものである。後者は学生などの非専門職業的ボランティア活動で、期間は１〜６カ月と短く、報酬を与えられるものではなく、逆に、斡旋機関や受けいれ機関などに手数料的なものを支払うことを原則とする。

### 3．ボランティアツーリズムの評価・問題点

　ボランティアツーリストたちにとってメリットになることとしては、たとえば、次のような諸点がある。①人間としての発展（personal development：これには、ボランティア活動による職業的な経験や能力の取得のメリットも含まれる）。②多面的文化的交流（cross-cultural exchange）。③グローバルな視点の涵養（global perspective）など。

　現在のボランティアツーリズムにある問題点として、通常まず挙げられることは、それがボランティアツーリストたちを搾取するものとなっているのではないかという点である。これは、たとえば、斡旋機関が私企業のような場合、ボランティアツーリズム希望者から不当な斡旋料などを徴収する場合などをいうが、この結果、斡旋機関のなかには、ツーリストの送り出し相手国の事情よりも、送り出すべき学生たちの事情、要望、条件などに応えるものとなっていることを示すことに汲々とし、現地における活動の、少なくとも宣伝内容が、当の受けいれ国にとって是認できないものとなっていることがあったりする。

　こうした事情もあって、ボランティアツーリズムでは、非効率的ないし非効果的な行為が結構あるのではないかということが指摘されている。

たとえば、ボランティアツーリスト送り出し機関と、受けいれ側との間で意思の疎通が不十分、不完全であったために、ボランティアツーリストが現地で立ち往生したり、無為に過ごさなくてはならないことがある。他方では、ボランティアツーリストたちが、現地で、安価な労働力として扱われることが、ないではない（Fee and Mdee 2011）。

　これらの点は別としても、ボランティアツーリズムで実際上最大の問題は、ボランティアツーリストたちの登場により地元民の仕事がそれだけ少なくなるのではないかと、少なくとも地元民の間で危惧の念が起きるかもしれないことである。これは、ボランティアツーリストたちが個人的に善意で行動し、地元民のために行動をしても、それだけでは払拭できない問題である。外来者であるボランティアツーリストによって高度な技術がもたらされ、それが現地の当該技術水準の向上につながり、ひいては現地にメリットをもたらすであろうことは十分考えられるが、直接的には労働供給の問題として外来者と地元民との摩擦・緊張として現れるかもしれない事情は、これを否定することができない。

　さらに、ツーリズム先で「真の意味での」ボランティア活動をしている者でも、結局、多くは先進国の考え方に立つ自分の考えを、ツーリズム先地域に押しつけようとしているものではないかという指摘もある。つまり、ボランティアツーリズムは、実際には、先進国による発展途上国や新興国に対する指導という名のもとに行われる新植民地主義的傾向のものではないかという批判である（Ingram 2011）。

　こうした批判はあるが、ボランティアツーリズムの社会的意義には高いものがある。アメリカでは2005年8月末アメリカ南東部を襲ったハリケーン「カトリーナ」の際のボランティア活動以来定着したものになっているといわれる。世界的にますますさかんになることが期待される。

## 【読書案内】

大橋昭一（2012）「ボランティア・ツーリズム論の現状と動向——ツーリズムの新しい動向の考察」『和歌山大学観光学』6号、9-20頁。
Benson, Angela M. ed.（2011）*Volunteer Tourism: Theoretical Frameworks and Practical Application*, Routledge.

# 第Ⅴ部

# 観光のアイテム・資源

# 第1章
# 鉄道

寺岡伸悟

## 1．鉄道の敷設と近代観光の成立

　1872年新橋・横浜間に国内はじめて鉄道が敷設された。その主たる目的は殖産興業・富国強兵であったが、近代の観光地の整備も、この鉄道網の拡大とともに進んできたといっても過言ではない。柳田国男はその著書のなかで、明治期の鉄道敷設が、幹線の整備後、社寺・旧蹟をめぐるルートに沿って行われたとし、それを「汽車の巡礼本位」とよんだ（柳田 2001）。

　近代日本における鉄道と観光発展の相関は大きい。明治中期以後、鉄道網が全国的に展開していくようになると、鉄道会社は自社の沿線の観光地などを案内するガイドブックを数多く出版するようになった。1911年、鉄道院が『鉄道院線沿道遊覧地案内』を発行した。1929年からは、鉄道省編集の『日本案内記』が開始され始めたが、これがのちのガイドブックのモデルとなったとされる。

　また、鉄道の発達は各地の名産やみやげものの成立にも多大な影響を与えた（鈴木 2013）。日本の鉄道駅の売店ではみやげものを扱っていることが多い。またそれらの多くは、菓子などの食品類が多い。鉄道に代表される交通機関が整備された結果、鮮度が求められる食品をみやげものとして持ち帰ることが可能となり、各地の名産・名物は活性化した。鈴木によれば、明治30年代後半（19世紀末）には現在の東海道線の各駅で売られる名物がほぼ確立したという（鈴木 2013）。

## 2．レジャー空間を生み出した鉄道

　鉄道会社は近代日本におけるレジャー空間や観光空間の生成にも大きな影響を与えた。

　その一つは、明治末期から昭和初期に行われた沿線開発である。この

時期、東京や関西の大都市圏では、私鉄を中心とした鉄道が郊外に伸び、鉄道会社は沿線開発をさかんに行った。近代化のなかで生まれてきたサラリーマン世帯のための郊外の住宅地開発と並んで、彼／彼女らが余暇時間を過ごすレジャー空間の開発もさかんに進められたのである。たとえば箕面有馬電気軌道（現・阪急電鉄）などによる開発がよく知られる。阪急グループの創始者である小林一三が、鉄道の終点に宝塚新温泉を開業し、さらに大正初期には宝塚歌劇団を設立し成功を収めたことは、のちの沿線レジャー開発に影響を与えた。

　戦後日本における観光と鉄道の関係としては、鉄道会社による旅行キャンペーンを見過ごすことはできない。その代表的なものとして知られる「ディスカバー・ジャパン」キャンペーンは国鉄によって1970年に始められた。テレビCMやポスター、さらに同時期に創刊された『an・an』、『non-no』などの女性雑誌との相乗効果もあり、若い女性の個人旅行を増加させると同時に、倉敷・萩・津和野などの落ち着いた町並みを流行の観光地へと変貌させていった。「美しい日本と私」というサブ・キャッチフレーズが象徴するように、観光地イメージとそこを旅する自己イメージの双方を構築する手法は、以後の鉄道会社、さらに航空会社のPR手法として使われるものとなったが、その原点の一つに鉄道の存在があったのである。

　鉄道と近代化、そして観光への影響は欧米においても研究が蓄積されている（たとえばUrry 2007）。近代化における「時間」の問題を探求してきた社会学者のE・ゼルバベルは、鉄道が時刻表を生み出し、そこから地域を越えた時間の平準化を社会に要請したと指摘する（ゼルバベル 1984）。鉄道は、近代的生活に共通のリズムをもたらす契機となった。

　ただ、移動・輸送手段としての鉄道は、近代化の過程において、一貫して速さと効率性が重視されてきたことを確認しておかねばならない。アーリも述べるように、移動時間は「無駄な時間」だ（travel time is dead time.）という観念が存在し（Urry 2007）、移動中の楽しみは、一部の高級列車などを除けば考慮されなかった。国内においても、明治以後の近代化のなかで、鉄道はあくまでも移動のための手段であり、新幹線の誕生によって旅の目的地のアウトリーチが伸びたとしても、鉄道に乗ること自体は、旅の目的ではなかったのである。

やがて、国内では高度成長期を過ぎ、自動車・飛行機など交通インフラの発達・多様化によって、鉄道の地位は低下してきた。自分の行きたいところどこにでもたどり着ける自動車、飛行機による遠距離移動の時間短縮といった移動の選択肢の増大は、その結果鉄道に、新たな役割や意味をまとわせることとなったのである。

## 3．移動手段の多様化と鉄道の機能・意味変容

　まずその一つ目は、鉄道自体の観光アトラクション化である。戦後日本では、鉄道の電化が進んだ結果、蒸気機関車（SL）による定期旅客列車の運転は1975年を最後に消えた。しかしその約3年後、山口線においてSLやまぐち号が観光列車として運行を開始している。この列車に乗ることを大々的にPRした観光商品も販売された。現在も、レトロ調にしつらえた客車を連結し、SLは新山口－津和野間を走っている。このほかにもローカル線や観光地の隣接路線で、レトロな装いの観光列車（トロッコ電車など）がゆっくりと走り、観光客を楽しませている。また近年では、JR九州による斬新なデザインからなる観光列車（「特急あそぼーい」、「指宿のたまて箱」、「ななつ星」など）が登場し、乗ること自体の魅力をいっそう高め、強力な観光アトラクションとなっている。これらは単に美しい車窓風景を見せるといった次元を超え、走る沿線風景の個性やこの列車の想定する乗客イメージ（たとえば親子客、子供客など）を検討し、コンセプトを固めてデザインされた車両群である。これから全国各地にこうした試みが広がることが予想され、その行く末がおおいに注目される。

　一方都市部においては、市電などの再評価が進んでいる。これはエコロジー、バリアフリーなどに配慮した都市づくりの視点から始まった再評価であるが、観光アトラクションという視点からも評価が高まっている。すでにサンフランシスコの市電などはよく知られた存在であるが、リスボンでは中心市街地であえてレトロな車両の市電を観光アトラクションとして走らせており、香港ではケーブルカーが観光ツアーの定番ルートに組み込まれている。

　二つ目は鉄道自体の愛好の流行化である。内田百閒は鉄道ファンの先駆者の一人といえるが、その後も宮脇俊三ら鉄道を好む文筆家たちが、

鉄道に乗ること自体を目的とした紀行文（➡V・6）を旅行雑誌に寄せ人気を得た（たとえば宮脇1983）。さらに、鉄道の写真を撮影する人、鉄道関連品の収集家、さらには廃線跡をめぐる人など、鉄道の存在自体を愛好する趣味が定着した。女性の愛好者も増えており、そういう人々のなかからは鉄道に対して「かわいい」という表現が用いられることもある。殖産興業、近代国家建設の使命を帯び、まさに重厚長大の象徴ともいえた鉄道は、高度近代社会という環境、とくに観光との関係のなかで変容を遂げてきたのである。

## 4．鉄道の変化にみる観光のこれから

アーリはその著書のなかで、「鉄道は自然と時間と空間の関係を再構成した」と述べている（Urry 2007）。いうまでもなくそれは、われわれ近代人の経験を大きく変容させたということでもある。そしてその変化の行く末を予測することは簡単ではない。たとえば、モバイル・メディアの浸透によって、旅行時間中にもビジネスメールを打つことができる。これまで鉄道に乗ることで、旅行＝非日常として隔離されていた空間と時間の境界はすでに溶解し始めている。鉄道と観光のこれからを追い続けることは、これからの観光経験・旅行経験の意味を問ううえでいっそう見逃せない領域となっていくだろう。

**【読書案内】**
宇都宮浄人（2003）『路面電車ルネッサンス』〈新潮新書〉新潮社。
鈴木勇一郎（2013）『おみやげと鉄道──名物で語る日本近代史』講談社。
水戸岡鋭治（2007）『旅するデザイン　鉄道でめぐる九州──水戸岡鋭治のデザイン画集』小学館。

# 第2章
# 自動車

近森高明

## 1．モビリティと観光経験

　観光現象が地理的な移動を含むかぎり、モビリティの性格は、そのまま観光経験の性格にも反映される。どんな交通手段を選ぶかで、旅行の性格は大きく変わる。鉄道で出かけ、バスやタクシーでまわるのか。飛行機で出かけ、レンタカーでまわるのか。家から自家用車を使うのか。はたまた観光バスを利用するのか。これらモビリティの種類によって旅行のあり方が変わってくるのは、想像しやすいことだろう。モビリティの選択は、観光経験の快適さ、感動や楽しさの質、ないしは旅先での不愉快な出来事やトラブルの種類、等々をゆるやかに規定する。同じ観光地を訪れるとしても、モビリティの選択いかんで、まったく別の経験が生じうるのだ。

　移動手段としての自動車の特徴は、何といっても、その時間的・空間的なフレキシビリティ（柔軟性）にある。公共交通機関であればダイヤグラムに縛られ、決められた時刻に、決められた場所にしか出かけることができない。それに対して自家用車やレンタカーの場合、好きな場所を好きな時間に好きな順序でまわることができる。

　移動中に私的空間を保持できるのも、自動車の特徴である。自動車は乗員をカプセル状に包み込み、外界から隔離されたかたちで、快適なプライヴェート空間をつくり出す。誰にも邪魔されない、友達同士の楽しい空間、恋人同士の親密な空間、家族水入らずの温かな空間が、旅先の道路上で確保される。観光スポットの駐車場に到着するぎりぎりの瞬間まで、自宅でのリビング気分を味わえるのだ。

　自動車の窓ガラスが、意味世界のある種の保護フィルターとして働くかぎり、移動中に目にする風景は、いつもの友達同士、恋人同士、家族同士の、コミュニケーションの水準でとらえられる。風景についての感

想やコメントが、いつもの調子で交わされる様子は、リビングで、みんなでテレビを眺めている様子と重なるだろう。そのとき自動車の窓ガラスは、テレビ画面とほとんど同じ位置価をもつ。テレビは、遠くの場所を自分のところにまで引き寄せることから、P・ヴィリリオはテレビを静止した乗り物とよんだ（ヴィリリオ2003）が、自動車は、いってみれば移動するテレビ、ないしはテレビを眺めているリビング共同体を、そのまま旅先に移動させる乗り物なのだ。

## 2．システムとしての自動車移動（オートモビリティ）

　J・アーリは自動車を、単体の移動手段としてではなく、モビリティのシステムとして把握しなければならないと指摘する（フェザーストンほか編2010）。自動車は、それ自体だけで存在しているわけではない。自動車という移動手段が機能するには、道路をはじめ、自動車メーカー、石油産業、ロードサイドビジネス、都市計画、法令、等々の産業や制度のネットワークに支えられる必要がある。また自動車が欲望の対象となり、それをめぐる社会的想像力が働くうえでは、諸々のイメージや記号が織りなす意味のネットワークに支えられる必要がある。こうした産業や制度や意味のネットワークの総体は、自動車移動（オートモビリティ）のシステムを形成する。それは自己組織的なシステムであり、社会生活や都市空間のあり方を、自動車というモビリティを軸に編成してゆく。

　先にみた、自動車の特徴であるフレキシビリティもまた、アーリによれば、強制されたフレキシビリティにほかならない。たとえば、家庭と職場の分離はモータリゼーション（自動車の社会的普及）の効果であり、ロードサイドショップや巨大ショッピングモールの成立もまた、モータリゼーションの帰結である。つまり長時間の通勤や、週末に家族そろって大量の買い物に出かけるといった生活様式は、システムとしての自動車移動（オートモビリティ）が生み出したものであり、そのように分離された場所のあちこちを、断片的な時間をうまくやりくりして移動する行動パターンは、自動車が可能にするフレキシビリティというよりも、自動車移動（オートモビリティ）というシステムが、そうせざるをえないかたちで人々に押しつけ、強制した結果にすぎない、というわけである。

　そう考えると、旅先での自動車の移動も、別の意味を帯び始めてくる。

たとえば、沖縄本島北西部にある「沖縄美ら海水族館」は人気の観光スポットだが、アクセスはもっぱら自動車にかぎられる。レンタカーでここに立ち寄ろうとする観光客は、かぎられた日程の移動計画のなかにそのスポットをどう組み込むか、必死に検討する。そのとき断片的な時間のやりくりは、好きな場所に好きな時間に出かけられるフレキシビリティというよりも、効率のよい営業まわりのスケジューリングや、宅配業者の配達計画のような、日々のルーティン的な仕事に近いものとなる。

### 3．非‐場所と文化的多様性の間で

　任意のスポットを自在につなぐことのできる自動車は、途中の旅程を単なる通路に変えてしまう。M・オジェは、空港や高速道路、テーマパークやショッピングモールなど、グローバリゼーションを背景に全世界的に増殖しつつある、交通と消費のフローの処理に最適化された空間を「非‐場所」と名づける（オジェ 2002）。それらは地域性や歴史性を欠いた、均質な、のっぺりとした抽象的空間である。移動手段としての自動車は、それが効率と速度を求めるかぎり、みずからの環境をどんどん非‐場所へと近づけてゆくことになる。スムーズな移動を目指すなら、信号や横断歩道のない、視覚的な邪魔ものが極小化された、高速道路が、最適化された環境になるからだ。その分移動中の光景は退屈なものになる。スムーズな移動は、それだけ退屈さをよび込むのだ。

　そうした高速道路の「退屈さ」に対応するのが、パーキングエリアやサービスエリアの「楽しさ」である。これらの施設は近年、サービスの充実ぶりが話題となっているが、それらも非‐場所の典型だといえる。ご当地グルメや限定販売の商品など、その施設ならでは、というかたちで場所性が演出されもするが、それはあくまで均質な消費空間をベースとした、表層に貼りつけられた記号としての「場所性」にすぎない。仕組みの水準では均質化が進行しつつ、記号やイメージの水準では適度な差異化が施されるというのが、非‐場所の常套手段だ。

　とはいえ、自動車があれば、周囲の環境はオートマティックに非‐場所的な抽象空間と化すわけではない。それはいささか単純な技術決定論的な見方であるだろう。

　第一に、運転の実践にはさまざまな文化的多様性がある。たとえばイ

ンドでは、街路を走るのは自動車だけではない。荷物を山のように積んだ手押し車、牛が引っぱる荷車、自転車、バイク、リクシャー、等々が互いに異なる速度でひしめきあい、独特の舞踏術を展開している（フェザーストほか編 2010）。第二に、ロードサイドショップ、カフェ、ガソリンスタンド、街灯、信号、標識、等々、多様な要素が織りなすモータースケイプにも、さまざまなヴァリエーションが存在しうる。イギリスらしい、日本らしい、中国らしいモータースケイプがそれぞれあり、あるいは東京らしい、北海道らしい、沖縄らしい、モータースケイプがそれぞれあるのだ。

　だからわれわれは、自動車について、まずはフレキシビリティや快適なプライヴェート空間という、利用者の主観的経験にみられる特徴を把握しながら、他方、アーリの指摘するシステムとしての自動車移動（オートモビリティ）や、オジェのいうグローバリゼーションを背景とした非‐場所の増殖など、客観的ないしは構造的な水準にみられる特徴をおさえる必要がある。と同時に自動車移動（オートモビリティ）を、技術によって決定される固定的なものとみなさず、多様な文化的実践に開かれた柔軟なプロセスとしても、とらえていく必要がある。観光現象にとって自動車が何であるかは、そうした複数的なアプローチのなかで、はじめて十全に浮かび上がってくるだろう。

## 【読書案内】

アーリ、ジョン（2011）『社会を越える社会学——移動・環境・シチズンシップ（新装版）』吉原直樹監訳、法政大学出版局。

フェザーストン、マイク／ナイジェル・スリフト／ジョン・アーリ編（2010）『自動車と移動の社会学——オートモビリティーズ』近森高明訳、法政大学出版局。

# 第3章
# みやげもの

橋本和也

## 1. 観光みやげ

　観光みやげは観光地の特徴を反映すると考えられている。地域の特産品としてよく知られたもの、みやげもの用に開発されたもの、地域の刻印が押された品物など、観光地に定番のみやげものがまず思い浮かぶ。

　観光を巡礼の一種ととらえるN・グレイバーンは、みやげものは長いつらい旅でやっと獲得する「聖杯」であるという（Graburn 1977）。目標となる聖杯獲得の内容に応じて、聖なる旅（巡礼）の成功度が測られる。観光ではみやげものが聖杯となる。聖杯獲得は、その旅が聖なる旅であったという証拠となる。日本でも、聖なる旅のみやげである伊勢神宮などのお札に添えて、貝細工、笛、打紐などが配られた。それに対して魚類、豆腐などを贈って返礼する習慣があった（北川 2002）。

　みやげものの代表である「郷土玩具」という言葉は、「日本各地で古くから手作りでつくられ、それぞれの土地で親しまれてきた玩具」を指す古くからある言葉だと思われているが、1935年前後の民芸運動のときに定着した造語である。明治時代に清水晴風が玩具研究を始め、「信仰用」、「記念品用」、「子ども用」の3種類に分類した（辻原 2006）。信仰用につくられたものは、疫病・厄よけ、安産、開運出世、商売繁盛、長寿、豊作などの願いが込められた縁起物の性格を帯びている。だるま人形、金太郎、赤べこ、こけし、猿面、でんでん太鼓などは「赤もの」といわれ、呪術的に天然痘よけのまじないを込められた玩具である。一時衰退したが、大正時代に復活し、第二次世界大戦後に民芸復興ブームと歩調をあわせて全国規模で流行した。縁起物としては招き猫、開運だるま、福助、絵馬、七福神、ビリケンさんなども挙げられる。日本ほど郷土玩具の品揃えの多い国はなく、いまはドラえもん、ハローキティなどのキャラクター・グッズが観光地にあふれている（辻原 2006）。

現在は、地域性とは無関係のどこにでもある菓子の箱に「○○へ旅行してきました。ほんの気持ちです」と書かれただけの京都や鎌倉のポストモダン的みやげものが出現している。ハワイなどの免税店では、ヨーロッパのブランド品がみやげものとして販売されている。観光者にとってのみやげものの意味を解明するためには、問いの立て方を変更しなければならない。「どのような地域性を表象しているのか」ではなく、「どのような観光者の観光経験を表象しているのか」と問わなければならなくなった。蓄積は浅いが、これまでのみやげもの研究をみてみよう。

## 2．みやげものの5タイプ

　B・ゴードンはみやげものを5タイプに分類した。① 写真・絵画イメージ、② 岩の破片、③ 地域を表す簡潔な象徴（エッフェル塔型の胡椒挽き）、④ マーカー（地域名を記したTシャツ）、⑤ 地域の産物（メキシコのソンブレロ）の五つである（Gordon 1986）。みやげものとは「リマインダー」(思い出喚起物)であり、手に触れることのできないはかない束の間の思い出となる経験を具体化するものである。時と場所を凍結し、非日常的な質をもつ経験を具体的な事物（みやげもの）にして持ち帰る。有名なエッフェル塔型の胡椒挽きやその絵を描いた灰皿などは、胡椒を挽くと裾から粉がこぼれ出るし、灰皿にタバコを押しつければエッフェル塔のイメージが壊れる。表象するイメージを損なうことが懸念されながらも購入されるのは、観光の文脈では、製品本来の機能や品質が求められているのではなく、観光の期間だけに求められる遊戯性や役割転倒・倒錯という特徴のおかげであるという（Gordon 1986）。観光では日常とは異なる自分を楽しむ。観光者がミッキーマウスのTシャツを着るのは、まじめに社会的役割を遂行する自分とは違う自分を演出し、遊戯性を強調してこの時が「休暇中」であることを示すためである。がらくたを購入する行為自体が、自分が正規の仕事でなく、責任がなく、通常のつましい状態にはいないことを示すからだという。その一方では、次のような「真正性」についての議論もなされている（➡Ⅲ・2）。

## 3．みやげものの真正性

　北アメリカでの女性観光者に関する調査（Anderson and Littrell 1995）

によると、工芸品、贈り物、みやげもの購入の大半は女性が行う。ウィスコンシン州の観光調査では年間19億ドルが使われ、その31％がショッピングにあてられるという。旅行会社の紹介などで選ばれた42名を対象に、みやげもの購入の仕方や真正性へのこだわりに関する調査が行われた。平均年齢は43歳で、比較的高学歴で裕福な女性たちであった。「みやげものの真正性」に関する基準としては次の8項目、①「工芸品がユニークで、オリジナリティがあるか」、②「技術力」、③「美的か」、④「機能・使い勝手」、⑤「文化的・歴史的真正性」、⑥「制作者と素材」、⑦「ショッピング経験」、⑧「広告の真正性」などが挙げられたという。

　以上の8項目の何かしらが満たされていれば観光者は「真正なみやげもの」と考えているということになる。ここで先に述べた地域性とみやげものとの関係が問題となる。②「技術力」と④「機能・使い勝手」は、消費者としての普遍的な基準であり、地域性とは関係がない。さらに③「美的か」という基準は、とくに民族観光における民族性・地域性との関係で議論される必要がある。観光者が美的だと判断する基準は自文化のものであり、制作者である民族独自の美意識とは一致しない場合が多い。すなわち観光者が「美的」だと感じるものは、観光地の制作者が表象しようとした地域性・民族性とは関係がないことになる。ましてや最近の若い日本人女性たちの「かわいい」という基準は、現地の基準からは理解不可能であろう。地域性が何も反映されない品物も「かわいい」と評価され購入されているのである。なぜ地域性が反映されないみやげものも、観光者にとっては「真正なみやげもの」になるのであろうか。ここで観光者の観光経験を考察対象にする必要が出てくる。

## 4．みやげものと観光経験

　観光地でのみやげもの購入には、観光者のそのときの観光経験が反映する。みやげものが「地域性を表象しているか」ではなく、観光者に「いかなる観光経験を喚起させるか」についての議論が必要とされている。観光者はみやげものが地域性を正しく表象しているかどうかで選択しているわけではない。そのときの観光経験を反映する品物か、観光経験を「ものがたる」ものかを基準にしているのである。購入時の店主や製作者との「やりとり」のような短い交流経験が、はたして「真正なる観光

経験」を構成するのかとの反論もあろうが、みやげもの購入に関する「真正性」の議論では、このような「やりとり」が重要なのである。

　先に述べたように岩の破片も、写真や絵はがきも観光経験を語る貴重なみやげものになる。地域を代表する特産品は当然ながら地域についての「ものがたり」を語る。そのとき店主や生産者・製作者との間にちょっとした交流が実現すれば、その品物は思い出に残るものになる。朝市や定期市を訪れるのは売り手との交流を楽しみにしているからである。売り手は畑のことや料理方法・保存方法などを語り、ときに土地の生活や身内の話にまで及ぶことがある。そのとき購入した食品は消失しても、それにまつわる光景ややりとりは記憶に残る。たとえば「飛騨高山といえば朝市」と換喩的な凍結化が行われていることは確かだが、ほんの少しであっても売り手とのやりとりや交流は、個々の観光者にとっての「良い、思い出に残る」観光経験を形成する。当初「換喩的凍結化」されていた対象や事柄は、帰宅後みやげもの購入に伴う交流の「ものがたり」が想起されるとともに「解凍」され、「良い、思い出に残る」（真正なる）観光経験として再構築されるのである。

　しかし現実にはどこにでも似たようなみやげもの店が出現し、同じような通過するだけの経験がなされている。その経験を「観光」と名づけ、記憶に残す文化的仕掛けが「みやげもの」である。観光者は「ささやかな魅力」で訴えかけてくる手ごろな値段の品物や「名前入りの袋」を「よすが」に、みずからの観光経験を記憶にとどめようとする。通過型観光の「ものがたり」は稀薄なために、みやげものがもつ喚起力もおのずとささやかなものとなる。観光の時間は一時的であり、店先で過ごせる時間も限られている。しかしみずからの観光経験をそれなりに「思い出に残る」ものにすることができた観光者にとってその「ものがたり」を語る品物は、それなりに「真正な」みやげものとなるのである（橋本2011）。

**【読書案内】**

橋本和也（2011）『観光経験の人類学――みやげものとガイドの「ものがたり」をめぐって』世界思想社。

# 第4章
# 写真

近森高明

## 1. 写真と「観光のまなざし」

　現代の観光現象にとって、写真というメディアは欠かせない。たとえばわれわれは旅行先を決めるのに、何よりも写真イメージに頼る。パンフレットや旅行情報誌に掲載された写真イメージを眺めつつ、ここに行きたい、あそこにも行きたい、と観光スポットを吟味する。いざ旅先に出かけると、ひっきりなしに写真を撮りまくる。帰宅してからは、写真を眺めつつ思い出に浸り、あるいは家族や友人に見せながら、個々の場面でのエピソードを披露する。このように現代のわれわれの旅行には、最初から最後まで写真がぴったりとつきまとっている。

　なぜ観光現象に写真はつきまとうのか。たとえば渋谷のスクランブル交差点。信号が変わったとたん、四方八方から通行人が押し寄せ、互いにぶつからずにみごとにすれ違ってゆく様子を、カメラを構えて、熱心に撮影している外国人がいれば、その人はたぶん観光客だと判断できるだろう。カメラを構えているということは、その人がわれわれの日常の風景を、ある異なった見方で眺めていることの目印になる。われわれには何でもない、ありふれた、むしろどうでもいいような街の風景が、海外からの観光客の目には、物珍しい、エキゾチックな、非日常的な光景に映っているのだ。

　ここには、J・アーリの指摘する「観光のまなざし」の問題がある（アーリ 1995）。「観光のまなざし」とは、町並みや風景などの対象に、非日常的で物珍しい、鑑賞するにふさわしい価値を見出す制度化された認識モードである。アーリはそうした特殊な認識モードが作用することを、観光現象を成り立たせる本質とみる（➡Ⅲ・1）。

## 2．対象を審美化する写真

 「観光のまなざし」の特徴を考えてみるために、やや特殊かもしれないが、たとえば「工場萌え」を例に挙げてみよう。「工場萌え」とは、巨大工場の、配管やタンクの集塊がかたちづくるフォルムを愛でる、少々マニアックな人々を表すよび名だ。現場で働く人々にとっては日々の何でもない背景でしかない景観が、「工場萌え」の人々にとっては、ほれぼれとする鑑賞対象として浮かび上がる。このとき彼らの「観光のまなざし」は、対象を、それが埋め込まれている日常的文脈から引きはがして、審美的な対象に仕立て上げている。

 「観光のまなざし」の特徴である脱文脈化、認識上の切り取りの操作は、同時に、写真というメディアの特徴でもある。写真はフレーム内におさまる対象だけを、外部との有機的連関を切断するかたちで切り取ってみせ、それを審美化する。それゆえ写真メディアの特性は「観光のまなざし」と強い親和性をもっているといえる。観光現象に写真がつきまとうのは、写真がいわば「観光のまなざし」を純化させ、物質化させたメディアであるからだ。

 なお、思ったとおりの写真を撮るために、われわれは、他人や異質な要素がフレームに入ってくることを嫌い、いらだたしげに避けようとする場合がある。写真撮影の瞬間にふと現れる、こんな種類の小さな横暴さには、これも「観光のまなざし」の隠れた特徴である、権力作用や暴力性の一端が表れているといえよう。

## 3．カメラと旅行の経験

 旅行にはカメラが欠かせない、というとき、われわれはその理由を、写真が、旅行の経験の正確な記録を保存してくれるからだ、と思うかもしれない。けれども写真は、旅行の経験の記録をつくるという以上に、むしろ旅行の経験そのものをつくり出す積極的な構成要素となる。旅行の経験がまずあり、その経験の記録として写真を撮る、というわけではない。むしろ輪郭のあやふやな旅行先での経験に、くっきりとしたかたちをつけるために、われわれはカメラを構えて写真を撮る。S・ソンタグはこのようにいう。「観光客は自分と、自分が出会う珍しいものの間にカメラを置かざるをえないような気持になるものだ。どう反応して

よいかわからず、彼らは写真を撮る。おかげで経験に恰好がつく」(ソンタグ 1979)。

シャッターを切る行為は、だらだらとした一連の経験の流れに、句読点を打つ。そうして、ここで写真を撮ったから、じゃあ次の場所に移動しよう、といった旅のリズムがつくり出される。逆にいえば、カメラを構えてパチリと一枚撮らないかぎり、われわれは、ある場所を十分に味わったことをうまく実感できず、そこを離れて、別の場所へと向かうきっかけが得られない。それは、旅行をしているという実感を得るための小さな儀式なのだ。

## 4. イメージと現実

われわれの旅先での行動は、しばしば写真によって方向づけられ、規制される。たとえば旅行情報誌に掲載されている観光スポット、レストラン、ショップ、等々の写真イメージに惹きつけられて、そのとおりの場所をめぐったとすれば、われわれの行動は、写真に操られているということができる。またそれぞれの観光スポットで、既存の写真でよくあるアングルや構図で写真を撮ったとすれば、われわれは写真の生産という面でも、流通している写真に操作されていることになる。既存の写真をなぞるように行動し、同じような写真をせっせとつくり出す。これではまるで、流通している写真を複製し、再生産するために旅行に出かけているようなものだ。

写真は、われわれの行動を方向づけ、規制するだけではない。写真イメージはまた、われわれが訪れる観光地のリアリティにも作用してゆく。写真は通常、現実を忠実に再現するメディアだと考えられているが、その場合、確固たる現実がオリジナルとしてまずあり、写真は、それを引き写すコピーである、という見方が前提となっている。けれども写真イメージのほうが、ある種のオリジナルとして作用し、現実をつくりかえていく、という場合もある。これはかつて D・J・ブーアスティンが指摘した「擬似イベント」の問題である（ブーアスティン 1964）。

たとえば椰子の木が立ち並び、ハイビスカスが咲き誇り、白い砂浜が広がるという「典型的」な「沖縄」のリゾート風景。それは、メディアが流通させるステレオタイプなイメージだが、観光客が、そのイメージ

を求めて現地にやってくる以上、開発業者は、現実の風景をより「魅力的」にするため、流通しているイメージにあわせて修正するということがありうる。椰子やハイビスカスなど、もともとないところに椰子を移植し、ハイビスカスを栽培し、砂浜を整備していくのだ。そうして改造された現実を目にして、観光客は、イメージどおりの「沖縄」にやってきたと満足する。この場合、流通する写真の側が、現実のあり方を規定しているといえるだろう。このようにメディアが流布するイメージにあわせて、本物らしさを人工的に演出された現実のありようを、ブーアスティンは「擬似イベント」と名づけた。

さてここまで、写真が観光現象に果たす働きについて、「観光のまなざし」の物質化であるとか、われわれの行動を操作するとか、観光地を「擬似イベント」にするとか、主に経験を定型化するような側面に注目してきた。だが旅行をめぐって、ただ凡庸な、お約束的なイメージをなぞるような写真ばかりが量産されるわけではなく、ときおり奇跡のように忘れがたい写真が撮れることもある、というのも、われわれにとっておなじみの事実である。R・バルトが「プンクトゥム」と名づけた、お約束的なコードを逸脱し、われわれを突き刺してくるような細部が、写真に含まれることがある（バルト 1997）。旅行に出かけてみても、とくに印象に残ることのなかった土地に、あとから写真を通じて出会い直すといった経験も、ありえないことではない。観光現象に写真が果たす作用を考えるうえでは、写真のそうした面も視野に入れておく必要があるだろう。

【読書案内】
ソンタグ、スーザン（1979）『写真論』近藤耕人訳、晶文社。
西村清和（1997）『視線の物語・写真の哲学』〈講談社選書メチエ〉講談社。

# 第5章
# ガイドブック

山口　誠

## 1．ガイドブックとは

　かつて西行法師の旅に憧れて旅立った松尾芭蕉は、のちに『おくのほそ道』を著した。同書は与謝蕪村を旅へ誘い、小林一茶にも影響を与えた。こうして紀行書や文芸作品にもガイドブックの役割を果たすものは古くから数多くあるため、ガイドブックを明確に定義することは難しい。

　ただし旅行者の個人的体験や主観を一人称で記す「作品」ではなく、不特定多数の読者が任意で拾い読みできる記事を三人称で記し、また地図や交通手段などの「情報」を提供する「近代的ガイドブック」の原型は、ドイツのK・ベデカーとイギリスのJ・マレーが1820年代から30年代にそれぞれ出版した案内書にはじまったとされる。両者は競って案内地を増やし、また数年おきに改訂して情報を更新した結果、シリーズ化と定期更新という、現在のガイドブックに受け継がれる重要なメディア特性を確立した。

　たとえば1950年代のアメリカ合衆国で誕生し、世界中の若者から絶大な支持を集めたA・フロンマーのガイドブックや、1970年代のオーストラリアで生まれ、21世紀の初頭まで圧倒的な人気を誇ったウィーラー夫妻の『ロンリー・プラネット』は、それぞれ創刊の経緯や理想とする旅の思想が異なるが、そのメディア特性からベデカーやマレーの後継者とみることができる。いわば誌面の作りがとても似ているのだ。

## 2．日本のガイドブック

　これに対し20世紀後半の日本では、欧米の伝統とは異なるさまざまなガイドブックが奔出した。とくに海外旅行のガイドブックの主流は目まぐるしく変化し、それは現在も続いている。

　まず1964年の海外渡航の自由化から70年代の中ごろまでは、添乗員

が同行するパッケージツアーに参加する海外旅行が一般的だったこともあり、ハンドバッグや背広のポケットに入るほどの小さくて軽い「ポケット型ガイドブック」が主流だった。

　80年代には格安航空券が広まり、個人旅行する若者が増加すると、添乗員の代わりとなる膨大な情報を詰め込んだ「マニュアル型ガイドブック」が現れた。その代表例が『地球の歩き方』であり、同シリーズのヨーロッパ編は一時、1000頁を超える分厚さに達した。

　90年代には3泊4日ほどの自由プランの短期ツアー（スケルトンツアー）が流行り、それにあわせてショッピングとグルメの情報に特化した雑誌風の「カタログ型ガイドブック」が人気を博した。その牽引役は『るるぶ』や『まっぷる』だった。

　そして2000年代には、ふたたび70年代の「ポケット型」に似た小型の、しかし掲載内容は90年代の「カタログ型」に近い「テーマ型ガイドブック」が登場した（『ことりっぷ』など）。最大の特徴は「エリア」ではなく「テーマ」で各ページを構成し、また更新頻度を毎年から数年おきに変えたことで「最新」よりも「定番」の情報を紹介することにある。

　こうした戦後日本のガイドブックの変化は、単に旅行書籍の流行を示すだけにとどまらない。それは日本の観光のかたちの変化と連動している。とくに毎年更新されるシリーズもののガイドブックでは、紹介地の「最新情報」を誌面に反映させて他誌との差別化を図る一方、他誌が更新ごとに充実させる「定番情報」は漏らさない傾向にある。なかでも競争が激しい「カタログ型」や、シェアを拡大しつつある「テーマ型」のガイドブックは、その掲載内容と誌面構成が観光のかたちを如実に反映するため、それらを比較分析することで、観光のかたちの変化を考察するための貴重な一次資料となりうる。

　ただし単純な「ガイドブックの社会反映論」は危険であり、たとえば紹介した店やホテルから掲載料や広告費を受け取り、その多寡で記事の掲載位置やサイズを決定するガイドブックもある。また『ロンリー・プラネット』のように執筆者の嗜好が色濃く誌面に現れる、いわば作家性の強いシリーズもある。そのため以下ではガイドブックを研究資料として分析するための基礎的な方法を概観し、観光研究の一手法としてのガイドブック分析をガイドしてみたい。

## 3．ガイドブック分析の基礎的方法

（1）ガイドブックの複数選定：大型書店の棚やネット書店のランキングなどを参考に、分析の対象とするガイドブックを選定する。このときライバル関係にある他誌や、傾向が異なるが比較対象にできるシリーズなども含めて、必ず複数のガイドブックを選定して比較分析することが求められる。

（2）掲載リストの作成：掲載された情報をリスト化する。ガイドブック全体の誌面構成の比率、あるいは特定のエリアやテーマに絞った掲載情報のリスト化などを行い、研究目的に応じて分析対象をさらに絞ってもよい。

（3）掲載内容の傾向分析：掲載された文章や写真の傾向を抽出する。「ほっこり」や「定番」などのキー・シンボルに着目する、または紹介店舗の分布を地図で確認して「注目エリア」をみつける、などさまざまな方法が考えられる。ここがもっとも重要な部分であり、以下の（4）と（5）とあわせて何度か繰り返し、仮説の種となる発見が得られるように試みる。

（4）共時比較分析：同時期に出版された複数のガイドブックを比較し、上記（2）や（3）で抽出した掲載傾向やキー・シンボルや「注目エリア」などの共通点と相違点を検討する。

（5）通時比較分析：同じガイドブック・シリーズの古い号をできるだけ多く閲覧し、掲載情報の経年変化（掲載の有無、掲載サイズの増減、記事内容や描写の変化など）を調べる。同様に異なるシリーズとの通時比較も試み、（3）で着目したポイントがいつ掲載され始め（または消滅し）、それがどのように変化したかを分析する。

（6）関連情報との比較：分析対象地（フィールド）があれば、その観光協会や政府観光局が発行する観光地図やパンフレット、旅行会社のチラシやウェブサイト、旅行クチコミサイトやブログやSNSの書き込みなど、関連する情報をできるだけ入手し、上記（2）から（5）で得られた分析結果と比較する。基本は共通点と相違点の抽出から着手し、先行研究や関連する文献も参照して、「なぜその変化が生じているのか」についてみずからの仮説を立てることにある。

このほかにも比較すべき資料や参照文献を独自にみつけ、ガイドブッ

クの変化（あるいは不変化）に関する仮説を立てる。なおガイドブックは書店やネットや古書店などで入手するほか、専門図書館や国会図書館などで閲覧する方法がある。また分析対象地の市立や県立の中央図書館には、過去のガイドブックが揃って保存されている場合もある。

次にガイドブック分析から導き出した仮説を検証し、研究を進める方法として、以下の二つがある。

（7）各種統計や社会調査の入手：関連する観光統計や行政統計、民間シンクタンクの産業統計などを図書館やネットで探す。また観光者を対象とした社会調査や民間企業のマーケット・レポートなどもできるだけ集め、量的資料と仮説の間に矛盾がないか検討する。

（8）実地踏査（フィールドワーク）：分析対象地を訪れ、「注目エリア」を観察する、「最新」や「定番」の紹介地をめぐる、市役所や観光協会や関連団体などの職員や構成員にインタビューする、現地で流通する観光マップやミニコミなどを収集する、などの多様な方法で調査し、仮説を検証する。

観光研究としてガイドブック分析を行う場合、（8）実地踏査は必須であり、またもっとも楽しい部分でもある。できれば実地踏査を繰り返し、また経年変化を追跡できればよいが、卒業論文などで研究期間がかぎられている場合は（2）から（7）の「下調べ」が（8）の質を左右し、研究の成否を決定するだろう。

なお現在では書籍のガイドブックだけでなく、ウェブサイトが飛躍的に重要性を増しているため、上記の方法をクチコミサイトやブログ、SNSなどの分析にも応用し、新たな観光研究を実践されることを期待したい。

【読書案内】

中川浩一（1979）『旅の文化誌——ガイドブックと時刻表と旅行者たち』伝統と現代社。

山口さやか・山口誠（2009）『「地球の歩き方」の歩き方』新潮社。

山口誠（2010）『ニッポンの海外旅行——若者と観光メディアの50年史』〈ちくま新書〉筑摩書房。

# 第6章
# 紀行文

橘　セツ

## 1．紀行文に描かれる異文化と自文化

　紀行文（Travel Writing）とは、作者が日常の生活世界を出発して空間的に移動して、作者にとって非日常の空間について記述するという内容とスタイルをもった文学のジャンルである。楽しみを目的とした空間的移動を伴う観光（tourism：ツーリズム）の誕生は19世紀まで待たれるが、人間の移動についての記述である紀行文の歴史は観光の歴史より古い。

　紀行文のもとになる旅行の目的は多岐にわたる。宗教的な目的をもった巡礼、大航海時代や探検による科学的発見の時代にも多くの紀行文が書かれ刊行された。このような特別な使命をおびた人々が生命の危険をかえりみず行った巡礼・探検・冒険の時代から、一般の人々も時間とお金があれば可能になった楽しみを目的とした観光が誕生した19世紀以降にも、世界漫遊旅行（Globe Trotters）の流行に伴って多くの紀行文が刊行され、現在に至っている（Youngs 2013、樺山編 1999、リード 1993）。

　紀行文というジャンルは、著述のスタイルにおいても、報告書、旅日記、書簡など、雑多であり、質の点からも、名作から駄作まで幅が広い。近代、とくに19世紀以降になって、ようやく女性の作者が登場したが、それまでは、紀行文の作者は男性が主流であった。

　歴史を通して人間が絶え間なく記述してきた紀行文には何が描かれてきて、どのように読者は紀行文を読んできたのであろうか。どのような紀行文にも次の二つの側面が織り交ぜられて記述されていると考えられる。一つは、作者が訪れた訪問先についての記述であり、もう一つは作者の自分自身に関する記述である。紀行文は、この二つの側面のバランスで成り立っている文学ととらえられる。作者は、訪問先において、経験・観察することのできる他者や異文化について記述すると同時に、自分（作者）自身と自分が生まれてから自身の身体に背負ってきているよ

うな自文化についても描き込んでいる（橘 2009）。

　他者と出会う旅行は、みずからについての内省＝「内なる旅」(inner journeys) を導く。作者は、他者や異文化との出会いによって、自分自身が変わっていくプロセスを紀行文に記述する可能性を秘めている。紀行文は、異文化の情報について読者に伝えると同時に、紀行によって作者の方もどのように変わり、成長するのかというプロセスを、読者に伝えるメディアとなっている。紀行文には、私（作者）と他者の出会いが、多様に描かれる。

## 2．紀行文の政治性とコンタクトゾーン

　西洋と東洋の異文化接触をめぐる紀行文の研究では、紀行文の作者と訪問先の他者との描き方の関係性が問題とされている。

　E・サイードは、歴史を通じて西洋人が東洋（オリエント）について記述した紀行文を分析して、西洋人が都合の良いように想像／創造した産物が他者である東洋であると批判的に指摘する。サイードは、東洋とは、西洋の視点から「半ばは想像上の、半ばは知識の産物である。怪物と悪魔と英雄。恐怖と歓喜と欲望。ヨーロッパの想像力は、これらのレパートリーによって多大の滋養分を与えられた」（サイード 1986）のであり、そこにすべての東洋が閉じこめられる舞台だと述べている。サイードの分析によると、西洋人による東洋についての紀行文は西洋人の東洋への欲望のまなざしが一方的に投影された鏡であった。

　ヨーロッパの大航海時代に記された紀行文の作者は文明の中心から辺境に移動する。大航海時代の紀行文の作者はヨーロッパ人男性であった。彼らは権力の近くに位置していた。

　イギリスが送り出したJ・クック船長の第1回世界一周探検船エンデバー号によるオーストラリア大陸探検についての紀行文を分析したP・カーターは、紀行文の作者の語りは「混沌（カオス）から秩序が出現するのを示すような論理」にあらかじめ方向づけられていたと批判的に論じている（Carter 1987）。秩序はすべてヨーロッパ人男性に所属しており、混沌（カオス）は新しい土地や他者に属している。

　紀行文には、ヨーロッパ人が、新しい土地と他者を混沌から理解可能な秩序へと救い出すという「英雄的」行為が記されている。英雄的な行

為の代表が新発見の土地の名づけであった。J・クック船長一行は1770年の上陸地点であり、オーストラリア大陸東岸の当時ニュー・ホランドとよばれていた現在のシドニー南沖の湾をボタニー湾（植物学湾）と名づけたことが紀行文に記されている。エンデバー号に乗船していた植物学者J・バンクスは当湾岸で豊富な熱帯植物の標本収集に大きな成果をあげ、植物学の知識の再編に寄与した。

　紀行文は、作者が訪れた他者の土地で経験したこと、見たこと聞いたことを魅力的に物語る。紀行文のテキストは、絶え間なく解釈され、読者や他の著者が再解釈して物語るような連鎖によりある特定の知識が形成される。ヨーロッパ人が新世界をどのように発見してみずからの内部に取り込んできたのか分析したS・グリーンブラットは、『驚異と占有』において紀行文に記される知識とは、究極的に「有用なもの」（utility）であることが重要であったと示唆している（グリーンブラット 1994）。

　P・カーターの言葉を借りると、紀行文の作者は「選択的な目」（selective eye）（Carter 1987）をもって訪問した新しい土地の自然資源の有用性を評価する視点から紀行文の記述を行っていた。有用性とは、紀行文の作者の位置づく社会にとっての有用性である。他者の土地に欲望を抱くまなざしをもった有用性であった。

　M・L・プラットは、『帝国の眼』において、「コンタクトゾーン」という用語を定義することをとおして、ヨーロッパと南アメリカとの異文化接触について論じている。紀行文は、この「コンタクトゾーン」において描かれ、産み出されたと考えられる。プラットは、異文化との「接触・コンタクト」は、いわゆる「コロニアル・フロンティア」においてのみ起こるのではなく、「異文化、他者との出会いによって両者が、お互い同士の関係のなかで形成される」（Pratt 1992）という。プラットは、植民地主義の時代であろうとも、ヨーロッパ文化は、他者との出会いによって、自文化のアンデンティティが逆に定義され、他者と自文化とのせめぎあいのなかで新たな文化が新しく創造されるようなダイナミズムを研究する。

　19世紀のエジプト旅行の紀行文について分析したD・グレゴリーは、近代ヨーロッパ人の紀行文に描かれたエジプトが、ヨーロッパ人とエジプト人の出会うコンタクトゾーンを形成しており、単にエキゾチックな

ファンタジーの場所を超えて、オリエンタリズムの視点からだけでは説明できない豊かな経験のできる場所であったと指摘する（Gregory 1999）。またJ・クリフォードは、「コンタクトゾーン」における自分自身と他者との間をつなぐ「途中の道＝ルート」として紀行文を位置づける（クリフォード 2002）。

## 3．紀行文と異郷

　紀行文には、紀行文の作者が旅行中に出会った、紀行文の作者とは異なる身体的な特徴をもつ人々が描かれる。またダンスのような身体的な行為は、旅行者の目をひいた。紀行文のそれらの記述は、「人種」（race）の概念の構築に深く関わってきたと考えられている。

　紀行文のなかには、男性の作者と異郷の女性との出会いが、性的な好奇心のファンタジーとして、描かれるものもあった。一方女性の作者は、作者の故郷ならば女性として逸脱するとみなされるような行動を、旅行先の土地でわざと行った。日常生活における女性としての疎外感が、ときとして紀行先での自由な行動として表現されることがあった。

　人々の日常世界から遠く離れた旅行先の記述は、楽園のようなエキゾチックなイメージを再生産した。P・ビショップは、チベットの聖なる楽園シャングリラが西洋人の想像力によってどのように創造され、紀行文に描かれたのかについて分析している（Bishop 1989）。イギリスの作家J・ヒルトンの小説『失われた地平線』（ヒルトン 2011、原著は 1933）で描かれたチベットの不老不死の楽園シャングリラは、現在では観光客をひき寄せる観光資源にもなっている。

　紀行文に描かれる異郷は、読者にとっても想像をかきたてられるコンタクトゾーンを形成した。

【読書案内】

Youngs, Tim（2013）*The Cambridge Introduction to Travel Writing*, Cambridge University Press.

# 第7章
# インターネット

岡本　健

## 1．インターネットの普及

　現代の観光について考える際に重要な事項の一つがインターネットだ。ネットの利用者数は1997年に1155万人（人口普及率9.2%）だったが、2012年末現在では9652万人（79.5%）に普及している（図1）。

　1990年代初頭から日本で一般利用が始まったインターネットが普及するにはいくつかの段階を経ている。まず、ネットに接続する端末であるパーソナルコンピューターの普及だ。それにはグラフィカルユーザーインターフェイス（GUI）が大きな影響を与えた。GUI環境が整い、マウスとアイコンによる映像中心の操作が可能になった。次に、1999年には携帯電話からもネットに接続可能になる。加えて、ブロードバンドの登場で通信速度が上がり、静止画や文字情報のみならず動画の視聴もスムーズになった。スマートフォンやタブレット型端末などのマルチメディア化、モバイル化した機器の普及も利用者数を増やす要因になっている。

## 2．観光とインターネット

　インターネットが観光に与えた影響は大きい。ネットを通じて旅行商品や航空券の購入、宿泊予約をすることが可能になり、飲食店やホテルに対するユーザーによる評価も共用できるようになった。ネットからさまざまな観光情報を得られるようになったことは、人々の観光のあり方を大きく変えている。

　『観光の実態と志向』（日本観光振興協会編2013）によると1999年に7.3%だった観光情報源としてのインターネットの利用率が2000年代後半には、それまで利用率の高かった「家族・友人の話」、「ガイドブック」、「パンフレット」に近い割合となった。08年には利用率が40%を超え、11年には63.5%を占めている（図2）。2000年代後半から、観光情報を

第 7 章　インターネット

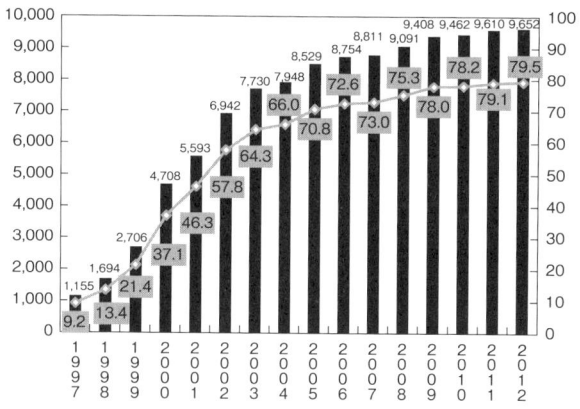

図1　インターネットの利用者数と人口普及率の推移
出所：総務省通信利用動向調査のデータから筆者作成

得るメディアのなかでネットの存在感が増していることがわかる。

　ただ、ネットと一口にいっても、そこにはさまざまな情報が含まれている。『旅行者動向 2012』（日本交通公社 2012）によると、観光情報源の1位は「ネットの検索サイト」（69.2％）だが、次に多いのは「旅行ガイドブック」（46.9％）、3位に「ネットの旅行専門サイト」（37.1％）、4位に「旅行会社のパンフレット」（36.0％）、5位に「旅行雑誌」（26.6％）が続く。ネットのなかでも検索サイトの利用が多い一方、ガイドブックやパンフレットも利用率が高いことがわかる。さらに、利用者の性別や年齢によっても利用率には差がある。筆者は、07 年の時点で「ネットの検索サイト」の利用率が 60％を超えていた 20～40 代の男性と 20 代の女性を「旅行情報化世代」とした（岡本 2009b）。しかし、2008～10 年の同調査の値を平均すると、20～50 代で男女とも 60％を超えた。もはや、「ネットは若者の情報源」とはいい切れなくなっている。

　旅行者にとって情報の発信も容易になっている。電子掲示板やホームページ、ブログ、SNS などの整備や、情報通信機器の発達により、文字情報だけでなく、静止画や音声、動画も手軽にリアルタイムで発信可能だ。たとえば、アニメの舞台となった地域を探して訪ね、写真を撮影し、それをネットで発信する人たちがいる（岡本 2011a）。こうした個人サイトには年間 80 万以上のアクセスがあるものも確認できる（岡本 2013a）。いまや、こうしたアニメの舞台地にかぎらず、建築物や自然景観、食事

Ⅴ 観光のアイテム・資源

251

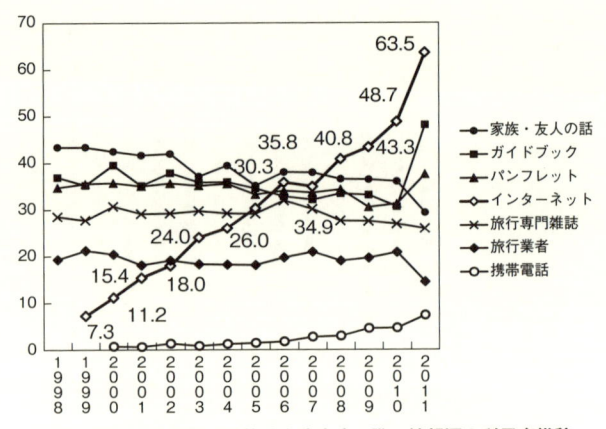

図2　宿泊観光旅行の目的地を決定する際の情報源の利用率推移
出所：日本観光振興協会編（2013）p.88のデータから筆者作成

やイベントの様子などさまざまな情報を旅行者が発信している。

　旅行者だけでなく地域側からもネットを通じた発信がなされている。自治体や地域の観光産業はもちろん、地域に関わる個人による発信もある。さらに、特筆すべきなのは、観光地とは直接関係せずとも、こうした情報を流通させるアクターが現れていることだ（岡本2011d）。地域や旅行者が発信した情報を広く拡散するアクターである。

　一方で、ネットが旅行行動を阻害しているという懸念もみられる。現地の情報をネットでみることで満足して実際に旅行しないのではないか、ネットでさまざまなコンテンツを視聴できるので旅行に時間を割かないのではないかといったものだ。これらは「近ごろの若者は」といったような世代論とともに語られることもある。技術決定論的にネットが旅行を阻害すると結論づけるのは慎重にならねばならないが、世代、性別を超え、情報の受発信に広く活用されているインターネットが旅行行動に対して何らかの影響を及ぼしている可能性は高い。

　たとえば、若者の海外旅行とメディアの関係性について分析した山口誠の研究が興味深い。歴史や文化の記述よりも商品情報を重視したガイドブック（➡Ⅴ・5）をもち、添乗員なしのスケルトンツアーで短期海外旅行に出た場合、旅行者は現地で「買い・食い」の充足が中心となり、極端な場合はお金を介した消費行動でしか旅先の歴史や文化と接点をもたない。これを「孤人旅行」とよぶ。ネットでは、価格重視の旅行商品

情報やコスト・パフォーマンスを基準にした消費行動を紹介するクチコミが目立ち、「孤人旅行」を加速させていると指摘する（山口 2010）。このように、ネットのみでなく他メディアとの関係性や旅行商品のあり方も含めた多角的な観点からの分析が必要だ。

## 3．観光コミュニケーションの新たなあり方

　インターネットの登場によって、観光に関わるコミュニケーションや観光地のコミュニティにも変化がみられる。個人がネットで発信した情報が集積することで観光目的地のデータベースができ上がり、その情報にもとづいて旅行者が現地に足を運び、地域住民や地域文化との交流を行う。そのことによって、新たな対象への興味関心が開かれ、その地でできた人間関係を重視するようになり、場合によってはその地に転居してくるという事態もみられる（➡Ⅳ・4）。これはネット上のみの関わりとは異なり、観光という身体的な移動が伴うことで情報空間と現実空間の双方を行き来するコミュニケーションである。ネット上では趣味を同じくする者同士のコミュニティが生まれやすいが、ここでは、趣味や価値観が異なる他者との現実空間での出会いもみられる（岡本 2013a）。こうしたあり方からは、地域住民のみでなく、その地を訪れる旅行者、そして、訪れない人も参画する新たなコミュニティを基盤とした観光・地域デザインの可能性を見出すことができる（岡本健 2012）。

　インターネットの登場、普及とともに、観光情報の取得のあり方、旅行行動のあり方、観光に関わるコミュニケーションやコミュニティのあり方にはさまざまな様態がみられるようになった。今後も、一つひとつの事例を多角的に観察、分析、考察し、ウェブ社会における観光について、知見を積み重ねていくことが求められている。

### 【読書案内】
遠藤英樹・寺岡伸悟・堀野正人編（2014）『観光メディア論』ナカニシヤ出版。
鈴木謙介（2013）『ウェブ社会のゆくえ──〈多孔化〉した現実のなかで』NHK出版。
山村高淑・岡本健（2012）『観光資源としてのコンテンツを考える──情報社会における旅行行動の諸相から（CATS叢書7）』北海道大学観光学高等研究センター。

# 第8章
# 風景

大城直樹

## 1. 風景の消費

　風景の消費は観光にとっていわば自明の当為である。ガイドブックや情報番組で目にした風景をみずからその場で確認したり、写真にそれを収めるという行為はごく当たり前の観光慣行である。事前に得た情報と同じ構図のなかにいる自分を再確認するというわけである。だがこれはまた逆に、それが切り取られた風景であるということを確認する行為でもある。その切り取られたフレームの外側、あるいはその手前にも、フレームのなかで完結するには過剰な、場合によっては不要な情報に溢れる現実の風景が展開していることを、現地を訪れたばかりに、いささか失望の感を覚えつつその文脈を確認する。これもまた観光慣行の一つである。にもかかわらず、やはり観光客は風景に出会うために出かける。いったい観光から風景を取ると何が残るだろうか。他のレジャー、たとえばショッピングや遊園地に出かけたりスポーツに興じたり観戦したりするのと観光の違いは、やはり風景や料理、みやげものをはじめとしてその土地に固有の何かを実感することであろう。無論、ディズニーランドやユニバーサル・スタジオなどの大型複合遊興施設に出かけることが単なる遊興を超えて観光の要素を多分にもっているのも事実である。
　ディズニーランドなどの場合、遊具に乗ったりグッズを購入したりすることも重要であろうが、その前段階ですでにディズニーが用意している「物語」を理解し、かつ肯定的にその物語に包含されていることも重要である。こうした事態は物語の消費というより、その再生産への加担といった方が良いかもしれない。物語の消費／再生産という観点からすれば、特定の「意味」が賦与された、ないしは「物語」が構築された場所へ出かけることも観光ということになろう。広島・長崎やアウシュビッツなど人類の「負」の遺産を訪れるダークツーリズム（➡Ⅳ・11）や

アニメなどのロケ地を訪れる「聖地」巡礼（➡Ⅳ・4）も、つまるところ、こうした「意味」や「物語」が賦与された風景の消費なのであり、事前にその「物語」に習熟していることが必要である。

## 2．風景のイデオロギー性

　想像してみよう、ゆるやかな斜面に牧草地が広がるイングランド農村部の風景を。ところどころに樹木が生え、羊たちが群れる手前にエンクロージャー以来の石垣があって、そこにその風景を眺める一人の人物の立ち姿がある構図を。これはいかにも英国的な田園風景である。だが、石垣の手前に立ってその風景を眺めやるのが黒人女性であったとすればどうだろう。違和感を感じるであろうか。これは英国のアーティストであるI・ポラードの有名な一枚の写真に見られるものであり、英国の田園風景が「白人性」（whiteness）を前提として審美化されている事への批判であるという。黒人はつまり、こうした田園風景のなかには存在せず、都市のなかにこそ収められるものと表象されるのが通常であり、「都市にいるはずの」黒人によって農村部が「侵害」されるという危機感がこの写真から喚起されるのである（萩原2002）。

　ポラードは、実際には黒人はもはや白人のイングランドらしさにとって「他なるもの」（the Other）としてあるわけではないと訴える。帝国主義と植民地主義による近代英国の覇権は、一方では外部の資本主義的枠組みへの取り込みであり、他方では英国内部の風景の審美化であったという現実性について、黒人女性をいかにも英国的な風景のなかに登場させることによって、彼女はその問題構制を俎上に載せるのである。

　興味深いことに、ポラードのこの作品「田園的間奏」は、ロンドンのヴィクトリア・アルバート博物館に収められている。この博物館は1837年に設立されたデザイン学校の教材用コレクションをもとに、殖産興業と植民地主義の二枚看板がもたらすスペクタクルに観客を動員した、1851年ハイドパークで開催された第1回万国博覧会の刺激によって産業博物館に発展していったものである。W・モリスに代表されるような英国のデザインや製品のコレクションとともに、アフリカ・アジア系英国文化による作品も収められており、これはその作品の一つということになる。英国の風景審美への批判もまた誇るべき英国文化の一部と

して貪欲に呑み込まれているこの事態を、われわれはもっと意識すべきであろう。ある種の「メタ」ゲームとでもいえようか。特定の場所と場所感覚は競合している、とD・マッシーらがいうように（Massey and Jess eds. 1995）、風景とそれがそれとしてある場所へのまなざしもまた、意味や価値をめぐる競合状態に置かれているのである。

## 3．風景からの逸脱？

　次に、そうした観光的風景に憧れたり興味をもって実際にその場所を訪れた先に何が起こるかということについて二つの事例を挙げてみたい。眺める対象としての、また書き割りとしてあった風景と観光客の関係から、本来切り取られ消費されるはずの当の風景のフレームのなかに観光客みずから入り込んだり、そのフレーム自体の存在に悩まされたりするという事態に関するものである。

　一つ目は観光客としてリピートしているうちに現地の男性と結婚してその地に暮らす日本人女性が増えている事例。ことにインドネシア・バリ島ではその数が多いという。バリ島の観光中心の一つであり、絵画など芸術の村として知られるウブドには、1995年当時全バリで300人近くいるなかでおよそ100人の日本人女性が暮らしていた。日本での生活に違和感や疎外感を感じていた女性たちが、「癒し」や「自分らしさ」、「本来の自分」を求め日本からバリ島にリピートを繰り返すうちに現地の男性と知りあい、その地で暮らすことを選んだという（山下1999）。また沖縄にもこうした人々が増えており、ヤマト嫁とかナイチャー嫁といわれもする（吉江1999）。今日の観光客がバリや沖縄で見るのは、こうした元観光客だった人たちが、新たな沖縄やバリの住民として、それまでその地になかった文化や生活様式、つまり文化的所作や嗜好、また考え方やコミュニケーションのあり方を展開して、いわばハイブリッドなバリ性や沖縄性というものが現出しているその事態ではないだろうか。

　二つ目の事例は、いわば「メタ」風景の問題ともいえる。観光地にあって（自分も観光客でありつつ）観光客を相対化してみるときなどにそれを実感するだろう。冒頭で述べたように、観光的「風景」のフレームの手前や外にある事態の意図せざる確認もまた観光慣行である。たとえば、筆者の経験からいえば（自分もその一人であるにもかかわらず）、ホノ

ルル・ワイキキの通りをぶらぶらしていると、いわゆる「ヤンキー」風の若者たちがたむろしているのを見たり（こういう人たちはバンコクのカオサン通りにはいない）、バチカンの著名な絵画の前であたりはばからず大声を出しながら記念写真を撮る日本人女子学生の姿を見たときに違和感を覚えることがままある。どうしてこのように感じるのだろう。ただその観光の風景に没入していたいという欲望を阻害されるからであろうか。無防備・無自覚な若者の姿にいら立っているからであろうか。逆に京都や奈良で欧米人観光客がいることには何の違和感を覚えない自分もいるのである。いずれにせよ、こうしたことどもすべて含みこんだうえでの「風景」の消費なのだ。逆にこの経験が、そう思う当人に風景の枠組みを自覚させる契機になるのではないだろうか。非日常を求めていくなかで「日常」に不意に出会い、いささかの戸惑いや躊躇、場合によっては不愉快や嫌悪を覚えつつ、それでもなお「非日常」の風景を追い求める。これが現代の観光の実情であろう。

　結語があるとすればこれは、「異他性」への「現象学的」（ジェームソン 1987）な遭遇を、そういうものとして受け取ることの回復の契機が、上で述べてきたようなことにはあるだろうし、これを自明な意識の相対化を確認する作業にしても良いのではないだろうか。事前の情報にはない「異他性」、ないしは「不意打ち」のような経験を受けいれること。情報端末で即座に検索可能とはいかない事態への慣れが必要なのではないか。己の脳に触覚的レベルでの情報をインプットすることが重要だと筆者は思う。資源としての風景という御題であるが、観光の風景を資源化せしめているものが、「まなざし」なのかもしれないし、「フレーム」なのかもしれない。いわば資源となる契機は多層的であるということを自覚することで、また新たな風景と出会すのかもしれない。

**【読書案内】**

クレーリー、J（1997）『観察者の系譜——視覚空間の変容とモダニティ』遠藤知己訳、十月社。

バージャー、J（1986）『イメージ‐Ways of Seeing——視覚とメディア』伊藤俊治訳、PARCO出版。

# 第9章
# 聖地

山中　弘

## 1．聖地とは

　世界には実に多様な聖地が存在している。エルサレムやメッカのように長い歴史を有する聖地もあれば、メジョゴリエ（ボスニア・ヘルツェゴビナ）のように、1981年の聖母マリアからのメッセージによって急速に聖地化したものもある。イングランド南部のグラストンベリーは自然や人間の霊性を信じるニューエイジャーたちの聖地であり、巨大な一枚岩ウルルはアボリジニたちの聖地である。宗教以外にも聖地は存在する。戦没者墓地や戦跡は戦争の聖地であり、大量殺戮や悲劇的な事故の現場は悲劇の聖地といえるだろう。さらには、高校球児の涙と汗にまみれた甲子園、アニメの殿堂秋葉原もまた、聖地とよばれることがある。
　宗教学や人類学の定義によれば、聖地とは森や山などの自然景観か、聖者、英雄などにゆかりの場所のいずれかに多いとされ、聖地に共通する特徴として（1）信仰による神聖視、（2）巡礼の対象地、（3）厳しい立ち入り制限、が挙げられている（山折監1991）。

## 2．聖地とツーリズム

　ところが、現代の聖地のなかには、こうした定義に収まりきれないものも現れている。その代表的なものとして、カトリックの聖地サンティアゴ・デ・コンポステラが挙げられよう。そこを訪れる巡礼者数の増加率は驚異的で、1980年代末の約3000人に対して、2010年は約100倍の27万人という数字が報告されている。しかも、聖地を目指す巡礼者たちの多くが信仰とはあまり縁のないツーリストたちなのである（岡本亮輔2012）。神聖視もあまりされず、厳しい立ち入り制限もないサンティアゴは、もはや聖地ではないのだろうか。
　さらには、先の定義からかなりかけ離れた聖地もある。とくに、グラ

第 9 章 聖地

**写真 1　サンティアゴ大聖堂**
撮影：岡本亮輔

ストンベリーやセドナのようなニューエイジャーたちの聖地には、そうした傾向が強く認められる。たとえば、個性的なかたちの赤茶けた巨大な岩山が点在するアリゾナ州セドナは、もともとネイティブ・アメリカンの聖地であったが、1970年代以降、この地が有数のパワースポットだとされると、そのエネルギーを体感したり、その影響で飛来するとされるUFOを見ようと、年間400万人もの人々が訪れるようになっている。町では、パワースポットめぐりのツアーやニューエイジャーに人気のある前世占いや代替医療などを行うさまざまな店が営業しており、「ニューエイジのルルド」とよばれている（Timothy and Conover 2006）。

## 3．聖地のとらえ方

　今日の聖地の変貌ぶりは、これまでの聖地や聖性の理解の仕方に再検討を迫っている。従来の聖地のとらえ方は、聖地を「実在論的」に理解するか、それとも「場所論的」に理解するかの二通りの見解が有力であった。「実在論的」とらえ方とは、M・エリアーデのように、聖地を聖なるもの（神的な実在など）がみずからを顕した場所（ヒエロファニー）ととらえ、俗なる場所と質的に異なったものとして聖地を理解するというものである。「場所論的」とらえ方とは、場所自体の物理的、地理的特徴（巨大な奇岩など）が人間の側に特別な効果や体験をもたらし、結果として聖なる感情を懐かせるというものである。
　しかし、こうした聖地論は聖地の不変性、固有性を強調することが多

く、聖地内部の対立や聖地へのまなざしの変化という、聖地の変動の側面にあまり関心が向かわなかった。ところが、近年、人類学的観点から、さまざまな言説が競合する場所として聖地をとらえるという視点が提出されている。つまり、聖地は聖性によって一元的に統合されているわけではなく、内部者と外部者、支配者と従属者、男性と女性といった利害を異にするさまざまなアクターたちが競合・葛藤する分裂した空間だという見方である（Chidester and Linenthal eds. 1995）。聖母出現の伝統的聖地ルルドでさえも、泉による病気の治癒に関する教会の神学的見解と病人たちの素朴な奇跡願望との対立、ルルド関連のグッズを売る業者と教会との衝突など、多様な語りが聖地内部で競合しているのである（Eade and Sallnow 2000）。「競合する聖なるもの」(contesting the sacred)という視点は、聖地空間に対する人間や社会組織の側の多様な意味づけによって、聖地がつねに変化していることを理解させてくれるのである。

## 4．聖地と現代宗教

　サンティアゴやセドナのような現代の聖地の状況は、聖地自体よりも、聖地への人々のまなざしの変化がもたらしたものといえる。こうしたまなざしの変化を、今日の宗教意識との関わりでどのようにとらえられるだろうか。宗教社会学的視点からは、聖なるものを管理してきた伝統宗教の影響力の低下と、一般の人々の聖なるもの（スピリチュアルなもの）への憧れの高まり、という一見相反する宗教状況を指摘できよう。つまり、既存の宗教が聖地に与えていた宗教的解釈コードの妥当性の揺らぎと、聖地を自分なりの解釈コードに基づいて訪れてみたいという願望の出現である。先に紹介したサンティアゴの状況は、カトリック的コード（巡礼による罪の赦し）とは異なった意味づけ（自分探しや自分への挑戦）を聖地や巡礼路に対して付与することで、自分なりに聖地を楽しもうとする人々が増えていることを意味している。聖地への解釈コードの変更がさらに進むと、アニメの舞台となった社寺を訪れる「聖地巡礼」（➡Ⅳ・4）のように、社寺に伝統的に与えられた宗教的意味づけを意識的に無視して、その場所を自分たちの意味空間のなかに変換し、既存の宗教空間にいながらも、伝統的宗教世界とは異なる独自な意味空間を享受するという方向に向かうのである。いまや聖地という表象は、宗

教的な意味づけから解き放たれて、メディアやネット空間などさまざまな世俗的な領域へと浮遊し始めており、聖地はツーリズムの文脈にも確実に取り込まれつつあるのである（➡Ⅳ・7）。

　聖地のツーリズム化という状況のなかで、宗教とツーリズムはどのような関係にあるのかに言及して本章を閉じたいと思う。先の定義のように、聖地が俗世間から隔離された神聖な場所であるならば、ツーリズムの聖地への「侵入」は、ツーリストたちの排除などの強い否定的な反応をよび起こすことになる。事実、イスラームの聖地メッカに象徴されるように、信徒にしか開かれていない聖地は依然として数多く存在する。しかし、両者は聖地の空間で厳しく対立するばかりではない。むしろ、聖地に「聖性」という表象が与えられていることによって、ツーリスト側が逆に聖地の聖性の維持に貢献するという面も存在する。たとえば、イギリスの大聖堂の入場料徴収や増額の動きに対するツーリスト側の強い反発である（Shackley 2002）。ツーリストにとって、大聖堂は利潤にまみれた世俗社会とは異なる空間とみられており、そのことが、聖地のイメージを裏切る入場料への反発を招き、結果として聖堂の過度なツーリズム化を抑止するというわけである。いずれにせよ、聖地空間において、ツーリストがみることを「欲している」のは、聖地の聖性にほかならない。したがって、聖地の全面的ツーリズム化は、逆に観光対象の消失を意味している。聖地がオーセンティックな聖性を維持しつつ、ツーリズムへと開かれたものになりうるのか、観光資源としての聖地に与えられた課題は大きい。

### 【読書案内】

植島啓司（2000）『聖地の想像力――なぜ人は聖地をめざすのか』〈集英社新書〉集英社。
星野英紀・山中弘・岡本亮輔編（2012）『聖地巡礼ツーリズム』弘文堂。
山中弘編（2012）『宗教とツーリズム――聖なるものの変容と持続』世界思想社。

# 第10章
# リゾート

砂本文彦

## 1.「リゾート」と、そのはじまり

　リゾートとは、夏場の避暑や冬場の避寒のため、あるいは行楽のための保養地を指し、何らかの滞在形式を伴うものが多い。一般的には、事業主体、あるいは政策主体が保養地ないしは施設をリゾートとよぶことで、他の観光地との差別化を行っている。

　世界のリゾートを見渡すとき、海浜リゾートや温泉リゾート、高原リゾートなどがある。多くは長い歴史をもち地元資本や有力資本が展開して、地域一帯に形成される。地中海沿岸のコスタ・デル・ソルには名だたるリゾート地が連なり、アジアではタイのプーケット島やグアム島などもある。温泉リゾートにはドイツのバーデン・バーデン、日本では箱根もこれに近いものだろう。

　単一企業体が提供するものもあり、ウォルト・ディズニー・ワールド・リゾートや東京ディズニーリゾート、そして1987年に制定された総合保養地域整備法（リゾート法）による宮崎シーガイア（現・フェニックス・シーガイア・リゾート）もそうしたリゾート開発である。

　前述の見方に従うと、日本のリゾートの歴史は、明治期に日本に居留した欧米人による避暑地開発から始まる。避暑地として現在も名を馳せる長野県軽井沢は、1888年にカナダ人宣教師のA・C・ショーが偶然訪れて、別荘地を建設したことに始まる。その後、鉄道が延伸されたことから多くの資本が開発に乗り出し、日本を代表する高原リゾート地となった。神戸の背後にそびえる六甲山は、明治初期から外国人の登山先として選ばれ、1895年イギリス人貿易商のA・H・グルームが三国池湖畔に別荘を建ててから別荘地が形成され始めた。1903年に六甲山に開設されたゴルフ場は日本ではじめてのもので、外来スポーツはゴルフのようにリゾート地を国内発祥とするものが多い。海浜リゾートは、1889年

に外国人宣教師らによって宮城県七ヶ浜に開かれた高山外国人避暑地がその嚆矢である。

このように、日本のリゾートのはじまりは外国人、とりわけ宣教師による開発に端を発する。実は宣教師たちは日本にかぎらず、香港や上海などにいた宣教師たちと緊密なネットワークをもっており、東アジア各地で避暑先を選択できる状況にあった。彼らは日本の軽井沢、七ヶ浜高山、野尻湖、雲仙はもちろんのこと、海浜リゾートの朝鮮元山、朝鮮大川、中国青島や、高原リゾートの朝鮮智異山、中国廬山などを開発していき、東アジア全体で避暑先の選択肢を増やしていった。19世紀から20世紀にかけての欧米人のアジア進出は、貿易・政治の要所として租界や居留地を設けたにとどまらず、本国とは異なる蒸し暑い夏を避けるため、東アジア全域に避暑リゾートを探し求めていたのである。したがって、宣教師のリゾートの空間計画と運営方法には、国境を越えた同質性が認められる。また、彼らにより切り開かれたリゾートの大半が、その周囲に新たな開発をよび込んで広域化し、世俗化していった。

日本をはじめ東アジアのリゾートの歴史とは、宣教師譲りの欧米流リゾートライフを模倣することでみずから身体化したものなのである。

## 2．日本における二つのリゾートブームの顛末

ここでは戦前と戦後のリゾートブームである、1930年代の国際観光政策による国際リゾート地開発と、1987年のリゾート法によるリゾート地開発を比較検討することにしよう。

まず、87年に制定されたリゾート法からみていく。同法は、リゾート産業の振興と国民経済の均衡的発展を促進するため、多様な余暇活動が楽しめる場を、総合保養地（リゾート地）と定め、ほとんどの道府県において地方自治体が民間事業者をパートナーとしてリゾート地の総合的整備をなした。同法により適用されたリゾートテーマ（施設）は、ゴルフ場、スキー場、マリーナ、リゾートホテルなどであった。バブル経済の崩壊やそもそもの計画見通しの甘さもあって大半は事業運営に行き詰まり、その後、経営破綻や売却が相次いだ。

開発による自然環境への負荷、大資本誘導による地域経済への波及の希薄さ、需要なきリゾートテーマ・規模の設定など、利用者が見込めな

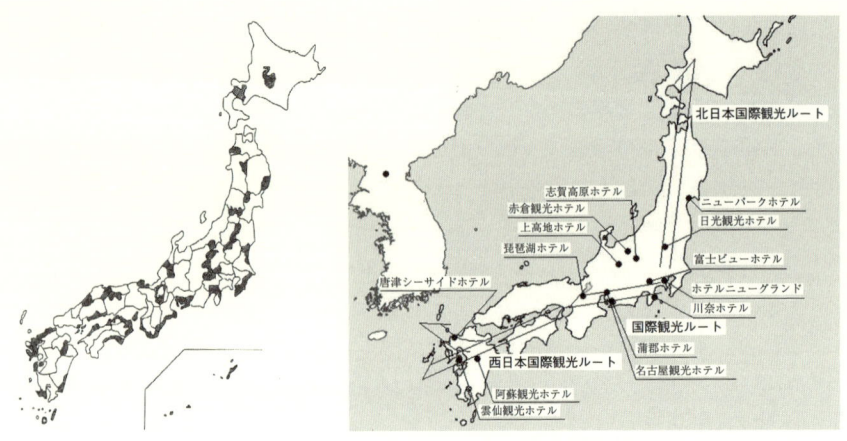

図1　リゾート法による特定地域
　　　（網かけ部分の地域）
出所：online（国土交通省）

図2　1930年代国際観光政策による事業地
出所：筆者作成

い計画が乱立し、政策に対する評判は悪かった。しかも、図1に示すように、全国にまんべんなく構想が計画され、開発主導型のバラマキ的性格を漂わしていたことが一目でわかる。

　しかしながら、事業計画の見通しやバラマキに課題があったとはいえ、伊勢の志摩スペイン村や北九州のスペースワールド、佐世保のハウステンボスなどのように体制を変遷しつつも事業継続しているものもあり、また、施設の多くが現在も地域の代表的観光・レジャー施設として、自然教育施設として賑わっている（島根県三瓶自然館サヒメルほか）。数十年を経て、地方における中核観光地として定着してきていることから、今後、超長期的視点から個別事業を再評価する必要もあるだろう。

　1930年代の国際観光政策による国際リゾート地開発は、国際観光ホテルを中心としてスキー場、ゴルフ場、温泉、ドライブウェー、海水浴場などを整備した（図2）。外貨獲得を主目的としたため、まずは外国船舶の寄港地である横浜と神戸を結ぶライン上でホテルが不足する箇所にホテルならびにリゾートを整備して、「国際観光ルート」とした。その後、瀬戸内海、九州を経て上海へと向かう西日本国際観光ルートの整備を行っている。途上の瀬戸内海航路は「東洋の地中海」、INLAND SEA とし、甲板上から見える景観を系統的に売り出した。また、1940年に開催が構

想された冬季オリンピックの会場予定地・札幌に向けて北日本国際観光ルートの整備も行った。こうしたルート設定は滞在日数増加を目論んでなされたことであった。

　上信越地方では、東アジアにおける積雪地という地の利を生かしてスキー場を核とした開発をなし、九州では上海などから避暑に訪れる外国人来客層の多様性に配慮してホテルを整備した。これらの開発は、外国人の日本滞在生活を具体的にイメージしたものであった。

### 3．超長期の視野からリゾートをとらえる

　日本におけるこの二つのリゾート政策は、来客者の想定や事業地の選定（全国バラマキか、集中か）においてはきわめて対称的な内容をもつ。一方、ホテルを中心にスキーやゴルフを掲げるテーマ性は歴史を経てもさほど変わりないことに気づく。実は1930年代の開発はそののちに第二次世界大戦が始まり、戦後は占領軍に接収されて、開発後の20年あまり、無用の長物だったといわざるをえなかった。しかし、当時開発されたリゾート地は、現在に至る時の流れのなかで当該リゾート地のイメージを強く発信する超長期的な役割を果たしている（上高地の登山、赤倉や志賀高原のスキー、川奈のゴルフなど）。リゾート法によるリゾート地も超長期的な役割を果たせるかどうかは今後の評価を待つ必要があるが、リゾートとはそもそもそうした超長期的な視点を事業計画に組み入れる必要のあるものだということを、リゾートの歴史は教えてくれている。

**【読書案内】**

砂本文彦（2008）『近代日本の国際リゾート――一九三〇年代の国際観光ホテルを中心に』青弓社。

橋爪紳也（1992）『海遊都市――アーバンリゾートの近代』白地社。

# 第11章
# 国立公園

西田正憲

## 1. 自然観光空間として誕生した国立公園

　国立公園とは、ある特定の自然空間を切り取り、国家がオーソライズ（権威づけ）する傑出した自然の風景地である。価値づけられ、制度化された自然空間であり、自然保護空間であるとともに、自然観光空間でもある。日本の国立公園は原始性と雄大性を有するアメリカの国立公園を目標として大自然保護と野外レクリエーション利用を理想としたが、実際には既存の有名観光地・温泉地・景勝地などを数多く含んでいた。誕生期の国立公園は自然保護空間というより自然観光空間であった。自然風景へのまなざしは雄大な山岳景観を主とする審美的風景に向かっていた。人々が楽しむことができる風景を国立公園にしたことによって、結果的にわが国でもっとも大規模な自然環境保全制度の基礎を築いたといえる。

　1931年、国立公園法が制定され、1934年から36年にかけて、国立公園として瀬戸内海、雲仙、霧島の3カ所、阿寒、大雪山、日光、中部山岳、阿蘇の5カ所、富士箱根、十和田、吉野熊野、大山の4カ所の計12カ所が順次誕生した。12カ所は早くから内定していたが、電源開発、林業など他産業との調整により指定がずれ込んでしまった。選定は、地形地質を重視したわが国を代表する風景型式であることを最大の基準とし、神社仏閣、史蹟なども含み、交通の便利さなど利用面も配慮するものであった。理想としたのはアルプスやロッキーのようなロマン主義的な大自然であり、阿寒、大雪山、十和田湖、尾瀬、上高地などが具現していたが、多くは富士、大山、雲仙、阿蘇、霧島のような古くから名山として親しまれてきた火山が中心であった。1930年代は、わが国にかぎらず、世界に国立公園が拡大した時代であった。世界的な経済不況と国際観光を背景に、外客誘致による外貨獲得、内外の観光客誘致による地域振興

への期待が国立公園には強く寄せられていた。

## 2．理想の大自然ウィルダネスと日本的受容

　世界最初の国立公園はアメリカのロッキー山脈に1872年に誕生する。平均標高約2500m、面積約90万haという、わが国の四国の約半分の大きさをもつイエローストーン国立公園である。公園専用の国有地からなる営造物公園として、大自然を保護し、国民が等しく享受すべき国家の宝として、永久に保護されることとなったのである。アメリカの国立公園の誕生にはさまざまな要因が働いたが、最大の要因はウィルダネス（原生自然）賛美の思想であった。19世紀のアメリカでは思想、文学、絵画などのあらゆる分野でウィルダネス賛美が起きていた。国立公園とはアメリカ固有の自然と文化の産物であり、このウィルダネスを理想の大自然と考える思想はやがてグローバルなものとなっていく。

　アメリカで誕生したNational Parkはわが国では訳語「国立公園」として定着した。アメリカの意味するナショナルは国民の意味あいが強いのに対し、わが国は国家つまり御上の意味あいが強い。国民の間にも自然保護や文化財保護は市民ではなく御上がすべきものという風潮がある。イギリスのナショナルトラストとは大きく異なるところである。

　狭い国土に多くの人口を抱えるわが国は、国立公園といえども農林漁業、電力産業などと共存しなければならず、イタリアの国立公園にならい、国・公・私有地の土地所有にかかわらず指定できる地域制公園の制度をとった。国立公園は採草地、農耕地、二次林などを含むこととなったが、その結果、生物多様性のみならず、景観多様性も呈することとなった。国立公園は多様な主体の協働管理による持続可能性を追求した制度であり、現在も地域との連携を模索しながら自然再生、利用調整などの難しい問題に取り組んでいる。ここにはナショナルパークの日本的受容があった。

## 3．レジャーブームの到来と自然保護空間への転回

　戦後は経済復興、観光振興、地域振興のため、支笏洞爺、上信越高原、秩父多摩、磐梯朝日などの国立公園の指定が進み、また、伊豆半島が富士箱根国立公園に、八幡平が十和田国立公園に、天草国定公園が雲仙国

立公園に編入されるなど、飛び地の国立公園が次々と生み出される。さらに、西海、陸中海岸、山陰海岸という従来軽視されてきた海岸の国立公園が生み出される。周遊観光に対応するよう国立公園も広域化・多様化が図られた。一方1949年、「国立公園に準ずる区域」が制度化され、「国定公園」と名づけられる。国定公園は利用を重視し、国土における適正配置を念頭に、国立公園の偏在を補完した。1950年、琵琶湖、佐渡弥彦、耶馬日田英彦山の国定公園が誕生する。57年、現行の自然公園法が制定され、国立公園、国定公園、都道府県立自然公園からなる自然公園体系が確立される。60年代になると、高度経済成長により、国民の所得と余暇時間が増大し、いわゆるレジャーブームが到来する。自然公園の利用者も急激に増加し、三河湾、金剛生駒紀泉、南房総などのように、大都市住民の観光レクリエーションの場となる国定公園が生み出される。

　しかし、このレジャーブームは、モータリゼーションと相まって、各地に富士スバルライン、立山黒部アルペンルート、乗鞍スカイラインなどの山岳観光道路建設を促し、亜高山帯や険峻な山岳地帯の自然破壊を引き起こし、観光客の利用圧が生態系にも悪影響を及ぼした。また、各地でゴルフ場、スキー場、分譲別荘地などが建設され、自然破壊が社会問題となり、自然保護の世論が高まっていく。64年のアメリカの原始地域法の影響もあり、国立公園の指定は、知床、南アルプスの指定、屋久島の霧島国立公園への編入のように、生態系を重視した自然保護へとシフトしていく。71年、自然公園行政は厚生省の保健行政から環境庁の環境行政に移管され、その後も、国立公園は西表、小笠原、釧路湿原のように原生自然の生態系保護に収斂し、国立公園の指定は自然保護空間へと大きく転回する。国定公園も同様に、越後三山只見、日高山脈襟裳、早池峰のように、遠隔地の自然性の高い地域の指定へとシフトしていく。

## 4．生物多様性確保と深い自然体験を目指す国立公園へ

　1990年代以降、自然環境の保全にとって生物多様性が最大のキーワードになり、生物多様性の保全と持続可能な利用が最重要課題となる。2002年、自然公園法が改正され、自然公園法の第3条の国等の責務に「生物の多様性の確保」が追加され、あわせて利用調整地区制度が創設される。利用調整地区とは、過剰利用を防ぎ、持続可能な利用を図るた

め、利用者をコントロールする管理観光を制度化したものであり、06年に吉野熊野国立公園大台ヶ原の西大台で、10年に知床国立公園の知床五湖地区で指定された。07年のエコツーリズム推進法の制定も、利用の管理の観点から、特定自然観光資源の立ち入り制限を可能としていた。

　2009年には自然公園法第1条の目的が改正され、「国民の保健、休養及び教化に資するとともに、生物の多様性の確保に寄与する」と「生物の多様性の確保」が追加され、傑出した自然の風景地の評価に生物多様性の概念が入ることとなる。あわせて海中公園地区が海域公園地区に改められ、生態系維持回復事業の創設などが行われる。並行して、環境省は今後の国立・国定公園の指定について、07年、生物多様性の重視と国民にわかりやすい区域・名称の方針を打ち出し、10年、国立・国定公園総点検事業をとりまとめ、国立・国定公園の新規指定・大規模拡張候補地18カ所を報告した。この結果、07年、西表国立公園を西表石垣島国立公園に拡大、日光国立公園から尾瀬国立公園を分離、12年、霧島屋久国立公園から屋久島国立公園と霧島錦江湾国立公園に分離する。13年には、陸中海岸国立公園を三陸復興国立公園に拡大。14年には慶良間諸島沿岸海域を31番目の国立公園として指定する予定である。一方、2007年には、若狭湾国定公園を再編して、里地里山を含む大江山丹後天橋立国定公園を56番目の国定公園として指定していた。自然公園は現在国土面積の約7分の1、約14％に達している。

　生物多様性の評価を軸として21世紀の国立公園の再編が進んでいる。自然風景へのまなざしが生物多様性に向かい、国立公園が生物多様性確保の場として意味づけられ、価値づけられ、利用もそれにふさわしいエコツーリズムのような深い自然体験が中心となっていくものと思われる。

【読書案内】

瀬田信哉（2009）『再生する国立公園――日本の自然と風景を守り、支える人たち』清水弘文堂書房。

西田正憲（2011）『自然の風景論――自然をめぐるまなざしと表象』清水弘文堂書房。

# 第 12 章
# 世界遺産

才津祐美子

## 1. 世界遺産とは？

　世界遺産とは、UNESCO（国際連合教育科学文化機関）の「世界の文化遺産及び自然遺産の保護に関する条約」（以下、世界遺産条約）にもとづいて世界遺産リストに登録された文化遺産や自然遺産を指す。本条約は 1972 年に開催された第 17 回 UNESCO 総会において採択された。文化遺産と自然遺産双方の保護を盛り込んだ本条約は「文化と自然が密接な関係にあるという新しい考え方にたった点で、極めて今日的な国際条約である」（日本ユネスコ協会連盟編 2010）といわれている。本条約の目的は、顕著な普遍的価値を有する文化遺産および自然遺産を損傷や破壊などからまもり、人類全体のための世界の遺産として国際協力によって保護する体制を確立することである。

　本条約の締約国数は年々増加し、2012 年 9 月現在は 190 カ国にのぼっている。世界遺産の種類には、文化遺産、自然遺産、複合遺産の三つがあり、2013 年 7 月現在の登録数は、文化遺産 759、自然遺産 193、複合遺産 29 の総計 981 件である（online UNESCOa）。日本が締約国になったのは 1992 年で、125 番目だった。2013 年 7 月現在、日本の世界遺産の数は自然遺産 4 と文化遺産 13 の 17 件である。

　各国の資産を世界遺産リストに登録するまでの手順は、（1）世界遺産条約の締約国が暫定リスト（世界遺産リストに登録することがふさわしいと考える、自国内に存在する資産の目録）を作成し、UNESCO 世界遺産センターに提出する、（2）暫定リストに記載された物件のなかから条件が整ったものを各国政府が UNESCO 世界遺産センターに推薦する、（3）各国からの推薦書を受理した UNESCO は、自然遺産であれば IUCN（国際自然保護連合）に、文化遺産であれば ICOMOS（国際記念物遺跡会議）に現地調査を含む審査を依頼する、（4）IUCN、ICOMOS

の報告にもとづき、年に1回開催される世界遺産委員会（締約国から選出された21カ国で構成、任期は6年）において世界遺産リストへの登録の可否を決定する、というものである。

## 2．世界遺産と観光

　世界遺産リストに登録されたものは、自然遺産にしろ、文化遺産にしろ、耳目を集める。それゆえ、多くの国や地域で世界遺産は「遺産」というよりも「資源」――とりわけ観光資源として認識され、活用されている。日本においても、国内に最初の世界遺産が誕生した1993年以来「世界遺産ブーム」とでもよべるような状況となり、テレビ番組や新聞・雑誌で大きく取り上げられるとともに、数多くの観光ツアーが組まれるなどして、国内はもちろん、海外の世界遺産にも多くの人々が訪れるようになった。

　たとえば、1993年に自然遺産として登録された「屋久島」では、登録年度は約21万人だった観光客数が徐々に増え、2007年度には40万人を超えた。その後減少したものの2011年度も約32万人が訪れている（屋久島町企画調整課 2008、2013）。また、1995年に文化遺産として登録された「白川郷・五箇山の合掌造り集落」のうちの「白川郷」でも、登録前は年間60万人程度だった観光客が、1996年からは100万人を超えるようになり、2008年には約186万人に達している。その後は年々減っているが、2012年も約138万人と、登録前の約2倍の観光客数を保っている（online 白川村役場）。これによって当該地域の観光収入は飛躍的に伸び、新たな雇用も生み出すなど、世界遺産登録は地域経済に多大な影響を与えているといえる。

　しかし、観光客の増加は良いことばかりをもたらしたわけではなかった。「屋久島」では、縄文杉目当てで山岳地域へ入山する人が2000年からの10年で3倍に（約3万人から約9万人に）なり、入山制限の必要性が議論されているほか、山岳地域全体や一部の海岸地域についても過剰利用問題が広がっている（柴崎 2008、2013）。またパッケージツアーの台頭によって観光収入が一部の業者に偏っているため、島全体に経済効果があるわけではないという（柴崎 2008）。

　「白川郷」においても、観光客の私有地への侵入や農作物・植物の盗難、

ゴミのポイ捨てなどの「観光公害」が問題化した。さらに、みやげもの店や飲食店、個人駐車場のような観光関連施設が増加し、景観の変化（「悪化」と評されることが多い）が指摘されている（才津2007、2009）。とくに個人駐車場は景観への影響が大きいため、しばしば問題視されてきたが、住民の総意をもって2014年4月から観光車両（自家用車）の中心地域への乗り入れが規制されることとなった。

　先述したように、世界遺産条約の目的は、第一義的に「顕著な普遍的価値を有する文化遺産および自然遺産を損傷や破壊などから保護する」というものである。適切な観光利用は世界遺産条約創設当初から想定されていたものであり、観光を通じて各遺産を保持する国や地域の文化や自然に対する理解が深まることはユネスコ憲章の理念にもかなうものであるが、行きすぎた観光利用は世界遺産を損傷・破壊する脅威の一つともとらえられている（松浦2008）。

　一方で、地域社会にとって観光利用の制限は死活問題にもつながりかねない側面をはらんでいる。専門家による遺産の維持管理に関する議論の場では「啓蒙する対象」となりがちな地域住民こそ、これまで遺産を直接的に維持管理してきた主体なのであるから、観光利用規制の議論には彼／彼女らの意向を汲み取ることが必要不可欠だといえるだろう（才津2007、柴崎2008）。

　こうした問題は世界的に見受けられるため、UNESCOは2011年に新しい「世界遺産と持続可能な観光プログラム」(World Heritage and Sustainable Tourism Programme)の開発に着手した。このプログラムの目的は、適切な観光管理によって世界遺産の顕著で普遍的な価値の保護・管理と持続可能な経済的発展の両立を図るための国際的枠組みを構築することである。作成されたプログラムは2012年の第36回世界遺産委員会（サンクトペテルブルク開催）で採択され、2013年から最初のアクションプラン（Action Plan 2013-2015）が実行に移されている（online UNESCOb）。

## 3. 世界遺産が抱える問題

　世界遺産を取り巻く問題は、遺産の損傷・破壊などの脅威といった世界遺産条約の外部に存在するものだけではない。世界遺産リストへの登

録件数が増えるにしたがって、文化遺産偏重、地理的・時代的・テーマ的不均衡などの登録内容の問題点が明らかになったのである。これらは世界遺産の代表性や信頼性に関わる重大な問題として認識され、1990年代に入ってその是正策が次々と打ち出された。自然遺産と文化遺産の中間的なものである「文化的景観」という概念の採択（1992年）、文化遺産の「真正性」（authenticity）解釈の弾力化を提唱した奈良文書の採択（1994年）、「世界遺産一覧表における不均衡の是正及び代表性・信頼性の確保のためのグローバル・ストラテジー」の採択（1994年）などがそれにあたる。その結果、文化遺産として登録されるものの範疇ははるかに広がり、世界遺産登録資産の地理的な拡大と内容の多様化が促進された（松浦 2008）。しかし、地理的不均衡の問題はいまだに残っており（愛川 2010）、文化遺産と自然遺産の登録数の差はむしろ拡大するなどしているため、先に指摘された問題点はその後もなお重要な課題として認識され、是正に向けた取り組みが続けられている。

　また近年では、世界遺産リストの信頼性維持のため、IUCN および ICOMOS の審査が厳格化すると同時に新規の登録件数を抑制しようとする動きが強まっている。観光資源としての有用性の高さから、各国はより多くの世界遺産を欲しがっているが、世界遺産そのものの信頼性が揺らいでは観光資源としての価値もまた下がりかねない。世界遺産の観光利用には、こうした問題もある。

**【読書案内】**
岩本通弥編（2013）『世界遺産時代の民俗学――グローバル・スタンダードの受容をめぐる日韓比較』風響社。
松浦晃一郎（2008）『世界遺産――ユネスコ事務局長は訴える』講談社。

# 参 考 文 献

＊邦訳書において（ ）内の西暦は訳本の出版年

Adams, Katheleen M. (1997) "Touting Touristic 'Primadonas': Tourism, Ethnicity and National Integration in Sulawesi, Indonesia," in Michel Picard and Robert E. Wood eds., *Tourism, Ethnicity, and the State in Asian and Pacific Societies*, University of Hawai'i Press, pp. 155-180.

Aitchison, C. C. (2005) "Feminist and Gender Perspectives in Tourism Studies: The Social-cultural Nexus of Critical and Cultural Theories," *Tourist Studies*, vol. 5, no. 3, pp. 207-224.

Anderson, Luella F. and Mary Ann Littrell (1995) "Souvenir-Purchase Behavior of Women Tourists," *Annals of Tourism Research*, vol. 22, no. 2, pp. 328-348.

Aramberri, Julio (2010) *Modern Mass Tourism*, Emerald.

Ateljevic, Irena, Nigel Morgan and Annette Pritchard eds. (2012) *The Critical Turn in Tourism Studies: Creating an Academy of Hope*, Routledge.

Bærenholdt, Jørgen Ole, Michael Haldrup, Jonas Larsen and John Urry (2004) *Performing Tourist Places*, Ashgate.

Bauer, T. G. and B. McKercher eds. (2003) *Sex and Tourism: Journeys of Romance, Love and Lust*, The Haworth Hospitality Press.

Becher, Tony (1989) *Academic Tribes and Territories*, Open University Press.

Beeton, Sue (2005) *Film-induced Tourism: Aspects of Tourism*, Channel View Publications.

―――― (2010) "The Advance of Film Tourism," *Tourism and Hospitality Planning and Development*, vol. 7, no. 1, pp. 1-6.

Benckendorff, Pierre, Gianna Moscardo and Donna Pendergast eds. (2010) *Tourism and Generation Y*, CABI.

Billig, Michael (1995) *Banal Nationalism*, Sage.

Bishop, Peter (1989) *The Myth of Shangri-La: Tibet, Travel Writing and the Western Creation of Sacred Landscape*, The Athlone Press.

Blackwell, Ruth (2007) "Motivations for Religious Tourism, Pilgrimage, Festivals and Events," in R. Raj and N. D. Morpeth eds., *Religious Tourism and Pilgrimage Festivals Management An International Perspective*, CABI, p. 38.

Boo, Elizabeth (1990) *Ecotourism: The Potentials and the Pitfalls*, vol. 1 and 2, World Wildlife Fund.

Böröcz, József (1996) *Leisure Migration: A Sociological Study on Tourism*, Pergamon Press.

Buchmann, Anne (2010) "Planning and Development in Film Tourism: Insights into the Experience of Lord of the Rings Film Guides," *Tourism and Hospitality Planning and Development*, vol. 7, no. 1, pp. 77-84.

Candela, Guido and Paolo Figini (2012) *The Economics of Tourism Destinations*, Springer.

Carrigan, Anthony (2012) *Postcolonial Tourism: Literature, Culture, and Environment*,

Routledge.
Carter, Paul (1987) *The Road to Botany Bay*, Faber and Faber.
Chidester, David and Edward T. Linenthal eds. (1995) *American Sacred Space*, Indiana University Press.
Clifford, James (1992) "Traveling Cultures," in Lawrence Grossberg, Carry Nelson and Paula A. Triechler eds., *Cultural Studies*, Routledge, pp. 96-112.
Cohen, Erik (1979) "A Phenomenology of Tourist Experiences," *Sociology*, vol. 13, pp. 179-201.
─────── (1988) "Authenticity and Commoditization in Tourism," *Annals of Tourism Research*, vol. 18, no. 2, pp. 238-250.
Coleman, Simon and Mike Crang eds. (2002) *Tourism: Between Place and Performance*, Berghahn Books.
Crang, Mike (1999) "Knowing, Tourism and Practice of Vision," in David Crouch ed., *Leisure/Tourism Geographies: Practices and Geographical Knowledge*, Routledge, pp. 238-256.
Crouch, David (1999) "Introduction: Encounters in Leisure/Tourism," in David Crouch ed., *Leisure/Tourism Geographies: Practices and Geographical Knowledge*, Routledge, pp. 1-16.
─────── (2005) "Introduction: The media and the Tourist Imagination", in David Crouch, Rhona Jackson and Felix Thompson eds., *The Media and the Tourist Imagination*, Routledge, pp. 1-13.
Daldeniz, Bilge and Mark P. Hampton (2011) "VOLUNtourists versus volunTOURISTS: A True Dichotomy or Merely a Differing Perceptions?," in Angela M. Benson ed., *Volunteer Tourism: Theoretical Frameworks and Practical Applications*, Routledge, pp. 30-41.
Duncan, James (1999) "Dis-Orientation: On the Shock of the Familiar in a Far-Away Place," in James Duncan and Derek Gregory eds., *Writes of Passage: Reading Travel Writing*, Routledge, pp. 151-163.
Duncan, James and Derek Gregory (1999) "Introduction," in James Duncan and Derek Gregory eds., *Writes of Passage: Reading Travel Writing*, Routledge, pp. 1-13.
Dwyer, Larry, Peter Forsyth and Wayne Dwyer (2010) *Tourism Economics and Policy*, Channel View Publications.
Eade, John and Michael J. Sallnow (2000) *Contesting the Sacred: The Anthropology of Christian Pilgrimage*, University of Illinois Press.
Edensor, Tim (1998) *Tourists at the Taj*, Routledge.
Fee, Liam and Anna Mdee (2011) "How Does It Make a Difference? Toward 'Accreditation' of the Development Impact of Volunteer Tourism," in Angela M. Benson ed., *Volunteer Tourism: Theoretical Frameworks and Practical Applications*, Routledge, pp. 223-239.
Frohlick, S. (2013) *Sexuality, Women, and Tourism: Cross-border Desires through Contemporary Travel*, Routledge.
Gibson, Healther J. (1998) "Sport Tourism: A Critical Analysis of Research," *Sport*

*Management Review*, vol. 1, pp. 45-76.

Goeldner, Charles R. and J. R. Brent Ritchie (2006) *Tourism: Principles, Practices, Philosophies*, 10th ed., John Wiley and Sons.

Gordon, Beverly (1986) "The Souvenir: Messenger of the Extraordinary," *Journal of Popular Culture*, vol. 20, no. 3, pp. 135-146.

Goss, Jon D. (1993) "Placing the Market and Marketing Place: Tourist Advertising of the Hawaiian Islands, 1972-92," *Environment and Planning D: Society and Space*, vol. 11, pp. 663-668.

Graburn, Nelson (1977) "Tourism: The Sacred Journey," in Valene L. Smith ed., *Hosts and Guests: The Anthropology of Tourism*, University of Pennsylvania Press, pp. 17-31.

Gray, H. Peter (1970) *International Travel: International Trade*, Heath Lexington.

Greenwood, David J. (1977) "Culture by the Pound: An Anthropological Perspective on Tourism as Cultural Commoditization," in Valene L. Smith ed., *Hosts and Guests: The Anthropology of Tourism*, University of Pennsylvania Press, pp. 171-186.

Gregory, Derek (1999) "Scripting Egypt: Orientalism and the Cultures of Travel,"in James Duncan and David Gregory eds., *Writes of Passage: Reading Travel Writing*, Routledge, pp. 114-150.

Hall, C. Michael and Jan Rath (2007) "Tourism, Migration and Place Advantage in the Global Cultural Economy," in Jan Rath ed., *Tourism, Ethnic Diversity and the City*, Routledge, pp. 1-24.

Hall, Stuart (1980) "Encoding/Decoding," in Stuart Hall, Dorothy Hobson, Andrew Lowe and Paul Willis eds., *Culture, Media, Language*, Hutchinson, pp. 128-138.

――― (2005) "Whose Heritage?: Un-settling 'The Heritage,' Re-imaging the Post-nation," in Jo Littler and Roshi Naidoo eds., *The Politics of Heritage: The Legacies of 'Race'*, Routledge, pp. 23-35.

Hinch, Tom and James Higham (2009) *Sport Tourism Development*, 2nd ed., Channel View Publications.

Hughes, H. L. (2006) *Pink Tourism: Holidays of Gay Men and Lesbians*, CABI.

Hulme, Peter and Tim Youngs eds. (2002) *The Cambridge Companion to Travel Writing*, Cambridge University Press.

Illich, Ivan (1973) *Tools for Conviviality*, Harper & Row.

Ingram, Joanne (2011) "Volunteer Tourism: How Do We Know It Is 'Making a Difference'?,"in Angela M. Benson ed., *Volunteer Tourism: Theoretical Frameworks and Practical Applications*, Routledge, pp. 211-222.

Jacobs, J. (2010) *Sex, Tourism and the Postcolonial Encounter: Landscapes of Longing in Egypt*, Ashgate.

Jamal, Tazim and Mike Robinson eds. (2009) *The Sage Handbook of Tourism Studies*, Sage.

Jessop, Bob and Ngai-Ling Sum (2001) "Pre-disciplinary and Post-disciplinary Perspectives," *New Political Economy*, vol. 6, pp. 89-101.

Johnston, L. (2009) *Queering Tourism: Paradoxical Performances at Gay Prideparades*,

Routledge.

Kahneman, Daniel (2011) *Thinking, Fast and Slow*, Farraw, Straus and Giroux.

Karpovich, Angelina I. (2010) "Theoretical Approaches to Film-Motivated Tourism," *Tourism and Hospitality Planning and Development*, vol. 7, no. 1, pp. 7-20.

Kim, Hyounggon and Sarah L. Richardson (2003) "Motion Picture Impacts on Destination Images," *Annals of Tourism Research*, vol. 30, no. 1, pp. 216-237.

Kinnaird, V. and D. Hall eds. (1994) *Tourism: A Gender Analysis*, John Wiley and Sons.

Krishnan, Armin (2009) "What are Academic Disciplines? Some Observations on the Disciplinarity vs. Interdisciplinarity Debate," *University of Southampton ESRC National Center for Research Methods Working Paper Series*, 03/O9, pp. 4-57.

Larson, Reed and Mihaly Csikszentmihalyi (1983) "The Experience Sampling Method," in H. Reis ed., *New Directions for Naturalistic Methods in Behavioral Sciences*, Jossey Bass, pp. 41-56.

Lash, Scott and John Urry (1987) *The End of Organized Capitalism*, Polity Press.

───── (1994) *Economics of Signs and Space*, Sage.

Leiper, Neil (1979) "The Framework of Tourism: Towards a Definition of Tourism, Tourist and the Tourist Industry," *Annals of Tourism Research*, vol. 6; reprint: Stephen Williams ed. (2004) *Tourism: Critical Concepts in the Social Sciences*, vol. I, Routledge, pp. 25-44.

Lennon, J. John and Malcolm Foley (2000) *Dark Tourism: The Attraction of Death and Disaster*, CENGATE Learning.

Löfgren, Orvar (1999) *On Holiday: A History of Vacationing*, University of California Press.

MacCannell, Dean (1976) *The Tourist: A New Theory of Leisure Class*, University of California Press.

MacLeod, Donald (1998) "Alternative Tourism: A Comparative Analysis of Meaning and Impact," in William F. Theobald ed., *Global Tourism*, Butterworth-Heinemann: reprint: Stephen Williams ed. (2004) *Tourism: Critical Concepts in the Social Sciences*, vol. IV, Routledge, pp. 189-205.

Maslow, Abraham Harold (1943) "A Theory of Human Motivation," *Psychological Review*, vol. 50, no. 44, pp. 370-396.

Massey, Doreen B. and Pat M. Jess eds. (1995) *A Place in the World?: Places, Cultures and Globalization*, Oxford University Press.

McGregor, Sue L. T. (2007) "Consumer Scholarship and Transdisciplinarity," *International Journal of Consumer Studies*, vol. 31, pp. 487-495.

Mitchell, W. J. T. (1994) "Introduction," in W. J. T. Mitchell ed., *Landscape and Power*, The University of Chicago Press, pp. 1-4.

Moscardo, Gianna and Pierre Benckendorff (2010) "Mythbusting: Generation Y and Travel," in Pierre Benckendorff, Gianna Moscardo and Donna Pendergast eds., *Tourism and Generation Y*, CABI, pp. 16-26.

Moufakkir, Omar and Peter M. Burns eds. (2012) *Controversies in Tourism*, CABI.

Nogawa Haruo, Yasuo Yamaguchi and Yumiko Hagi (1996) "An Empirical Research

Study on Japanese Sport Tourism in Sport-for-All Events: Case Studies of a Single-Night Event and a Multiple-Night Event," *Journal of Travel Research*, vol. 35, pp. 46-54.

Nolan, Mary Lee and Sidney Nolan (1989) *Christian Pilgrimage in Modern Western Europe*, the University of North Carolina Press.

Ohashi Shoichi (2012) "Classification of Paradigms and Approaches in the Present Tourism Research: A Methodological and Theoretical Viewpoint," *Academic World of Tourism Studies: Faculty of Tourism*, Graduate School of Tourism/Wakayama University, vol. 1, pp. 9-16.

Parsons, Nicholas T., (2007) *Worth the Detour: A History of the Guidebook*, Sutton Publishing.

Pearce, Philip L. (1988) *The Ulysses Factor: Evaluating Visitors in Turist Settings*, Springer-Verlag.

――― (2005) *Tourist Behaviour: Themes and Conceptual Schemes*, Channel View Publications.

Pendergast, Donna (2010) "Getting to Know the Y Generation," in Pierre Benckendorff, Gianna Moscardo and Donna Pendergast eds., *Tourism and Generation Y*, CABI, pp. 1-15.

Picard, Michel (1996) *Bali: Cultural Tourism and Touristic Culture*, Archipelago Press.

――― (1997) "Cultural Tourism Nation-Building, and Regional Culture: The Making of a Balinese Identity," in Michel Picard and Robert E. Wood eds., *Tourism, Ethnicity, and the State in Asian and Pacific Societies*, University of Hawai'i Press, pp. 181-214.

Pons, Pau Obrador, Mike Crang and Penny Travlou eds. (2009) *Cultures of Mass Tourism: Doing the Mediterranean in the Age of Banal Mobilities*, Ashgate.

Pratt, Mary Louise (1992) *Imperial Eyes: Travel Writing and Transculturation*, Routledge.

Pritchard, Annette (2012) "Critical Tourism Research," in Irena Ateljevic, Nigel Morgan and Annette Pritchard eds., *The Critical Turn in Tourism Studies: Creating an Academy of Hope*, Routledge, pp. 11-12.

Raj, Razaq and Nigel D. Morpeth eds. (2007) *Religious Tourism and Pilgrimage Festivals Management An International Perspective*, CABI.

Rinschede, Gisbert (1992) "Forms of Religious Tourism," *Annals of Tourism Research*, vol. 19, pp. 51-67.

Robinson, Peter, Michael Lück and Stephen L. J. Smith (2013) *Tourism*, CABI.

Rojek, Chris (1997) "Indexing, Dragging and the Social Construction of Tourist Sights," in Chris Rojek and John Urry eds., *Touring Cultures: Transformations of Travel and Theory*, Routledge, pp. 52-74.

――― (2010) *The Labour of Leisure: The Culture of Free Time*, Sage.

Shackley, Myra (2002) "Space, Sanctity and Service: The English Cathedral as Heterotopia," *International Journal of Tourism Research*, vol. 4, pp. 345-352.

Sharpley, Richard (2008) *Tourism, Tourists and Society*, 4th ed., ELM Publications.
Sharpley, Richard and Philip R. Stone eds. (2011) *Tourist Experience: Contemporary Perspectives*, Routledge.
Sheller, Mimi and John Urry (2004) *Tourism Mobilities: Places to Play, Places in Play*, Routledge.
Sinclair, M. Thea ed. (1997) *Gender, Work and Tourism*, Routledge.
Smith, Laurajane (2006) *Uses of Heritage*, Routeledge.
Smith, Valene L. (1992) "The Quest in Guest," *Annals of Tourism Research*, vol. 19, pp. 1-17.
Sperati, J. P. (2010) *Harry Potter on Location*, Irreqular Special Press.
Standeven, Joy and Paul De Knop (1999) *Sport Tourism*, Human Kinetics.
Stebbins, Robert A. (2004) *Between Work and Leisure*, Transaction Publishers.
Swain, M. B. (1995) "Gender in Tourism," *Annals of Tourism Research*, vol. 22, no. 2, pp. 247-266.
Thrift, Nigel (2007) *Non-Representational Theory: Space, Politics, Affect*, Routledge.
Timothy, Dallen J. and Paul J. Conover (2006) "Nature, Religion, Self-Spirituality and New Age Tourism," in Dallen J. Timothy and Daniel H. Olsen eds., *Tourism, Religion and Spiritual Journeys*, Routledge, pp. 139-155.
Tribe, John. (1997) "The Indiscipline of Tourism," *Annals of Tourism Research*, vol. 24; reprint: Stephen Williams ed. (2004) *Tourism: Critical Concepts in the Social Sciences*, vol. I, Routledge, pp. 205-226.
─────── (2005) *The Economics of Recreation Leisure and Tourism*, 3rd ed., Elsevier.
─────── (2011) *The Economics of Recreation, Leisure and Tourism*, 4th ed., Elsevier.
Turner, Louis and John Ash (1975) *The Golden Hordes: International Tourism and the Pleasure Periphery*, Constable.
UNWTO (2013a) *Methodological Notes to the Tourism Statistics Database*, UNWTO.
─────── (2013b) *UNWTO Tourism Highlights 2013 edition*, UNWTO.
Urry, John (2002) *The Tourist Gaze*, 2nd ed., Sage.
─────── (2007) *Mobilities*, Polity Press.
Urry, John and Jonas Larsen (2011) *The Tourist Gaze 3.0*, Sage.
van den Berghe, Pierre L. (1994) *Quest for the Other: Ethnic Tourism in San Cristobal, Mexico*, University of Washington Press.
Vanhove, Norbert (2005) *The Economics of Tourism Destinations*, Elsevier.
Wang, Ning (2000) *Tourism and Modernity: A Sociological Analysis*, Pergamon.
Wearing, Stephen, Deborah Stevenson and Tamara Young (2010) *Tourist Cultures: Identity, Place and the Traveller*, Sage.
Waitt, G. and K. Markwell (2006) *Gay Tourism: Culture and Context*, Haworth Hospitality Press.
Wood, Robert E. (1998) "Touristic Ethnicity: A Brief Itinerary," *Ethnic and Racial Studies*, vol. 21, no. 2, pp. 218-241.
Yamaguchi Yasuo (2002) "Sport Tourism, Sport Volunteer and Sport for All," *Journal of Asiania Sport for All*, vol. 3, pp. 29-36.

## 参考文献

Youngs, Tim (2013) *The Cambridge Introduction to Travel Writing*, Cambridge University Press.

アークコミュニケーションズ編（2013）『まっぷる　東京へでかけよう』昭文社。
アーリ、ジョン（1995）『観光のまなざし――現代社会におけるレジャーと旅行』加太宏邦訳、法政大学出版局。
―――（2003）『場所を消費する』吉原直樹・大澤善信監訳、法政大学出版局。
―――（2011）『社会を越える社会学――移動・環境・シチズンシップ〔新装版〕』吉原直樹監訳、法政大学出版局。
愛川-フォール紀子（2010）『文化遺産の「拡大解釈」から「総合的アプローチ」へ――ユネスコ文化政策に見る文化の「意味」と「役割」』成城大学民俗学研究所グローカル研究センター。
青木栄一（2006）『鉄道忌避伝説の謎――汽車が来た町、来なかった町』吉川弘文館。
青木辰司（1998）「農の多元的価値を「引き出す」ツーリズムを目指して」日本村落研究学会編『むらの資源を研究する――フィールドからの発想』農文協、189-196頁。
―――（2004）『グリーン・ツーリズム実践の社会学』丸善。
青木辰司／バーナード・レイン／小山善彦（2006）『持続可能なグリーン・ツーリズム――英国に学ぶ実践的農村再生』丸善。
秋吉遼子・山口泰雄・朴永晃・稲葉慎太郎（2013）「スポーツツーリズムを通じたまちづくりに関する研究――スポーツツーリストが来訪する地域における住民のスポーツ活動の視点から」『SSFスポーツ政策研究』2巻1号、145-151頁。
麻生憲一（2011）「観光経済学研究」江口信清・藤巻正巳編『観光研究レファレンスデータベース　日本編』ナカニシヤ出版、30-41頁。
足立重和（2004）「常識的知識のフィールドワーク――伝統文化の保存をめぐる語りを事例として」吉井裕明・三浦耕吉郎編『社会学的フィールドワーク』世界思想社、98-131頁。
東浩紀編（2013）『チェルノブイリ・ダークツーリズム・ガイド』ゲンロン。
荒井政治（1989）『レジャーの社会経済史――イギリスの経験』東洋経済新報社。
有馬哲夫（2011）『ディズニーランドの秘密』〈新潮新書〉新潮社。
安藤直子（2001）「観光人類学におけるホスト側の「オーセンティシティ」の多様性について――岩手県盛岡市の「チャグチャグ馬コ」と「さんさ踊り」を事例として」『民族學研究』66巻3号、344-365頁。
石森秀三・安福恵美子編（2003）『国立民族学博物館調査報告37　観光とジェンダー』国立民族学博物館。
井出明（2007）「観光情報システムの現状と展望」『情報処理』48巻6号、616-623頁。
―――（2012）「東日本大震災における東北地域の復興と観光について――イノベーションとダークツーリズムを手がかりに」『運輸と経済』72巻1号、24-33頁。
―――（2013）「日本型ダークツーリズムの可能性――戦争・災害・環境の視点から」『第4回観光余暇・関係諸学会共同大会学術論文集』9-15頁。
稲垣勉（2009）「ヒルステーションの概念規定に関する一考察――ヒルステーションの現象的側面に関するノート」稲垣勉・杜国慶編『暮らしと観光――地域からの視座』立教大学観光研究所、95-102頁。

ヴィリリオ、ポール（2003）『瞬間の君臨――リアルタイム世界の構造と人間社会の行方』土屋進訳、新評論。
ウェーバー、マックス（1973）『社会科学および社会政策の認識の客観性』出口勇蔵訳、河出書房新社。
ヴェブレン、ソースティン（1951）『有閑階級の理論』小原敬士訳、〈岩波文庫〉岩波書店。
植村久子（2003）「自律をめざす観光開発とジェンダーの問題」石森秀三・安福恵美子編『国立民族学博物館調査報告 37　観光とジェンダー』国立民族学博物館、97-110 頁。
ウォーラーステイン、イマニュエル（1981）『近代世界システム――農業資本主義と「ヨーロッパ世界経済」の成立』Ⅰ・Ⅱ、川北稔訳、岩波書店。
宇田正（2007）『鉄道日本文化史考』思文閣出版。
江口信清（1998）『観光と権力――カリブ海地域社会の観光現象』多賀出版。
NHK ソフトウェア（1996）『新日本紀行　倉敷川点景　岡山県・倉敷』NHK ソフトウェア・日本ビクター。
遠藤英樹（2006）「観光における「伝統の転移」――「よさこい祭り」を中心とした考察」総合観光学会編『競争時代における観光からの地域づくり戦略』同文舘出版、17-28 頁。
―――（2007）『ガイドブック的！　観光社会学の歩き方』春風社。
―――（2010a）「観光の快楽をめぐる「外部の唯物論」――「遊び」＝「戯れ」を軸とした社会構想」遠藤英樹・堀野正人編『観光社会学のアクチュアリティ』晃洋書房、22-39 頁。
―――（2010b）「旅する――ウェルビーイングにおける「遊び」の重要性」鈴木七美・岩佐光広編『高齢者のウェルビーイングとライフデザインの協働』お茶の水書房、103-116 頁。
―――（2013）「人文・社会科学における「観光論的転回」――生成的なディシプリンへの呼びかけ」『観光学評論』1 巻 2 号、129-144 頁。
大澤真幸（2008）『資本主義のパラドックス――楕円幻想』筑摩書房。
太田好信（1998）『トランスポジションの思想――文化人類学の再想像』世界思想社。
大橋昭一（1999）「組織された資本主義から組織揺らぎの資本主義へ――再帰的近代化の経営学への一過程（1）」『関西大学商学論集』44 巻 5 号、51-69 頁。
―――（2000）「組織された資本主義から組織揺らぎの資本主義へ――再帰的近代化の経営学への一過程（2）」『関西大学商学論集』44 巻 6 号、1-20 頁。
―――（2001）「ドイツ語圏における観光概念の形成過程」『大阪明浄大学紀要』1 号、11-21 頁。
―――（2002a）「再帰的近代化の理論の概要――再帰的近代化の経営学のためのテーゼ」『関西大学商学論集』47 巻 4・5 合併号、17-34 頁。
―――（2002b）「第 2 次世界大戦後ドイツ語圏における観光概念の展開過程」『大阪明浄大学紀要』2 号、17-30 頁。
―――（2010）「観光地ブランド理論の形成をめぐる若干の問題――ブランドの形態・機能・性格等を中心に」『和歌山大学経済理論』357 号、25-51 頁。
―――（2011a）「現代マスツーリズムの特性についての一考察――バナル・マスツーリズム論の展開」『関西大学商学論集』56 巻 2 号、69-93 頁。
―――（2011b）「現代レジャー理論の一考察――ポストモダニティ・レジャー理論を展望して」『和歌山大学観光学』5 号、7-17 頁。

─────(2011c)「ツーリズム史に関する若干問題の考察――ツーリズム進展のとらえ方をめぐって」『関西大学商学論集』55 巻 6 号、41-60 頁。
─────(2012a)「ポスト・ディシプリナリ論の進展過程――ツーリズム論(観光学)の方法論的確立を視点において」『和歌山大学経済理論』369 号、20-49 頁。
─────(2012b)「批判的観光学の形成――観光学の新しい一動向」『関西大学商学論集』57 巻 1 号、61-84 頁。
─────(2013a)「ツーリズムの定義と概念に関する一考察――ツーリズム概念の革新を目指す一つの試み」『和歌山大学観光学』8 号、13-22 頁。
─────(2013b)「Y 世代とツーリズム――ツーリズムに革新的新しい方向をもたらすものか」『和歌山大学観光学』9 号、1-9 頁。
─────(2013c)「観光学のあり方を求めて――現状と展望」『観光学評論』1 巻 1 号、5-17 頁。
─────編(2013)『現代の観光とブランド』同文舘出版。
大橋昭一・竹林浩志(2013)「現代経営戦略論のあり方についての一考察――ポーターの競争戦略理論に関連して」『和歌山大学経済理論』374 号、21-32 頁。
大橋昭一・渡辺朗(2001)『サービスと観光の経営学』同文舘出版。
大森信治郎(2012)「「復興ツーリズム」或いは「祈る旅」の提言――ダーク・ツーリズム」という用語の使用の妥当性をめぐって」『観光研究』24 巻 1 号、28-31 頁。
岡田章子(2003)「女性雑誌における東アジア観光都市のイメージ――三重化するオリエンタリズムとグローバル化の交錯」『マス・コミュニケーション研究』62 号、82-97 頁。
岡本健(2009a)「アニメ聖地巡礼の誕生と展開」北海道大学観光学高等研究センター文化資源マネジメント研究チーム『メディアコンテンツとツーリズム――鷲宮町の経験から考える文化創造型交流の可能性』〈CATS 叢書〉1 号、31-62 頁。
─────(2009b)「観光情報革命時代のツーリズム(その 4)――旅行情報化世代」『北海道大学文化資源マネジメント論集』6 巻、1-16 頁。
─────(2010)「コンテンツ・インデュースト・ツーリズム――コンテンツから考える情報社会の旅行行動」『コンテンツ文化史研究』3 巻、48-68 頁。
─────(2011a)「交流の回路としての観光――アニメ聖地巡礼から考える情報社会の旅行コミュニケーション」『人工知能学会誌』26 巻 3 号、256-263 頁。
─────(2011b)「アニメと観光」安村克己・堀野正人・遠藤英樹・寺岡伸悟編『よくわかる観光社会学』ミネルヴァ書房、48-49 頁。
─────(2011c)「コンテンツツーリズムにおけるホスピタリティマネジメント――土師祭「らき☆すた神輿」を事例として」『HOSPITALITY』18 巻、165-174 頁。
─────(2011d)「コンテンツツーリズムにおける地域からの情報発信とその流通――『らき☆すた』聖地「鷲宮」と『けいおん!』聖地「豊郷」の比較から」『第 3 回観光・余暇関係諸学会共同大会学術論文集』37-44 頁。
─────(2012)「観光・地域デザイン 2.0 と観光情報学――アニメ聖地巡礼から観光の新たなあり方を考える」『観光と情報』8 巻 1 号、15-26 頁。
─────(2013a)『n 次創作観光――アニメ聖地巡礼／コンテンツツーリズム／観光社会学の可能性』北海道冒険芸術出版。
─────(2013b)「コンテンツツーリズムの景観論――アニメ聖地巡礼／拡張現実景観／オタクスケープ」『ランドスケープ研究』77 巻 3 号、222-225 頁。

岡本亮輔（2012）『聖地と祈りの宗教社会学——巡礼ツーリズムが生み出す共同性』春風社、184-188頁。
オグレディ、ロン（1983）『アジアの観光公害』中嶋正昭訳、教文館。
小沢健市（2009）「観光者の観光地選択モデル：再考」『立教大学観光学部紀要』11号、68-78頁。
オジェ、マルク（2002）『同時代世界の人類学』森山工訳、藤原書店。
カイヨワ、ロジェ（1990）『遊びと人間』多田道太郎・塚崎幹夫訳、〈講談社学術文庫〉講談社。
桂英史（1999）『東京ディズニーランドの神話学』〈青弓社ライブラリー〉青弓社。
樺山紘一編（1999）『世界の旅行記101』新書館。
カプラン、カレン（2003）『移動の時代——旅からディアスポラへ』未來社。
カラー、ジョナサン（2011）『文学と文学理論』折島正司訳、岩波書店。
川森博司（1996）「ふるさとイメージをめぐる実践——岩手県遠野の事例から」清水昭俊ほか編『思想化される周辺世界（岩波講座　文化人類学12）』岩波書店、155-185頁。
――――（2001）「現代日本における観光と地域社会——ふるさと観光の担い手たち」『民族学研究』66巻1号、68-86頁。
環境庁自然保護局（1981）『自然保護行政のあゆみ——自然公園五十周年記念』第一法規出版。
環境庁自然保護局計画課（1989）『自然・ふれあい新時代——自然環境保護審議会利用のあり方検討小委員会報告』第一法規出版。
神崎宣武（2004）『江戸の旅文化』〈岩波新書〉岩波書店。
姜聖淑（2013）『実践から学ぶ女将のおもてなし経営』中央経済社。
神田孝治（2012a）『観光空間の生産と地理的想像力』ナカニシヤ出版。
――――（2012b）「白川郷へのアニメ聖地巡礼と現地の反応——場所イメージおよび観光客をめぐる文化政治」『和歌山大学観光学』7号、23-28頁。
――――（2013）「ホスピタリティとは」青木義英・神田孝治・吉田道代編『ホスピタリティ入門』新曜社、1-7頁。
北川宗忠（2002）『観光・旅の文化』ミネルヴァ書房。
北原みのり（2013）『さよなら、韓流』河出書房新社。
葛野浩昭（1996）「サンタクロースとトナカイ遊牧民——ラップランド観光と民族文化著作権運動」山下晋司編『観光人類学』新曜社、113-122頁。
――――（2007）「オーロラ、サンタクロース、サーミ人——北欧のエスニックツーリズムと先住民族の自己表象」山下晋司編『観光文化学』新曜社、70-76頁。
――――（2011）「ポストコロニアルツーリズム——他者を消費するツーリズムを超えて」山下晋司編『観光学キーワード』有斐閣、140-141頁。
工藤泰子（2003）「京都観光と女性」石森秀三・安福恵美子編『国立民族学博物館調査報告37　観光とジェンダー』国立民族学博物館、127-140頁。
グリーンブラット、S（1994）『驚異と占有——新世界の驚き』荒木正純訳、みすず書房。
クリフォード、ジェイムズ（2002）『ルーツ——20世紀後期の旅と翻訳』毛利嘉孝ほか訳、月曜社。
グレーバーン、ネルソン（1991）「観光活動——聖なる旅行」バレーン・L・スミス編『観光・リゾート開発の人類学——ホスト＆ゲスト論でみる地域文化の対応』三村浩史監訳、

勁草書房、27-49 頁。
暮沢剛巳・難波祐子編（2008）『ビエンナーレの現在――美術をめぐるコミュニティの可能性』青弓社。
高媛（2006a）「ポストコロニアルな「再会」――戦後における日本人の「満州」観光」『帝国の戦争経験（岩波講座　アジア・太平洋戦争 4）』岩波書店、351-376 頁。
─── （2006b）「「国恥」と観光――旅順の歴史景観と戦争記憶の商品化」同時代史学会編『日中韓ナショナリズムの同時代史』日本経済評論社、43-60 頁。
─── （2012）「帝国の風景――満洲における桜の名所「鎮江山公園」の誕生」『Journal of Global Media Studies』11 号、11-23 頁。
江弘毅（2006）『「街的」ということ――お好み焼き屋は街の学校だ』〈講談社現代新書〉講談社。
国土交通省観光庁（2012）『平成 24 年版　観光白書』。
─── （2013）『平成 25 年版　観光白書』。
ゴッフマン、アーヴィン（1974）『行為と演技――日常生活における自己呈示』石黒毅訳、誠信書房。
コルバン、アラン（2000）「レジャーの誕生」アラン・コルバン編『現レジャーの誕生』渡辺響子訳、藤原書店、7-20 頁。
サイード、エドワード・W（1986）『オリエンタリズム』今沢紀子訳、平凡社。
才津祐美子（2007）「世界遺産という「冠」の代価と住民の葛藤――「白川郷」の事例から」岩本通弥編『ふるさと資源化と民俗学』吉川弘文館、105-128 頁。
─── （2009）「世界遺産「白川郷」にみる文化遺産化と観光資源化」神田孝治編『観光の空間――視点とアプローチ』ナカニシヤ出版、201-210 頁。
佐々木土師二（2000）『旅行者行動の心理学』関西大学出版部。
─── （2007）『観光旅行の心理学』北大路書房。
佐藤久光（2004）『遍路と巡礼の社会学』人文書院。
佐藤裕一・伊藤雅一・宮武学（2010）「スマートな乗車を支える IC カード乗車システム」『日立評論』92 巻 8 号、54-57 頁。
ジェームソン、フレドリック（1987）「ポストモダニズムと消費社会」ハル・フォスター編『反美学――ポストモダンの諸相』室井尚・吉岡洋訳、勁草書房。
塩田正志（1974）「「観光」の概念と観光の歴史」鈴木忠義編『現代観光論〔新版〕』〈有斐閣叢書〉有斐閣、1-16 頁。
敷田麻実・内田純一・森重昌之編（2009）『観光の地域ブランディング――交流によるまちづくりのしくみ』学芸出版社。
宍戸学（2013）「観光の歴史」宍戸学・鈴木涼太郎・國分浩・捧富雄『観光概論〔改訂第 9 版〕』JTB 総合研究所、21-43 頁。
柴崎茂光（2008）「世界遺産登録は有効な地域振興策か？――鹿児島県屋久島を事例として」『國立公園』666 号、19-22 頁。
─── （2013）「世界遺産が地域社会にもたらしたもの」国立歴史民俗博物館・青木隆浩編『地域開発と文化資源』岩田書院、15-33 頁。
島村麻里（2007）「女の旅――「癒し」から「追っかけ」まで」山下晋司編『観光文化学』新曜社、151-154 頁。
清水苗穂子（2012）「貧困と観光――国連機関のアプローチとプロプアツーリズムに関す

る考察」『阪南論集』47巻2号、69-78頁。
霜月たかなか（2008）『コミックマーケット創世記』朝日新聞出版。
白川千尋（2003）「儀礼の保有者、儀礼の在処——ヴァヌアツ・南部ペンテコストのナゴル儀礼と観光」橋本和也・佐藤幸男編『観光開発と文化——南からの問いかけ』世界思想社、112-147頁。
シンクレア、M・T／M・スタブラー（2001）『観光の経済学』小沢健市監訳、学文社。
進士五十八・竹内弘之（2003）『庭園の島——21世紀のまちづくりモデルガーデンアイランド下蒲刈』マルモ出版。
新宮一成（1995）『ラカンの精神分析』〈講談社現代新書〉講談社。
鈴木勇一郎（2013）『おみやげと鉄道——名物で語る日本近代史』講談社。
須藤廣（2012）『ツーリズムとポストモダン社会——後期近代における観光の両義性』明石書店。
——— (2013)「観光はどこに向かっているのか」『都市問題』104巻10号、4-10頁。
ストリブラス、ピーター／アロン・ホワイト（1995）『境界侵犯——その詩学と政治学』本橋哲也訳、ありな書房。
須永和博（2012）『エコツーリズムの民族誌——北タイ山地民カレンの生活世界』春風社。
砂本文彦（2008）『近代日本の国際リゾート——一九三〇年代の国際観光ホテルを中心に』青弓社。
スミス、バレーン・L（1991）「序論」バレーン・L・スミス編『観光・リゾート開発の人類学——ホスト＆ゲスト論でみる地域文化の対応』三村浩史監訳、勁草書房、1-26頁。
———編（1991）『観光・リゾート開発の人類学——ホスト＆ゲスト論でみる地域文化の対応』三村浩史監訳、勁草書房。
須山聡（2003）「富山県井波町瑞泉寺門前町における景観の再構成——観光の舞台・工業の舞台」『地理学評論』76巻13号、957-978頁。
瀬田信哉（2009）『再生する国立公園——日本の自然と風景を守り、支える人たち』清水弘文堂書房。
ゼルバベル、エビエタ（1984）『かくれたリズム——時間の社会学』木田橋美和子訳、サイマル出版会。
千住一（2006）「観光から読み解くポストコロニアリティ」安村克己・遠藤英樹・寺岡伸悟編『観光社会文化論講義』くんぷる、61-70頁。
千代勇一（2001）「エクアドル・アマゾンにおける観光開発のインパクト——ワオラニ社会の事例研究」石森秀三・真板昭夫編『国立民族学博物館調査報告23　エコツーリズムの総合的研究』国立民族学博物館、199-210頁。
曽士才（1998）「中国のエスニック・ツーリズム——少数民族の若者たちと民族文化」『中国21』3巻、43-68頁。
曽山毅（2003）『植民地台湾と近代ツーリズム』青弓社。
ソンタグ、スーザン（1979）『写真論』近藤耕人訳、晶文社。
ターナー、ヴィクター（1981）『象徴と社会』梶原景昭訳、紀伊國屋書店。
高寺奎一郎（2004）『貧困克服のためのツーリズム——Pro Poor Tourism』古今書院。
髙橋さつき（2009）「「おもてなし」という労働——温泉観光旅館の仕事とジェンダー」『お茶の水地理』49巻、49-65頁。
滝波章弘（2005）『遠い風景——ツーリズムの視線』京都大学学術出版会。

## 参考文献

武田尚子・文貞實（2010）『温泉リゾート・スタディーズ――箱根・熱海の癒し空間とサービスワーク』青弓社。

橘セツ（2009）「19世紀後半に日本を訪れた西欧人の旅行記」神田孝治編『観光の空間――視点とアプローチ』ナカニシヤ出版、154-165頁。

田中正大（1981）『日本の自然公園――自然保護と風景保護』相模書房。

辻原康夫（2006）『招き猫は何を招いているのか――日本人と開運縁起物の世界』〈知恵の森文庫〉光文社。

D & DEPARTMENT PROJECT（2009）『d design travel HOKKAIDO』D & DEPARTMENT PROJECT.

デジタルコンテンツ協会（2013）『デジタルコンテンツ白書2013』デジタルコンテンツ協会。

寺岡伸悟（2011）「グリーン・ツーリズム」安村克己・堀野正人・遠藤英樹・寺岡伸悟編『よくわかる観光社会学』ミネルヴァ書房、38-39頁。

寺前秀一（2006）『観光政策・制度入門』ぎょうせい。

寺前秀一編・日本観光研究会監修（2009）『観光政策論』原書房。

土居英二編（2009）『はじめよう 観光地づくりの政策評価と統計分析――熱海市と静岡県における新公共経営（NPM）の実践』日本評論社。

ドゥボール、ギー（2003）『スペクタクルの社会』木下誠訳〈ちくま学芸文庫〉筑摩書房。

トライブ、ジョン（2007）『観光経営戦略――戦略策定から実行まで』大橋昭一・渡辺朗・竹林浩志訳、同友館。

中沢新一（2005）『はじまりのレーニン』〈岩波現代文庫〉岩波書店。

中島恵（2011）『テーマパーク産業論』三恵社。

中谷哲弥（2010）「フィルム・ツーリズムにおける観光地イメージの構築と観光経験」遠藤英樹・堀野正人編『観光社会学のアクチュアリティ』晃洋書房、125-144頁。

永渕康之（1996）「観光＝植民地主義のたくらみ」山下晋司編『観光人類学』新曜社、35-44頁。

成田龍一（2010）『増補 〈歴史〉はいかに語られるか――1930年代「国民の物語」批判』〈ちくま学芸文庫〉筑摩書房。

西田正憲（2011）『自然の風景論――自然をめぐるまなざしと表象』清水弘文堂書房。

―――（2013）「国土における国立・国定公園の編成と再編――自然風景地へのまなざしの変遷」『ランドスケープ研究』77巻3号、208-211頁。

西村清和（1997）『視線の物語・写真の哲学』〈講談社選書メチエ〉講談社。

西村幸夫編（2009）『観光まちづくり――まち自慢からはじまる地域マネジメント』学芸出版社。

日本観光振興協会編（2013）『平成24年度版 観光の実態と志向』日本観光振興協会。

日本交通公社（2012）『旅行者動向2012――国内旅行マーケットの実態と旅行者の志向』日本交通公社。

日本村落研究学会編（2008）『グリーン・ツーリズムの新展開――農村再生戦略としての都市・農村交流の課題（年報村落社会研究43号）』農文協。

日本ユネスコ協会連盟編（2010）『世界遺産年報2010』東京書籍。

野川春夫・山口泰雄（2004）「国内スポーツ・ツーリズムに関する研究――冬季スポーツイベントを事例として」『鹿屋体育大学学術研究紀要』11号、103-113頁。

能登路雅子（1990）『ディズニーランドという聖地』〈岩波新書〉岩波書店。
ハーヴェイ、デヴィッド（1999）『ポストモダニティの条件』吉原直樹監訳、青木書店。
バウマン、ジークムント（2000）『リキッド・モダニティ——液状化する社会』森田典正訳、大月書店。
萩原弘子（2002）『ブラック——人種と視線をめぐる闘争』毎日新聞社。
橋本和也（1985）「フィジーの火渡り——ツーリズムの人類学的研究」東京都立大学・首都大学東京社会人類学会編『社会人類学年報』弘文堂、167-181頁。
――――（1999）『観光人類学の戦略——文化の売り方・売られ方』世界思想社。
――――（2003）「観光開発と文化研究」橋本和也・佐藤幸男編『観光開発と文化——南からの問いかけ』世界思想社、54-82頁。
――――（2011）『観光経験の人類学——みやげものとガイドの「ものがたり」をめぐって』世界思想社。
服部勝人（1996）『ホスピタリティ・マネジメント』〈丸善ライブラリー〉丸善。
林幸史（2013）「観光旅行者の行動過程についての社会心理学的研究」関西学院大学博士学位論文。
林幸史・藤原武弘（2008）「訪問地域、旅行形態、年齢別にみた日本人海外旅行者の観光動機」『実験社会心理学研究』48巻1号、17-31頁。
速水健朗（2012）『都市と消費とディズニーの夢——ショッピングモーライゼーションの時代』角川書店。
原田ひとみ（1984）「"アンアン""ノンノ"の旅情報——マスメディアによるイメージ操作」『地理』29巻12号、50-57頁。
原田宗彦・木村和彦編（2009）『スポーツ・ヘルスツーリズム』大修館書店。
バルト、ロラン（1997）『明るい部屋〔新装版〕』花輪光訳、みすず書房。
ヒルトン、ジェイムズ（2011）『失われた地平線』池央耿訳、〈河出文庫〉河出書房新社。
フィクス、ジョン（1998）『抵抗の快楽——ポピュラーカルチャーの記号論』山本雄二訳、世界思想社。
ブーアスティン、ダニエル・J（1964）『幻影の時代——マスコミが製造する事実』星野郁美・後藤和彦訳、東京創元社。
フーコー、ミシェル（1969）『臨床医学の誕生』神谷美恵子訳、みすず書房。
――――（1977）『監獄の誕生——監視と処罰』田村俶訳、新潮社。
フェザーストン、マイク（1999）『消費文化とポストモダニズム』川崎賢一・小川葉子編著訳、池田緑訳、恒星社厚生閣。
フェザーストン、マイク／ナイジェル・スリフト／ジョン・アーリ編（2010）『自動車と移動の社会学——オートモビリティーズ』近森高明訳、法政大学出版局。
福井栄二郎（2012）「想像の「オセアニア」——ヴァヌアツ・アネイチュム島観光におけるローカリティ」須藤健一編『グローカリゼーションとオセアニアの人類学』風響社、275-302頁。
福島文二郎（2011）『9割がバイトでも最高の感動が生まれるディズニーのホスピタリティ』中経出版。
藤巻正己（2009）「「マハティールの都市」クアラルンプル——生産されるスペクタクルなツーリズムスケープ」『立命館大学人文科学研究所紀要』93巻、25-53頁。
――――（2010）「ツーリズム［in］マレーシアの心象地理——ツーリズムスケープの政

治社会地理学的考察」『立命館大学人文科学研究所紀要』95 巻、31-71 頁。
ブライマン、アラン（2008）『ディズニー化する社会——文化・消費・労働とグローバリゼーション』能登路雅子監訳、森岡洋二訳、明石書店。
ブリトン、ステファン（1999）「ツーリズム、資本、場所——ツーリズムの批判的な地理学にむけて」『空間・社会・地理思想』4 号、畠中昌教・滝波章弘・小原丈明訳、127-153 頁。
ブルーナー、エドワード・M（2007）『観光と文化——旅の民族誌』安村克己ほか訳、学文社。
ブレンドン、ピアーズ（1995）『トマス・クック物語——近代ツーリズムの創始者』石井昭夫訳、中央公論社。
フンク、カロリン（2008）「「学ぶ観光」と地域における知識創造」『地理科学』63 巻 3 号、160-173 頁。
ベック、ウルリッヒ／アンソニー・ギデンス／スコット・ラッシュ（1997）『再帰的近代化——近現代における政治、伝統、美的原理』松尾精文・小幡正敏・叶堂隆三訳、而立書房。
ホイジンガ、ヨハン（1973）『ホモ・ルーデンス』高橋英夫訳、〈中公文庫〉中央公論社。
ポーター、マイケル（1995）『競争の戦略』土岐坤・服部照夫・中辻万治訳、ダイヤモンド社。
———（2011）「競争の戦略［改訂版］」『ハーバード・ビジネス・レビュー』6 月号、ダイヤモンド社。
ボードリヤール、ジャン（2008）『シミュラークルとシミュレーション』竹原あき子訳、法政大学出版局。
星野英紀・山中弘・岡本亮輔編（2012）『聖地巡礼ツーリズム』弘文堂。
ホックシールド、A・R（2000）『管理される心——感情が商品になるとき』石川准・室伏亜希訳、世界思想社。
ホブズボウム、エリック／テレンス・レンジャー編（1992）『創られた伝統』前川啓治・梶原景昭監訳、紀伊國屋書店。
堀野正人（2004）「地域と観光のまなざし——「まちづくり観光」論に欠ける視点」遠藤英樹・堀野正人編『「観光のまなざし」の転回——越境する観光学』春風社、113-129 頁。
———（2010）「観光の都市空間の創出と解読」遠藤英樹・堀野正人編『観光社会学のアクチュアリティ』晃洋書房、60-80 頁。
本城靖久（1983）『グランド・ツアー——良き時代の良き旅』〈中公新書〉中央公論社。
———（1996）『トーマス・クックの旅——近代ツーリズムの誕生』〈講談社現代新書〉講談社。
前田勇（2007）『現代観光とホスピタリティ』学文社。
———（2011）「観光史」青木義英・廣岡裕一・神田孝治編『観光入門——観光の仕事・学習・研究をつなぐ』新曜社、62-67 頁。
前田勇・橋本俊哉（2010a）「観光の世界史」前田勇編『現代観光総論［改訂新版］』学文社、17-25 頁。
———（2010b）「観光の日本史」前田勇編『現代観光総論［改訂新版］』学文社、27-34 頁。

マキァーネル、ディーン（2012）『ザ・ツーリスト——高度近代社会の構造分析』安村克己ほか訳、学文社。
牧野博明・戸田雅裕・小林英俊・森本兼曩（2008）「旅行のストレス低減効果に関する精神神経内分泌学的研究」『観光研究』19巻2号、9-18頁。
―――――（2010）「温泉地での長期滞在によるストレス低減効果の検証及び短期ツアーとの比較」『観光研究』21巻2号、31-39頁。
マグレッタ、ジョアン（2012）『〔エッセンシャル版〕マイケル・ポーターの競争戦略』桜井祐子訳、早川書房。
松井やより（1993）『アジアの観光開発と日本』新幹社。
松浦晃一郎（2008）『世界遺産——ユネスコ事務局長は訴える』講談社。
真鍋祐子（2009）「アイデンティティ・ポリティクスとしてのツーリズム——中国東北部における韓国のパッケージ・ツアーの事例から」『文化人類学』74巻1号、26-47頁。
丸山宏（1994）『近代日本公園史の研究』思文閣出版。
丸山眞男（1952）『日本政治思想史研究』東京大学出版社。
溝尾良隆（2003）「隆盛の都市観光地」『観光学——基本と実践』古今書院、71-89頁。
宮崎猛編（2006）『日本とアジアの農業・農村とグリーン・ツーリズム——地域経営　体験重視　都市農村交流』昭和堂。
宮田静一（2010）『しあわせ農泊——安心院グリーンツーリズム物語』西日本新聞社。
宮本常一（1967）「民衆の生活と放送」『日本の中央と地方（宮本常一著作集第2巻）』未來社、195-206頁。
―――――（1977）『村里を行く（宮本常一著作集第25巻）』未來社。
―――――（1993）『民俗学の旅』〈講談社学術文庫〉講談社。
宮本結佳（2012）「住民の認識転換を通じた地域表象の創出過程——香川県直島におけるアートプロジェクトを事例として」『社会学評論』63巻3号、391-407頁。
宮脇俊三（1983）『最長片道切符の旅』〈新潮文庫〉新潮社。
メータセート、ナムティップ（2010）「日本文学におけるタイ表象——オリエンタリズムのまなざしから観光のまなざしへ」『立命館言語文化研究』21巻3号、5-16頁。
本橋哲也（2005）『ポストコロニアリズム』〈岩波新書〉岩波書店。
森真一（2001）『「お客様」がやかましい』〈ちくまプリマー新書〉筑摩書房。
森正人（2006）「消費と都市空間——都市再開発と排除・監視の景観」大城直樹・加藤政洋編『都市空間の地理学』ミネルヴァ書房、133-149頁。
―――――（2008）「1935年の楠木正成をめぐるいくつかの出来事——ナショナル・ローカル・資本」『人文論叢』25号、115-128頁。
―――――（2009a）「言葉と物——英語圏人文地理学における文化論的転回以後の展開」『人文地理』61巻1号、1-22頁。
―――――（2009b）「リゾートと自宅のアジア的なるもの」神田孝治編『観光の空間』ナカニシヤ出版、176-187頁。
―――――（2010）『昭和旅行誌——雑誌『旅』をよむ』中央公論新社。
―――――（2011）『英国風景の変貌——恐怖の森から美の風景へ』里文出版。
屋久島町企画調整課（2008）『平成19年度版　統計やくしま』屋久島町企画調整課。
―――――（2013）『平成24年度版　統計やくしま』屋久島町企画調整課。
安福恵美子（2004）「ツーリズム・プロダクトとジェンダー」遠藤英樹・堀野正人編『「観

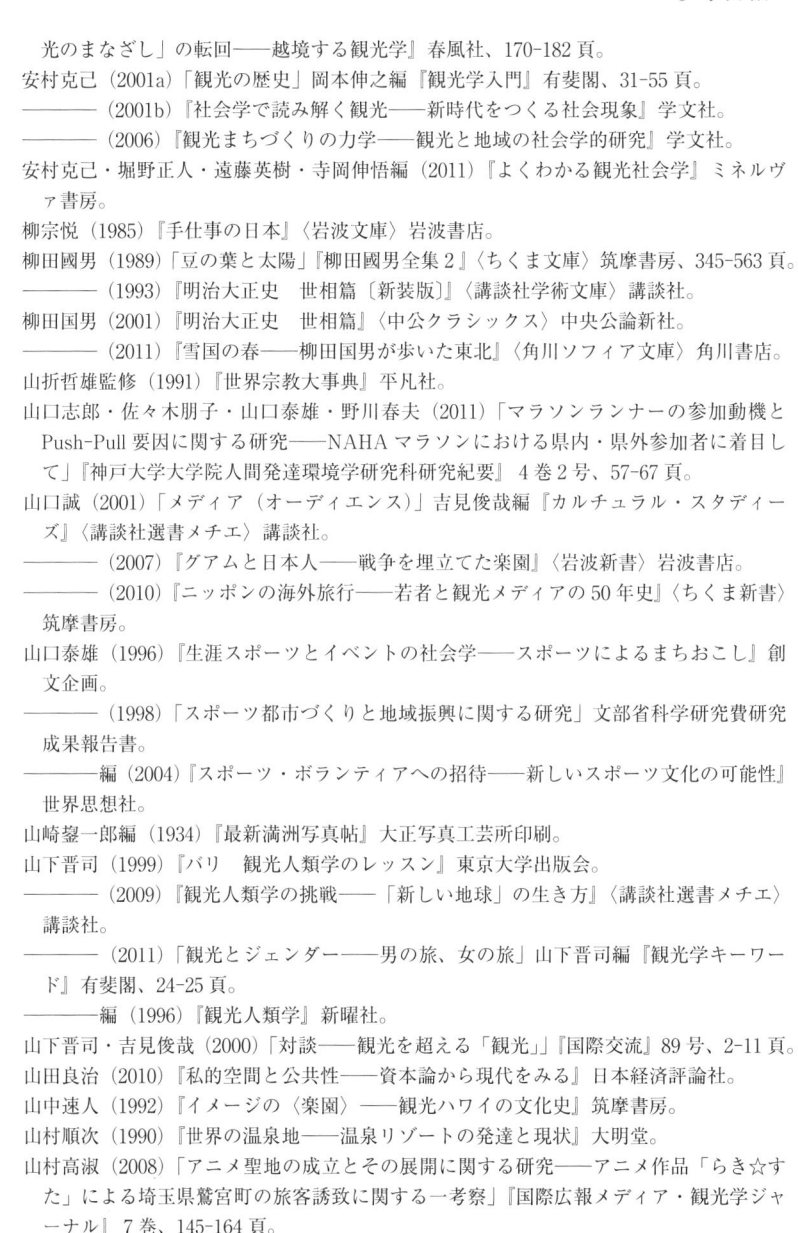

光のまなざし」の転回──越境する観光学』春風社、170-182頁。
安村克己（2001a）「観光の歴史」岡本伸之編『観光学入門』有斐閣、31-55頁。
───（2001b）『社会学で読み解く観光──新時代をつくる社会現象』学文社。
───（2006）『観光まちづくりの力学──観光と地域の社会学的研究』学文社。
安村克己・堀野正人・遠藤英樹・寺岡伸悟編（2011）『よくわかる観光社会学』ミネルヴァ書房。
柳宗悦（1985）『手仕事の日本』〈岩波文庫〉岩波書店。
柳田國男（1989）「豆の葉と太陽」『柳田國男全集2』〈ちくま文庫〉筑摩書房、345-563頁。
───（1993）『明治大正史　世相篇〔新装版〕』〈講談社学術文庫〉講談社。
柳田国男（2001）『明治大正史　世相篇』〈中公クラシックス〉中央公論新社。
───（2011）『雪国の春──柳田国男が歩いた東北』〈角川ソフィア文庫〉角川書店。
山折哲雄監修（1991）『世界宗教大事典』平凡社。
山口志郎・佐々木朋子・山口泰雄・野川春夫（2011）「マラソンランナーの参加動機とPush-Pull要因に関する研究──NAHAマラソンにおける県内・県外参加者に着目して」『神戸大学大学院人間発達環境学研究科研究紀要』4巻2号、57-67頁。
山口誠（2001）「メディア（オーディエンス）」吉見俊哉編『カルチュラル・スタディーズ』〈講談社選書メチエ〉講談社。
───（2007）『グアムと日本人──戦争を埋立てた楽園』〈岩波新書〉岩波書店。
───（2010）『ニッポンの海外旅行──若者と観光メディアの50年史』〈ちくま新書〉筑摩書房。
山口泰雄（1996）『生涯スポーツとイベントの社会学──スポーツによるまちおこし』創文企画。
───（1998）「スポーツ都市づくりと地域振興に関する研究」文部省科学研究費研究成果報告書。
───編（2004）『スポーツ・ボランティアへの招待──新しいスポーツ文化の可能性』世界思想社。
山崎鋆一郎編（1934）『最新満洲写真帖』大正写真工芸所印刷。
山下晋司（1999）『バリ　観光人類学のレッスン』東京大学出版会。
───（2009）『観光人類学の挑戦──「新しい地球」の生き方』〈講談社選書メチエ〉講談社。
───（2011）「観光とジェンダー──男の旅、女の旅」山下晋司編『観光学キーワード』有斐閣、24-25頁。
───編（1996）『観光人類学』新曜社。
山下晋司・吉見俊哉（2000）「対談──観光を超える「観光」」『国際交流』89号、2-11頁。
山田良治（2010）『私的空間と公共性──資本論から現代をみる』日本経済評論社。
山中速人（1992）『イメージの〈楽園〉──観光ハワイの文化史』筑摩書房。
山村順次（1990）『世界の温泉地──温泉リゾートの発達と現状』大明堂。
山村高淑（2008）「アニメ聖地の成立とその展開に関する研究──アニメ作品「らき☆すた」による埼玉県鷲宮町の旅客誘致に関する一考察」『国際広報メディア・観光学ジャーナル』7巻、145-164頁。
───（2011a）『アニメ・マンガで地域振興──まちのファンを生むコンテンツツーリズム開発法』東京法令出版。

─────（2011b）「アニメツーリズム」山下晋司編『観光学キーワード』〈有斐閣双書キーワード〉有斐閣、192-193 頁。
湯浅博雄（2006）『バタイユ──蕩尽』〈講談社学術文庫〉講談社。
吉江真理子（1999）『ヤマト嫁──沖縄に恋した女たち』毎日新聞社。
吉見俊哉（1992）『博覧会の政治学──まなざしの近代』〈中公新書〉中央公論社。
─────（2003）『カルチュラル・ターン、文化の政治学へ』人文書院。
夜のバンコク制作委員会編（2013）『夜のバンコク　マップ＆ガイド』キョーハンブックス。
ラトゥール、ブルーノ（2008）『虚構の「近代」──科学人類学は警告する』川村久美子訳、新評論。
リード、エリック（1993）『旅の思想史──ギルガメシュ叙事詩から世界観光旅行へ』法政大学出版局。
リオタール、ジャン＝フランソワ（1986）『ポスト・モダンの条件──知・社会・言語ゲーム』小林康夫訳、水声社。
リッツア、ジョージ（2009）『消費社会の魔術的体系──ディズニーワールドからサイバーモールまで』山本徹夫・坂田恵美訳、明石書店。
ルフェーブル、アンリ（2000）『空間の生産』斉藤日出治訳、青木書店。
レルフ、エドワード（1998）『場所の現象学──没場所性を越えて』高野岳彦・阿部隆・石山美也子訳、〈ちくま学芸文庫〉筑摩書房。
ロー、クリストファー・M（1997）『アーバン・ツーリズム』内藤嘉昭訳、近代文芸社。
和田久徳・森弘之・鈴木恒之（1977）『現代世界史　第 5 巻　東南アジア現代史 I ──総説・インドネシア』山川出版社。

【online】
D & DEPARTMENT PROJECT「d design travel」http://www.d-department.com/jp/d-design-travel/（最終閲覧日 2013 年 12 月 4 日）
FACTA ONLINE「「就職人気 No. 1」JTB の崖っぷち」（2010 年 7 月号 BUSINESS）http://facta.co.jp/article/201007050.html（最終閲覧日 2013 年 12 月 1 日）
GEOCACHING http://www.geocaching.com/（最終閲覧日 2013 年 12 月 1 日）
Gigazine http://gigazine.net/news/20061224_comike/（最終閲覧日 2014 年 3 月 3 日）
Home Based Travel Agent Forum http://www.lvtravelshow.com/（最終閲覧日 2013 年 12 月 1 日）
IFFIT http://www.ifitt.org/（最終閲覧日 2013 年 12 月 1 日）
ILO（International Labour Organization）"Tourism, Poverty Reduction and Gender Equality," http://www.ilo.org/global/about-the-ilo/newsroom/comment-analysis/WCMS_221967/lang--en/index.htm（最終閲覧日 2014 年 2 月 1 日）
Norman, N. "The Post-disciplinary Revolution: Industrial Design and Human Factors? Heal Yourselves," http://www.jnd.org.dn/mass/the post disciplinary revolution and human factors（最終閲覧日 2013 年 4 月 15 日）
Sanghera, B. "Sociology Imperialism and Educational Capital: the Need to Become a Social Scientist," kar.kent.ac.uk/.../Sociology,_imperialism_and_educati...（最終閲覧日 2014 年 3 月 17 日）

# 参考文献

Sayer, A. "Long Live Postdisciplinary Studies! Sociology and the Curse of Disciplinaryparochialism /imperialism, Paper Presented to the Sociological Association Conference Glasgow," http://www;com.lancs.ac.uk/sociology（最終閲覧日 2012 年 12 月 15 日）

Slow Food JAPAN「スローフードとは」http://www.slowfoodjapan.net/rinen/（最終閲覧日 2013 年 9 月 23 日）

Stammtis ch Blog http://blogs.yahoo.co.jp/bloom5531/23964671.html（最終閲覧日 2014 年 3 月 3 日）

UNESCO a "World Heritage List,"http://whc.unesco.org/en/list/（最終閲覧日 2013 年 9 月 24 日）

――― b "World Heritage and Sustainable Tourism Programme,"http://whc.unesco.org/en/tourism/（最終閲覧日 2013 年 9 月 24 日）

Wikipedia"Millennials,"http://en.wikipedia.org/wiki/Generation Y（最終閲覧 2013 年 3 月 6 日）

World Travel & Tourism Council "World Economic Impact Report,"http://www.wttc.org/site_media/uploads/downloads/world2013_1.pdf（最終閲覧日 2013 年 12 月 20 日）

ウィキペディア「ジェネレーション Y」http://ja.wikipedia.org/wiki/Generation Y（最終閲覧日 2013 年 3 月 6 日）

大阪歴史博物館「AR 難波宮がアップデートされました」http://www.mus-his.city.osaka.jp/news/2013/ar_update.html（最終閲覧日 2013 年 12 月 1 日）

KLM オランダ航空「KLM のミート＆シート」http://www.klm.com/travel/jp_ja/prepare_for_travel/on_board/Your_seat_on_board/meet_and_seat.htm（最終閲覧日 2013 年 12 月 1 日）

国際移住機関（IOM）「IOM「世界移住報告 2010」――未来の移住のために今必要とされる投資」（プレス・ブリーフィング・ノート日本語版 2010 年 12 月 6 日（2））http://www.iomjapan.org/news/press_231.cfm（最終閲覧日 2013 年 7 月 15 日）

国土交通省「リゾート構想地図（平成 23 年 4 月現在）」http://www.mlit.go.jp/common/000057604.pdf（最終閲覧日 2014 年 3 月 17 日）

国土交通省観光庁 a http://www.mlit.go.jp/kankocho/（最終閲覧日 2013 年 12 月 20 日）

――― b「観光産業の現状について」http://www.mlit.go.jp/common/000226408.pdf（最終閲覧日 2013 年 12 月 1 日）

白川村役場「白川村の観光統計」http://shirakawa-go.org/mura/toukei/2580/（最終閲覧日 2013 年 9 月 30 日）

スポーツ・ツーリズム推進連絡会議（2011）「スポーツツーリズム推進基本方針――スポーツで旅を楽しむ国・ニッポン」http://www.mlit.go.jp/common/000160526.pdf（最終閲覧日 2013 年 12 月 1 日）

農林水産省「グリーンツーリズムとは」http://www.maff.go.jp/j/nousin/kouryu/kyose_tairyu/k_gt/（最終閲覧日 2013 年 9 月 23 日）

ぼんぼり祭 yuwaku.gr/bonbori/（最終閲覧日 2014 年 2 月 7 日）

【部扉写真】

〈第Ⅰ部〉
上：フランス国鉄の乗り放題パス「ユーレイルパス」とパリの美術館等パス券　　右
中：観光地の絵葉書（デンマークのクロンベルグ城〔ハムレット城〕など）　　右
下：ヨーロッパの観光用「トレイン型自動車（バス）」　　左中：伊勢の看板　　左
下：ギリシャ、サントリーニ島

〈第Ⅱ部〉
右上：サントリーニ島のロバタクシー　　右中：韓国の民俗村　　右下：マサイ族をめぐる観光①（ケニア）　　左上：ボロブドゥール遺跡　　左中：与論民俗村　　左下：マサイ族をめぐる観光②（ケニア）

〈第Ⅲ部〉
右上：ギリシャ、ミコノス島のみやげもの店　　右中：観光客に芸をする熊（のぼりべつクマ牧場）　　右下：浅草の観光客　　左上：ブダペストのスパ（ハンガリー）　　左中：夜市の遊具（台湾、士林）　　左下：ローマのコロッセオと観光客

〈第Ⅳ部〉
右上：映画『ハリー・ポッター』シリーズのロケ地、キンググロス駅（イギリス）
右中：水木しげるロードにあるトイレの看板（境港市）　　右下：みやげものを売るモン族の姉妹（ベトナム・ラオカイ州サパ付近。みやげもの購入のお礼に民族楽器を演奏する姉のかたわらで、妹は自分からも買ってほしいと無言で商品を差し出す）
左上：映画『めがね』のロケ地、与論島　　左中：「神戸マラソン2012」のランナー調査　　左下：エスニックツーリズムから得られた収入で、テレビと衛星アンテナを購入したムオン族の高床式住居（ベトナム、ホアビン省ホアビン郊外）

〈第Ⅴ部〉
右上：民芸品を売る少数民族の女性たち（ベトナム・ラオカイ省サパ）　　右中：かつて使用していたケーブルカーを利用した休憩場所（香港・ビクトリアピーク）
右下：ニューオリンズのマルディグラ　　左上：聖地、サンティアゴ・デ・コンポステラへの巡礼路（撮影：岡本亮輔）　　左中：世界遺産、白川郷　　左下：マラッカ、オランダ広場（マレーシア）

# あとがき

　本書を通読され、観光（学）はいかに範囲が広く、関係領域が多いものであるかを改めて感じられたと思う。考え方も、とくに今日では多様である。これは、一つには、観光は要するに人間の消費行為であるから、どうしても消費者、つまり観光客の個人個人の好みが最終的な拠りどころとなり、一様なものとはならないためである。

　しかし、観光・ツーリズムといわれるもののなかには、「医療ツーリズム」や「ボランティアツーリズム」のように、通常の消費行為とはいえないものがある。さらに最近では、「バース（ライト）ツーリズム」（birth（right）tourism）というものも現れている。これは、生まれてくる子供が、誕生地の国籍を取得できるよう、親が前もって希望国に入国しておくものである。こうしたものなどは、人間の行為が実に広くグローバル化していることを直接反映しているもので、観光・ツーリズムのグローバル化の広さ、そして深さを改めて示しているものである。

　その一方、観光に関連し、最近日本でもいろいろ取り沙汰されている問題の一つに、カジノがある。この点について一言触れておきたい。カジノというと、アメリカのラスベガスが有名であるが、アメリカでは、カジノやスロットマシンは、どこにでもあるというものではない。

　スロットマシンや宝くじ（lottery）を含め、こうしたいわゆる賭け事は、アメリカでは一般にゲーミング（gaming）と総称されるが、これは、州ごとに公認のいかんが決められる事柄で、現在でもハワイ州とユタ州では一切公認されていない。スロットマシンだけについても、メリーランド州では、その設置を認可するかどうかで、ごく最近の2008年、住民投票が行われている（このときは賛成多数で可決）。

　ラスベガスでカジノが公認されたのは1931年で、アメリカで最初の事であった。ラスベガスは、今日では、カジノの街というよりは、名実ともに「世界第一のエンターテインメントの街」（The Entertainment Capital of the World：ラスベガス市のシティ・スローガン）として知られ、エンターテインメントの街であればこそ人々を惹きつけるのである。

　この点からみてもツーリズムの本質的役割は、人々に喜びと希望を与

えるところにある。ただし、それは自然的および社会的な環境を保持することが前提である。環境保持がなければ、観光そのものが消滅する。環境保持を土台として人間に希望を与えるものこそが観光である。このことを十分理解していただくよう、執筆者一同念願してやまない。

こうした点から強く注目されるものに、欧米を中心に展開されている「未来志向的ツーリズム教育論」(Tourism Education Futures Initiative：TEFI) の運動がある。それは「ホープフル・ツーリズム」をスローガンとするものであり、いまや世界主流のものとなりつつある。

ツーリズムの土台となる現在社会のとらえ方については、ごく最近欧米ではポストモダンかトランスモダン (transmodern) かという議論が高まっている。トランスモダン論は、現在社会を、モダン以後 (post) のものと考えるのではなく、モダンとポストモダンの両者をともに超えた (trans) ものとしてとらえ、社会を再構築することが課題であると主張するものである。その内容は多様であるが、旧来のような男性中心主義は、これを克服し、女性がそれ相当な役割を担うべき社会をつくろうという点では共通する。これは種々な意味で、現在社会は変わりつつあることを示している。そうした社会変化のなかでツーリズムはどのような位置を占め、いかなる役割を果たすものとなるべきか。このことを十分に考えてほしい。本書がその手引きとなることを心から祈るものである。

本書は、もともと観光の理論的研究を目指す「観光学術学会」の創設に携わった者たちにより、観光学樹立の入門書を刊行しようとして企画されたもので、この趣旨により同学会推薦図書に選ばれたものである。

末筆ではあるが、本書の刊行をご快諾いただいた株式会社ナカニシヤ出版様の御芳情、ならびにお世話になった同社のすべての人に、本書執筆者一同に代わって心から御礼を申し上げたい。とくに同社第三編集部部長酒井敏行氏ならびに同編集部の遠藤詩織氏には、深甚なる御礼の辞を申し上げるものである。あわせて同社のますますのご発展を心から祈念する次第である。

大橋昭一

# 人名索引

## ア行

アーリ、ジョン　John Urry　5, 6, 23, 34, 35, 42, 43, 102-107, 227, 229, 231, 233, 238
秋吉遼子　215
東浩紀　217
アラムベリ、J　Julio Aramberri　8
アリストテレス　Aristotle　5
イリイチ、イヴァン　Ivan Illich　154
ウィーラー夫妻　Tony and Maureen Wheeler　242
ヴィリリオ、ポール　Paul Virilio　231
ウェアリング、ステファン　Stephen Wearing　5, 6
ウェーバー、マックス　Max Weber　12
上野千鶴子　160
内田百閒　228
江口信清　135
エリアーデ、ミルチャ　Mircea Eliade　259
大澤真幸　123
オジェ、マーク　Marc Augé　232, 233

## カ行

カーター、ポール　Paul Carter　247, 248
カーネマン、ダニエル　Daniel Kahneman　61
カイヨワ、ロジュ　Roger Caillois　150, 151
カルポビッチ、A　Angelina Karpovich　187
神田孝治　189
北原みのり　160
葛野浩昭　30
クック、ジェイムズ　James Cook　247, 248
クック、ジョン　John Cook　16
クック、トーマス・H　Thomas H. Cook　14, 16, 17, 41, 53, 54, 56, 88, 204
グリーンブラット、スティーヴン　Stephen Jay Greenblatt　248
クリフォード、ジェームズ　James Clifford　249
グリュックスマン、R　Robert Glücksmann　83
グルーム、アーサー・ヘスケス　Arthur Hesketh Groom　262
グレイバーン、ネルソン　Nelson Graburn　134, 234
グレゴリー、ドレーク　Derek Gregory　248
クローチ、デビッド　David Crouch　129
ゲーテ、ヨハン・ヴォルフガング・フォン　Johann Wolfgang von Goethe　53, 54
コーエン、エリク　Erik Cohen　110, 132, 133, 203
ゴードン、ベヴァリー　Beverly Gordon　235
小林一三　227
小林一茶　242
コロンブス、クリストファー　Christopher Columbus　15

## サ行

サイード、エドワード・W　Edward W. Said　164, 247
西行　242
佐々木土師二　59
沢木耕太郎　141
シェラー、M　Mimi Sheller　35
敷田麻実　170
十返舎一九　55

島村麻里　157
清水晴風　234
シュピース、ワルター　Walter Spies
　　114, 139
ショー、アレクサンダー・クロフト
　　Alexander Croft Shaw　262
新宮一成　117
シンクレア、M・T　M. T. Sinclair
　　85
鈴木勇一郎　226
スタブラー、M　Mike Stabler　85
ステビンス、R・A　Robert A. Stebbins
　　220
須藤廣　112, 113
スミス、ヴァーレン・L　Valene
　　L. Smith　202, 203
ゼルバベル、エビエタ　Eviatar
　　Zerubavel　227
ソンタグ、スーザン　Susan Sontag
　　239

タ行
ターナー、ヴィクター・W　Victor
　　Witter Turner　134, 135, 202
チクセントミハイ、ミハイリ
　　Mihalyi Csikszentmihalyi　61
ディズニー、ウォルト　Walt Disney
　　121, 123
寺前秀一　96
ドゥボール、ギー　Guy Debord　128
トライブ、ジョン　John Tribe　77

ナ行
中沢新一　154
夏目漱石　90
ノーラン、シドニー　Sidney Nolan
　　201
ノーラン、マリー　Mary Nolan　201

ハ行
バウマン、ジークムント　Zygmunt
　　Bauman　155
橋本和也　112

バスコ・ダ・ガマ　Vasco da Gama
　　15
バタイユ、ジョルジュ
　　Georges Bataille　152, 154
林幸史　60, 62
速水健朗　122
バルト、ロラン　Roland Barthes　241
バンクス、ジョセフ　Joseph Banks
　　248
ピアス、フィリップ　Philip Pearce
　　59, 60
ビートン、スー　Sue Beeton　187
ビショップ、ピーター　Peter Bishop
　　249
ビリック、マイケル　Michael Billig
　　18
ヒルトン、ジェイムズ　James Hilton
　　249
ブー、エリザベス　Elizabeth Boo
　　176
ブーアスティン、ダニエル・J
　　Daniel Joseph Boorstin　109-111,
　　127-129, 152, 240, 241
フーコー、ミシェル　Michel Foucault
　　102, 105
フェザーストン、マイク
　　Mike Featherstone　43, 44
フォーレー、M　Malcolm Foley　216
藤原武弘　60
ブライマン、アラン　Alan Brayman
　　121, 125
ブラックウェル、ルース
　　Ruth Blackwell　200
プラット、マリー・ルイーズ
　　Mary Louise Pratt　248
プラトン　Plato　5
プリチャード、A　Annette Pritchard
　　8
ブルーナー、エドワード　Edward M.
　　Bruner　51, 110, 113
フロイト、ジークムント　Sigmund
　　Freud　117
フロンマー、アーサー　Arthur

Frommer 242
フンク、カロリン Carolin Funck 217
ベデカー、カール Karl Baedeker 242
ヘロドトス Herodotus 53, 54
ホイジンガ、ヨハン Johan Huizinga 150, 151
ポーター、マイケル・ユージン Michael Eugene Porter 79, 80
ボードリヤール、ジャン Jean Baudrillard 38
ホール、スチュアート Stuart Hall 91
ボールマン、A Arthur Bormann 83
ポーロ、マルコ Marco Polo 15
ホブズボウム、エリック・J・E Eric John Ernest Hobsbawm 113, 114
ポラード、イングリッド Ingrid Pollard 255
ポンス、P・O Pau O. Pons 18, 19

## マ行

マキァーネル、ディーン Dean MacCannell. 38, 110, 111, 124, 128, 152, 202
牧野博明 61, 62
マグレッタ、ジョアン Joan Magretta 80
マズロー、アブラハム Abraham Maslow 59
松尾芭蕉 242
マッシー、D D. Massey 256
真鍋祐子 92
マリオッティ、A Alessia Mariotti 83

マレー、ジョン John Murray 242
ミッチェル、W・J・T W. J. T. Mictchel 90
宮本常一 47, 48, 50
宮脇俊三 228
モリス、ウィリアム William Morris 255

## ヤ行

安村克己 180
柳宗悦 192
柳田国男 46, 47, 49, 139, 226
山口誠 252
山口泰雄 214
山下晋司 114, 176
山村高淑 188
与謝蕪村 242
吉見俊哉 93

## ラ行

ラーセン、J Jonas Larsen 107
ラカン、ジャック Jacques Lacan 117
ラッシュ、スコット Scott Lash 23
ラトゥール、ブルーノ Bruno Latour 106
ランドワース、ヘンリー Henri Landwirth 153
リオタール、ジャン・フランソワ Jean-François Lyotard 20, 155
リッツア、ジョージ George Ritzer 123
リンシード、ギスバート Gisbert Rinschede 200
ルフェーブル、アンリ Henri Lefebvre 44, 45
レノン、ジョン John Lennon 216

# 事項索引

## あ行

アートフェスティバル　193
アイデンティティ　179
　地域——、地域住民の——　117-119, 169, 172
　文化的——　210
アウトバウンド　71, 86, 94, 95, 212
遊び　38, 150-155, 190
アニメ　71, 112, 127, 188-191, 251
　——聖地　129, 189
　——聖地巡礼　112, 126, 130, 189-191, 255, 260 → 聖地巡礼も見よ
イエローストーン国立公園　267
伊勢　54-56, 202, 234
イデオロギー　37, 121, 152, 255
イメージ　36, 38, 43, 45, 49, 51, 58, 90, 98, 106, 110, 126-130, 136, 139, 171, 172, 177, 184, 199, 231, 240, 241
　場所——　42, 166
　ふるさと——　49, 140
インターネット　34, 64-66, 69, 126, 131, 165, 171, 189, 221, 250-253, 261
インバウンド　71, 82, 86, 94-96, 213
ウィルダネス　267
営造物公園　267
エウダイモニア主義　5
エキゾティシム　122, 162, 164, 165, 208
SNS　65-67, 124, 244, 245, 251
エスニシティ　161, 209-211
大きな物語　155
「お客様」社会　147
おもてなし　70, 75, 146
表舞台　124, 125
オリエンタリズム　90, 161, 164, 178

## か行

外客　55
開国　55
海水浴治療法　18
ガイドブック　53, 54, 90, 109, 142, 159, 160, 165, 166, 185, 187, 189, 192, 226, 242-245, 250-252, 254
開発と女性　159
外部環境　78
外部資本の参入　172
価値判断否定　12
カルチュラル・スタディーズ　89, 91, 104, 105, 130
環境管理　123
観光空間の生産、生成　44, 226
観光財サービス　84, 85
観光サテライト勘定（TSA）　83
観光システム論　11
観光統計　3, 83, 86, 245
観光文化　28, 29, 190
観光まちづくり・観光地域づくり　70, 97, 98, 111, 112, 128, 129, 168-173
観光リアリズム　51
観光立国推進基本法　2, 97
感情労働　148
キー・シンボル　244
紀行文　55, 90
擬似イベント　109-111, 127-129, 139, 152, 240, 241
帰省旅行　2, 3
キャスト　124, 125, 138, 145
ギャップイヤー　221, 222
境界の消滅　20, 21
競争　21, 79
　——的環境　78-80
　五つの——要因　79
協働　178, 193-195
空間論的転回　40, 104-106
クチコミサイト　66, 244, 245
グランド・ツアー　15, 53
クレオール化　164

300

事項索引

クレジットカード　18, 65, 68
クローク型共同体　155
ゲスト　43, 92, 124, 125, 130, 138-140, 142, 145, 158, 164,
兼観光　197
講　55, 56
高度経済成長　47-50, 168
国際観光年　18, 162
国定公園　268, 269
国立公園　31, 89, 94, 266-269
子どもの社会参加　72
コミュニケーション　37, 70, 72, 73, 92, 130, 253
コミュニティ　55, 194, 253
　地域——　176
コモンズの悲劇　87
コロニアリティ　165
コンヴィヴィアリティ　154
コンテンツ産業　190

さ行

サービス　79, 80, 145-147
サービス業、サービス産業　6, 7, 85, 124, 145, 148
再帰的近代化　23
サイトスペシフィックアート　193
再魔術化　123
産業革命　15, 22, 41, 53, 54
サンラスト　60
ジェンダー　35, 104, 129, 142, 156-161
自然公園法　268
持続可能な観光　74, 87, 163, 272
持続可能な発展　13
自動車　189
資本主義　19, 22, 23, 40-42, 44, 104, 151, 152, 173, 176, 177, 197, 198, 255
シミュレーション　38
写真　90, 107, 127, 142, 143, 189, 237-241, 251, 257
純粋科学　9
消費社会　121-123, 125, 197
商品化　172, 176, 197, 209
　文化の——　209

植民地観光　164
女性向けファッション誌、女性雑誌　157, 227
ショッピングモール　120, 123, 141, 197, 232
新古典派経済学　84
心象地理　164, 165
新植民地主義（ネオコロニアリズム）　163, 223
真正性　29, 30, 38, 108-113, 132, 133, 140, 141, 190, 235-237, 273
　演出された——　38, 112, 132, 152
スケルトンツアー　243, 252
ストレス　60-63
スポーツ
　——ツーリスト　212, 213, 215
　——都市　214
　——ボランティア　213
　地域——コミッション　215
　メガ——イベント　213
スマートフォン　36, 67, 250
生活を伴った移動　8
聖地巡礼　53, 56, 112, 191　→ アニメ聖地巡礼も見よ
性的指向性　161
性的欲望　156, 160
生物多様性　268, 269
世界遺産　108, 165, 204, 205, 208, 270-273
世界観光機関（UNWTO）　3, 4, 17, 82, 83, 162
世界旅行ツーリズム協議会（WTTC）　82
セクシュアリティ　39, 157
接客　158
セックスツアー　156, 157
先住民　177

た行

大地の芸術祭　越後妻有アートトリエンナーレ　193
宝探し　167
他者表象　165

301

他性　42, 43, 166, 167
タブレット　67, 250
地域資源　70
地域制公園　267
地域文化　108, 137, 190, 195
地球の歩き方　243
地誌学習　73
中間システム　170, 171
地理教育　71, 72
ツーリスティックな社会　38
ツーリズム
　オルタナティブ──　13, 111, 112, 163
　国際マス──　162, 163
　サブステイナブル──　170
　バナル・マス──　15, 18, 19
　貧困克服のためのツーリズム　163
　ポストコロニアル──　166
　ボラン──　220
　マス──　13, 15, 18, 19, 23, 110, 111, 133, 168, 172, 176, 180
　メディア──　127-131
創られた伝統　115, 117, 119
出会い　43
ディシプリナリ
　インター・──　9
　トランス・──　9, 10
　ポスト・──　9, 10
D & DEPARTMENT PROJECT　194
ディズニーランド、ディズニーリゾート、ディズニーワールド　29, 38, 112, 120-125, 138, 141, 145, 153, 155, 254, 262
ディズニフィケーション　121
テーマパーク化　109, 211
デザイントラベル　194
鉄道　41, 55, 230
伝統の創造　114-119
伝統の転移　116, 117, 119
『遠野物語』　46, 49, 139, 140
トロピカリティ　164

な行
日本標準産業分類　6
ノスタルジー、ノスタルジア　49-51, 121, 122, 164

は行
ハイブリディティ　165
場所を消費する　165
パフォーマティブ労働　124
パフォーマンス　28, 51, 138-143, 145
パワースポット　126, 129, 259
非日常　5, 6, 19, 42-44, 103, 120, 229, 257
非‐場所　232, 233
風景　90, 91, 102, 165, 204-207, 254-257
フェミニズム　156
フォーディズム　125
　ポスト・──　125
複合的商業空間　197
複合的生産物　85
舞台裏　124, 125
プッシュ要因、発動要因、参加誘因　4, 5, 58, 59, 213
ブランディング　170, 171
ブランド　21, 36, 108, 171, 172, 235
ふるさと観光　49
プル要因、誘引要因、魅力誘因　4, 58, 213
ブログ　65, 66, 244, 245, 251
文化観光　208, 209
文化仲介者（ミドルマン）　209
文化論的転回　40, 103-106, 130, 164
ヘドニズム　5
ホスト　43, 92, 130, 138-140, 158, 164
ポストコロニアリズム、ポストコロニアル批評　89, 104, 162-167
ポストモダン　6, 20-25, 119
ホスピタリティ　70, 71, 99, 141, 144-149
ホモ・ルーデンス　150
本物志向　50 → 真正性も見よ

ま行
マーカー（微表）　165
マーケティング　10, 170, 171
マクドナルド化　123
街歩き　198
まっぷる　243

事項索引

まなざし　5, 29, 42, 90, 102-107, 133, 159, 161, 164, 238, 239
南の楽園　163
みやげもの　11, 33, 36, 76, 85, 112, 137, 143, 186, 226
民話　49, 139
矛盾した空間　45
メディア　34, 36, 39, 109, 126-131, 165, 172, 198, 199, 240, 241, 247, 252, 261
モータリゼーション　231, 268
目的科学　9
モダン社会　22
モビリティ　34-36, 38, 230
　——・パラダイム　34
　ツーリズム・——　35-37

や行

余暇　20, 21, 41, 44, 45, 84, 150, 220, 227
　カジュアルな——活動　220
　シリアスな——活動　220
欲望の星座　39

ら行

リスクマネジメント　70
リゾート　19, 41, 111, 168, 262-265
　——開発　168, 180, 263
両義性　43, 125
利用調整地区　268
旅行キャリア梯子（TCK）モデル　59, 60
旅行キャリアパターン　60
旅行情報化世代　251
倫理的観光　163
るるぶ　243
レジャーブーム　268
レトロブーム　198
ローマ帝国　15, 53
『ロンリー・プラネット』　242, 243

わ行

Y世代論争　24
ワンダーラスト　60

【執筆者紹介】（＊は編者。氏名の右に担当章を併記。）

＊大橋昭一（おおはし・しょういち）Ⅰ・1〜4、Ⅳ・12
　1932年生まれ。神戸大学大学院経営学研究科博士課程修了。経営学博士。現在、関西大学名誉教授・大阪観光大学名誉教授・和歌山大学名誉教授。観光学原理専攻。2011年に瑞宝中綬章受章。『現代の観光とブランド』（編著、同文舘、2013年）、他。

＊橋本和也（はしもと・かずや）Ⅱ・1、Ⅲ・6、Ⅴ・3
　1947年生まれ。國學院大學文学部卒業、大阪大学大学院人間科学研究科博士課程単位取得退学。博士（人間科学）。現在、京都文教大学総合社会学部教授。観光学、文化人類学専攻。『キリスト教と他界観』（人文書院、1996年）、『観光人類学の戦略』（世界思想社、1999年）、『観光開発と文化』（共編著、世界思想社、2003年）、『ディアスポラと先住民』（世界思想社、2005年）、『観光経験の人類学』（世界思想社、2011年）、他。

＊遠藤英樹（えんどう・ひでき）Ⅱ・2、Ⅱ・3、Ⅲ・9
　1963年生まれ。関西学院大学社会学部卒業、同大学院社会学研究科後期博士課程単位取得退学。社会学修士。現在、立命館大学文学部教授。観光社会学・現代文化論専攻。『ガイドブック的！　観光社会学の歩き方』（春風社、2007年）、『現代文化論』（ミネルヴァ書房、2011年）、『メディア文化論』（編著、ナカニシヤ出版、2013年）、他。

＊神田孝治（かんだ・こうじ）Ⅱ・3、Ⅲ・1
　1974年生まれ。三重大学人文学部卒業、大阪市立大学大学院文学研究科後期博士課程単位取得退学。博士（文学）。現在、立命館大学文学部教授。専門は文化地理学、観光学。『観光空間の生産と地理的想像力』（ナカニシヤ出版、2012年）、『観光の空間』・『レジャーの空間』（編著、ナカニシヤ出版、2009年）、他。

麻生憲一（あそう・けんいち）Ⅱ・10
　1956年生まれ。茨城大学人文学部卒業、大阪市立大学大学院経済学研究科博士課程単位取得退学。修士（経済学）。現在、奈良県立大学名誉教授・立教大学観光学部教授。観光経済学専攻。『21世紀の経済政策』（分担執筆、日本評論社、1999年）、『現代社会とツーリズム』（分担執筆、東海大学出版会、2001年）、『観光研究レファレンスデータベース』（分担執筆、ナカニシヤ出版、2011年）、他。

井出　明（いで・あきら）Ⅱ・7、Ⅳ・11
1968年生まれ。京都大学経済学部卒業、同大学院法学研究科修士課程修了、同大学院情報学研究科博士後期課程指導認定退学。博士（情報学）。現在、金沢大学国際基幹教育院准教授。専門は、社会情報学、観光学。『観光とまちづくり』（分担執筆、古今書院、2010年）、『福島第一原発観光地化計画』（分担執筆、ゲンロン、2013年）、他。

大城直樹（おおしろ・なおき）Ⅴ・8
1963年生まれ。明治大学文学部卒業、広島大学大学院生物圏科学研究科前期博士課程修了、大阪市立大学大学院文学研究科博士後期課程単位取得退学。博士（文学）。現在、明治大学文学部教授。文化地理学専攻。『モダン都市の系譜』（共著、ナカニシヤ出版、2008年）、『モダニティと空間の物語』（分担執筆、東信堂、2011年）、他。

岡本　健（おかもと・たけし）Ⅳ・4、Ⅴ・7
1983年生まれ。北海道大学文学部卒業、同大学院国際広報メディア・観光学院観光創造専攻博士後期課程修了。博士（観光学）。現在、奈良県立大学地域創造学部准教授。専門は観光社会学、コンテンツツーリズム学、ゾンビ学。『n次創作観光』（北海道冒険芸術出版、2013年）、『神社巡礼』（エクスナレッジ、2014年）、『コンテンツツーリズム研究』（福村出版、2015年）、『メディア・コンテンツ論』（共編著、ナカニシヤ出版、2016年）他。

川森博司（かわもり・ひろし）Ⅱ・4
1957年生まれ。大阪大学文学部卒業、同大学院文学研究科博士後期課程中退。博士（文学）。現在、神戸女子大学文学部教授。民俗学・文化人類学専攻。『日本昔話の構造と語り手』（大阪大学出版会、2000年）、『日本の民俗3　物と人の交流』（共著、吉川弘文館、2008年）、他。

高　媛（こう・えん）Ⅱ・11
1972年生まれ。吉林大学日本語学部卒業、東京大学大学院人文社会系研究科博士課程修了。博士（社会情報学）。現在、駒澤大学グローバル・メディア・スタディーズ学部准教授。歴史社会学専攻。『岩波講座　アジア・太平洋戦争4　帝国の戦争経験』（分担執筆、岩波書店、2006年）、『日中韓ナショナリズムの同時代史』（分担執筆、日本経済評論社、2006年）、他。

才津祐美子（さいつ・ゆみこ）Ⅴ・12
1969年生まれ。高知大学人文学部卒業。大阪大学大学院文学研究科博士後期課程単位取得退学。博士（文学）。現在、長崎大学多文化社会学部准教授。

民俗学、文化人類学専攻。『ふるさと資源化と民俗学』（分担執筆、吉川弘文館、2007年）、『世界遺産時代の民俗学』（分担執筆、風響社、2013年）、他。

**鈴木涼太郎**（すずき・りょうたろう）Ⅳ・9
1975年生まれ。筑波大学第一学群人文学類卒業、（株）ジェイティービー勤務を経て、立教大学大学院観光学研究科博士課程後期課程修了。博士（観光学）。現在、獨協大学外国語学部准教授。観光研究、観光文化論専攻。『観光文化学』（分担執筆、新曜社、2007年）、『観光という〈商品〉の生産』（勉誠出版、2010年）、他。

**須藤　廣**（すどう・ひろし）Ⅲ・4
東京外国語大学英米語学科卒業。日本大学大学院文学研究科後期課程社会学専攻単位取得満期退学。修士（社会学）。現在、法政大学大学院政策創造研究科教授。観光社会学専攻。『高校生のジェンダーとセクシュアリティ』（編著、明石書店、2002年）『観光社会学』（共著、明石書店、2005年）『観光化する社会』（ナカニシヤ出版、2008年）『ツーリズムとポストモダン社会』（明石書店、2012年）、他。

**須永和博**（すなが・かずひろ）Ⅳ・1
1977年生まれ。立教大学社会学部卒業、同大学院観光学研究科博士課程後期課程修了。博士（観光学）。現在、獨協大学外国語学部准教授。文化人類学・観光人類学専攻。『観光社会学のアクチュアリティ』（分担執筆、晃洋書房、2010年）、『エコツーリズムの民族誌』（春風社、2012年）、他。

**砂本文彦**（すなもと・ふみひこ）Ⅱ・12、Ⅴ・10
1972年生まれ。豊橋技術科学大学卒業、同大学院修士課程修了。博士（工学）。現在、広島国際大学准教授。建築学専攻。『近代日本の国際リゾート』（青弓社、2008年）、『図説ソウルの歴史　漢城・京城・ソウル都市と建築の六〇〇年』（河出書房新社、2009年）、他。

**千住　一**（せんじゅ・はじめ）Ⅱ・5
1976年生まれ。立教大学社会学部卒業、同大学院観光学研究科博士課程後期課程満期退学。博士（観光学）。現在、立教大学観光学部准教授。専門は日本近代観光史。『日本植民地研究の現状と課題』（分担執筆、アテネ社、2008年）、『観光政策論』（分担執筆、原書房、2009年）、他。

**高岡文章**（たかおか・ふみあき）Ⅲ・2
1975年生まれ。慶應義塾大学環境情報学部卒業、同大学院社会学研究科後

期博士課程単位取得退学。修士（社会学）。現在、立教大学観光学部准教授。専門は観光社会学、都市社会学。『現代人の社会学・入門――グローバル化時代の生活世界』（分担執筆、有斐閣、2010年）、『観光社会学のアクチュアリティ』（分担執筆、晃洋書房、2010年）、他。

**竹林浩志**（たけばやし・ひろし）Ⅱ・9
1970年生まれ。関西大学商学部卒業、同大学院商学研究科博士課程単位取得後退学。修士（商学）。現在、和歌山大学観光学部准教授。専門は観光戦略論、経営組織論。『ホーソン実験の研究』（共著、同文舘出版、2008年）、『観光経営戦略』（共訳、同友館、2007年）、他。

**橘　セツ**（たちばな・せつ）Ⅴ・6
1966年生まれ。大阪大学文学部卒業、英国ノッティンガム大学大学院地理学部博士課程修了、Ph.D.取得。現在、神戸山手大学現代社会学部教授。人文地理学専攻。『生き物文化の地理学』（分担執筆、海青社、2013年）、'Botanical Transculturation'（*Environment and History*, Vol. 16 No. 1, 2010）、他。

**近森高明**（ちかもり・たかあき）Ⅴ・2、4
1974年生まれ。京都大学文学部卒業、同大学院文学研究科博士課程研究指導認定退学。博士（文学）。現在、慶應義塾大学文学部准教授。文化社会学・都市社会学専攻。『ベンヤミンの迷宮都市』（世界思想社、2007年）、『無印都市の社会学』（共編著、法律文化社、2013年）、『都市のリアル』（共編著、有斐閣、2013年）、他。

**寺岡伸悟**（てらおか・しんご）Ⅳ・2、Ⅴ・1
1964年生まれ。京都大学文学部卒業、同大学院文学研究科博士課程単位取得退学。博士（文学）。現在、奈良女子大学文学部准教授。社会学専攻。『よくわかる観光社会学』（共編著、ミネルヴァ書房、2011年）、『食と農のコミュニティ論』（分担執筆、創元社、2013年）、『メディア文化論』（分担執筆、ナカニシヤ出版、2013年）、他。

**寺本　潔**（てらもと・きよし）Ⅱ・8
1956年生まれ。熊本大学教育学部卒業。筑波大学大学院教育研究科修了。教育学修士。現在、玉川大学教育学部教授・学部長。社会科教育学専攻。『子どもの初航海』（共著、古今書院、2004年）、『近代の歴史遺産を活用した小学校社会科授業』（共著、明治図書、2010年）、他。

中谷哲弥（なかたに・てつや）Ⅳ・3
1961 年生まれ。京都外国語大学外国語学部卒業。甲南大学大学院人文科学研究科博士課程単位取得退学。博士（社会学）。現在、奈良県立大学地域創造学部教授。文化人類学、南アジア地域研究専攻。『南アジア社会を学ぶ人のために』（分担執筆、世界思想社、2010 年）、*Religious Tourism in Asia and the Pacific*（分担執筆、UNWTO、2011 年）、他。

西田正憲（にしだ・まさのり）Ⅴ・11
1951 年生まれ。京都大学農学部卒業、同大学院修士課程修了。75 年環境庁（現環境省）入庁。博士（農学）。奈良県立大学名誉教授。専門は景観論、環境文化論。『瀬戸内海の発見』（中央公論新社、1999 年）、『自然の風景論』（清水弘文堂書房、2011 年）、他。

濱田琢司（はまだ・たくじ）Ⅳ・5
1972 年生まれ。関西学院大学文学部卒業、同大学大学院文学研究科博士課程後期課程修了。博士（地理学）。現在、南山大学人文学部日本文化学科准教授。文化地理学・地域文化論専攻。『民芸運動と地域文化』（思文閣出版、2006 年）、『民芸運動と建築』（分担執筆、淡交社、2010 年）、『世界遺産時代の民俗学』（風響社、2013 年）、他。

藤原武弘（ふじはら・たけひろ）Ⅱ・6
1946 年生まれ。関西学院大学社会学部卒業、広島大学大学院教育学研究科博士課程中途退学。博士（心理学）。現在、関西学院大学社会学部教授。社会心理学専攻。『シネマ・サイコ』（福村出版、1989 年）、『態度変容における精査可能性モデルの検証』（北大路書房、1995 年）、『社会的態度の理論・測定・応用』（関西学院大学出版会、2001 年）、他。

藤巻正己（ふじまき・まさみ）Ⅲ・11
1951 年生まれ。立命館大学文学部卒業、同大学院文学研究科博士課程単位取得退学。修士（文学）。現在、立命館大学文学部教授。社会地理学専攻。『グローバル化とアジアの観光』（共編著、ナカニシヤ出版、2009 年）、『貧困の超克とツーリズム』（共編著、明石書店、2010 年）、他。

堀野正人（ほりの・まさと）Ⅲ・8、Ⅲ・12、Ⅳ・6
1958 年生まれ。横浜国立大学教育学部卒業、同大学院教育学研究科修士課程修了。修士（教育学）。現在、奈良県立大学地域創造学部教授。観光社会学専攻。『観光の空間』（分担執筆、ナカニシヤ出版、2009 年）、『観光社会学のアクチュアリティ』（共編著、晃洋書房、2010 年）、他。

**森　正人**（もり・まさと）Ⅲ・7、Ⅳ・8
1975年生まれ。関西学院大学文学部卒業、同大学院文学研究科博士課程修了。博士（地理学）。現在、三重大学人文学部准教授。文化地理学専攻。『四国遍路の近現代』（創元社、2005年）、『昭和旅行誌』（中央公論新社、2010年）、『英国風景の変貌』（里文出版、2012年）、他。

**山口　誠**（やまぐち・まこと）Ⅲ・5、Ⅴ・5
1973年生まれ。埼玉大学教養学部卒業、東京大学大学院人文社会系研究科博士課程修了。博士（社会情報学）。現在、獨協大学外国語学部教授。専門はメディア研究、歴史社会学。『英語講座の誕生』（講談社、2001年）、『グアムと日本人』（岩波書店、2007年）、『ニッポンの海外旅行』（筑摩書房、2010年）、他。

**山口泰雄**（やまぐち・やすお）Ⅳ・10
1952年生まれ。東京学芸大学教育学部卒業、カナダ・ウォータールー大学大学院博士課程修了。博士（Ph. D.）。現在、神戸大学大学院人間発達環境学研究科教授。スポーツ社会学専攻。『生涯スポーツとイベントの社会学』（創文企画、2000年）、『スポーツ・ボランティアへの招待』（編著、世界思想社、2004年）、『地域を変えた総合型地域スポーツクラブ』（大修館書店、2006年）、他。

**山中　弘**（やまなかひろし）Ⅳ・7、Ⅴ・9
1953年生まれ。早稲田大学文学部卒業。筑波大学大学院哲学思想研究科博士課程修了。文学博士。現在、筑波大学人文社会系教授。宗教学・宗教社会学専攻。『宗教とツーリズム』（編著、世界思想社、2012年）、『聖地巡礼ツーリズム』（共編著、弘文堂、2013年）、『世界は宗教とこうしてつきあっている』（共編著、弘文堂、2013年）、他。

**吉田道代**（よしだ・みちよ）Ⅲ・10
1967年生まれ。お茶の水女子大学文教育学部卒業、南オーストラリア州立フリンダース大学よりPh. D.取得。現在、和歌山大学観光学部教授。社会地理学専攻。*Women, Citizenship Migration*（オーストラリアと日本の市民権）（ナカニシヤ出版、2011年）、『ホスピタリティ入門』（編著、新曜社、2013年）、他。

### 観光学ガイドブック
新しい知的領野への旅立ち

2014 年 4 月 30 日　初版第 1 刷発行
2019 年 3 月 20 日　初版第 6 刷発行

（定価はカヴァーに表示してあります）

| | |
|---|---|
| 編　者 | 大橋昭一　橋本和也<br>遠藤英樹　神田孝治 |
| 発行者 | 中西　良 |
| 発行所 | 株式会社ナカニシヤ出版 |

〒 606-8161 京都市左京区一乗寺木ノ本町 15 番地
TEL 075-723-0111　FAX 075-723-0095
http://www.nakanishiya.co.jp/

装幀＝白沢　正
印刷・製本＝創栄図書印刷

© S. Ohashi *et al.* 2014　Printed in Japan
※乱丁・落丁本はお取り替え致します。
ISBN978-4-7795-0826-4　　C1036

本書のコピー，スキャン，デジタル化等の無断複製は著作権法上での例外を除き禁じられています。本書を代行業者等の第三者に依頼してスキャンやデジタル化することは，たとえ個人や家庭内での利用であっても著作権法上認められておりません。

## レジャーの空間
― 諸相とアプローチ ―

神田孝治 編

「余暇＝レジャー」のさまざまな側面と、それを読み解くための25のアプローチ。「空間」に着目し、日常性と非日常性をあわせもつ「レジャー」を、スポーツなど具体的な事例をもとに解説。　二九〇〇円

## 観光の空間
― 視点とアプローチ ―

神田孝治 編

「観光」という複雑な現象を読み解くための25の視点とアプローチ。「空間」に着目し、観光空間の形成や観光客の行動、ゲスト・ホスト間のコンフリクトなどを分析する。観光研究への実践的入門書。　二九〇〇円

## 観光空間の生産と地理的想像力

神田孝治 著

人は何を求めて旅をするのか。楽園、郷土、国家、恋愛、自由……。戦前から現代まで、わたしたちは「観光地」に何をみたのか。観光と空間イメージの相互作用を探求する。　二六〇〇円

## モダン都市の系譜
― 地図から読み解く社会と空間 ―

水内俊雄・加藤政洋・大城直樹 著

都市空間を構築する権力の諸相を、地図と風景の中に読む。都市を生産する政治、経済、権力の作用、そこから生み出されるさまざまな社会問題の痕跡を、歴史都市・京阪神を舞台に解読する。　二八〇〇円

＊表示は本体価格です。